由原始哲學探索至現代哲學發展
看哲學如何跨越文化與時代界限

東西方哲學對話錄

從孔子到尼采眾多
哲學家的思想精髓

秦搏──著

為真理而獻身的聖人、不愛讀書的大思想家、
博古通今的全才、詩性語言中的沉思者……

一部橫跨古今並涵蓋東西方文化的哲學巨著
從古希臘到現代，影響人類思想和社會發展的百位哲學家

目錄

目錄

前言

　　孟子說：「觀於海者難為水，遊於聖人之門者難為言。」面對這些至慧的哲人，我深感停筆住口的必要，我為自己的輕浮淺薄而難以成言，但我終究無法抑止滿懷的思緒與感慨。

　　現代人的生活匆忙到了極致，如尼采（Friedrich Nietzsche）所形容的，總是行色匆匆地穿過鬧市，手裡拿著錶思考，吃飯時眼睛盯著商業新聞，不復有閒暇沉思，愈來愈沒有真正的內心生活。現代人的娛樂也無非是尋求刺激和麻醉，沉迷於快速的節奏、喧囂的聲響和色彩的魔術，那種溫馨寧靜的古典趣味似乎已經一去不復返。現代人無論在財富的積聚上或是在學術的攻求上，都表現出一種前所未有的貪婪，現代文化不過是蒐集無數以往文化碎片縫製成的「一件披在凍餒裸體上的襤褸綵衣」。凡此種種，都表明了人由信仰危機引起的內在焦慮和空虛，於是急於用外在的匆忙和喧囂來麻痺內心的不安，用財產和知識的富裕來填補精神的貧困。

　　在信仰的時代，真誠的人如何生活下去？我們在這些哲人身上找到了答案，在深刻的反思中，一面澈悟人生的實質，一面滿懷著生命的熱情，還生命以本真的存在狀態，還人生以自然的生成過程，讓靈魂在思想中得到永恆的平靜與撫慰。讓我們銘記哲人的箴言：「人不一定是宗教的，但他一定是哲學的，一旦他是哲學的，他也就有了正是宗教的幸福。」

中國著名哲學家
（以時間為序）

● 儒聖至尊，萬世師表 —— 孔子

「君子謀道不謀食，君子憂道不憂貧。道不同，不相為謀。」

—— 孔子《論語‧衛靈公》

▍人生傳略▍

孔子（西元前 551 ～ 479 年），春秋後期思想家、教育家，儒家創始人。春秋末期魯國陬邑（今山東曲阜東南）人，名丘，字仲尼。先世是宋國貴族，曾祖父時宋國內亂，避難逃到魯國。父親叔梁紇做過魯國的下級武官，是當時一位著名的武士。孔子幼年喪父，過著貧賤的生活。年輕時曾做過管糧倉、管放牧的小官。青少年時期就非常好學，曾向萇弘學習音樂，向師襄學習彈琴，還曾向一個來朝見魯國的東方小國君郯子，請教過少昊氏「以鳥名官」的問題，表現出對古代典章制度的濃厚興趣。大約三十歲左右開始的私人講學活動，是他一生的主要事業。三十四歲時去齊國，聽到《韶》樂，被其深深吸引，竟三月不知肉味。五十一歲出任魯國中都宰，後來升任司空、司寇。因不能實現政治理想，五十四歲時離開魯國，帶著弟子遊說列國。十四年間，到過宋、衛、陳、蔡、齊、曹、鄭、蒲、葉、楚等國，自稱「如有用我者，吾其為東周乎！」（《論語‧陽貨》），然而各諸侯國君主都不採納他的主張。再度回到魯國時，他已經六十八歲了。晚年致力教育和整理古代文獻，刪修《春秋》。魯哀公十六年，孔子病逝。

▍主要思想及著作▍

孔子的思想學說主要彙集在《論語》中，他的思想充滿著新舊兩方面的矛盾，是春秋時代的一面鏡子，反映了這個大變動時代的精神面貌。

（一）天命鬼神觀

1、孔子承認天是主宰，認為有天命存在，認為天命決定著人的生死，也決定著社會的興衰治亂。當冉伯牛生病將死時，他無可奈何地說：「亡之，命矣夫。」同時，他對周時盛行的透過卜筮探求上天意向的做法持否定態度，認為天命就蘊含在自然事物的執行之中，人們應該順應天命而積極努力，不應消極服從天命安排。

2、孔子沒有明確否定鬼神，但對鬼神採取了敬而遠之的態度。他說：「未能事人，焉能事鬼。」；「未知生，焉知死。」對於人死後是否為鬼，採取了迴避態度。

（二）知識論

孔子十分強調後天的學習，他一生學而不倦，深信「三人行，必有我師焉」。在學和思的關係上，他說：「學而不思則罔，思而不學則殆。」認為學必繼之以思，思必依據於學。知識必須經過思考，融會貫通，才能舉一反三，聞一知十，觸類旁通。同時，孔子主張學以致用，認為君子學習的目的應是為了從政和道德踐履。

（三）仁與禮的學說

1、禮原是中國奴隸社會的典章制度。夏、商、周三代奴隸主階級以禮規範其成員的行為和思想。周禮因革於夏禮和殷禮，最為完備。孔子把禮視為維護舊等級制度的重要手段，對於周禮的完美，他更是讚嘆不止，主張以周禮的形式去匡正已經產生變化的社會現實。

2、孔子說：「仁者愛人。」他認為仁就是推己及人的忠恕之道。孔子的仁，包含著愛惜勞動者的觀點，也就是實行德政，反對實行「不教而殺」的純刑罰苛政。為了實行德政，孔子提出「舉賢才」的政治主張。

（四）中庸之道

中庸是孔子立身行事的最高標準，又稱「中行」、「中道」。它要求人在處理事務時，既不能過，也不能不及，「過猶不及」，會偏離中道。為此他主張加以遏制性格過於進取的人，加以促進性格謙退的人。

▌名人事典▐

1、魯昭公二十六年（西元前 516 年）魯國內亂，孔子離魯至齊。齊景公曾向孔子問政，孔子回答：「君君，臣臣，父父，子子。」各人都要遵守自己的名分地位，不得僭越。得到了齊景公的讚許，但終未被起用。

2、孔子一生顛沛流離，雖然在政治上不得志，不過他打破了西周以來「學在官府」的傳統，創立了中國歷史上第一個私家學術團體 —— 儒家學派，號稱「弟子三千，七十二賢人」，分別在從政和傳道方面發揮了重要作用。

▌歷史評說▐

孔子是春秋時期知識淵博的學問家，他創立了比較完整的思想體系，他的思想體系雖然保留著傳統的天命觀念，但總體來說有利於社會進步。因此在戰國時代得到了進一步發展。在秦統一中國之前，孔子及儒家思想並未受到統治者的特別重視，僅是百家爭鳴的一個學派。漢代之後，孔子及儒家思想的歷史地位發生了變化。因為中央集權的封建統一國家，需要一種既能適合封建社會又具有一定保守傾向的思想，於是孔子的思想受到重視。漢武帝時，罷黜百家，獨尊儒術，正式確立孔子在中國歷史上的至尊地位。

　　孔子的思想對中國哲學的發展有極大的影響，對中國封建時代的文學、藝術、教育、史學、政治理論也產生過巨大影響。在一定意義上說，孔子是中國傳統文化的傑出代表。在全世界，特別是在東南亞各國也有很大影響。

　　縱觀孔子的一生，求學則「學而不厭」；論政唯倡「忠恕之道」，在道德上以「仁者愛人」為原則立身行事；在教育上更是「有教無類」，「誨人不倦」，堪稱一代聖賢，萬世之師表。孔子的性格特徵中最讓人欽佩的，便是他孜孜以求、雖百折而不回的執著精神。雖然幼時貧苦，一生顛沛流離，政治上始終不得志，他卻從未放棄自己的人生追求和政治理想，從未萎靡消沉，示人以「謀道不謀食」的聖人情懷。正是這種執著，使他成為中國歷史上最負盛名的先賢。

▌主要著作年譜▌

01. 春秋末期　整理《詩經》：中國歷史上第一部詩歌總集。收錄了兩周初年至春秋中葉大約五百年間的詩歌 305 篇

02. 春秋末期　整理《尚書》：古代文獻，不是一部成體系的著作，多是政事紀實成口頭紀錄

03. 春秋末期　刪修《春秋》：中國第一部編年體斷代史，由魯國史官記敘，孔子刪修

● 篤學力行，清修苦節 —— 墨子

> 「言必信，行必果，使言行之合，猶合符節也。」
>
> —— 墨子《墨子·兼愛》

▌人生傳略▐

　　墨子（約西元前 480～400 年），名翟，魯國人，戰國初期思想家，墨家學派創始人。手工業者出身，會製造器械，研究過築城，對力學、光學和幾何學有相當豐富的知識，熟悉「農與工肆之人」的生活狀況，自稱「賤人」、「北方鄙臣」。據說他早年曾經學習儒家學說，後來背離了儒家學說，創立墨家學派。墨子除在魯國活動外，曾當過宋昭公的大夫，到過齊國和衛國，幾度遊說楚國。有一次見到楚惠王，惠王不能推行他的學說，卻表示「樂養賢人」，要封他書社五百里，他不受而去。越王翁中派車五千乘，答應封地五百里，使公尚過到魯國來迎接墨子。墨子得知越王不是一個能實行自己政治主張的人，便拒絕到越國去。他奮鬥一生都是為了推行自己的學說，而不是謀求祿位。

　　墨子生活的時代，是孔子之後至孟子之前的戰國時期，這一時期小農經濟和小手工業發展起來。他的學生多來自社會的下層。墨子所領導的墨家學派，是一個生活清苦、組織紀律嚴密的團體，學生的行動都必須遵從墨子的指揮。據說墨子有一百八十個門徒，為了推行他的主張，都能赴湯蹈火，在所不辭，具有一種捨命行道的獻身精神。在春秋戰國之際，墨家和儒家是兩個著名的學派，二者的對立，揭開了先秦「百家爭鳴」的序幕。

▌主要思想及著作▌

墨子的思想主要收錄在其弟子根據他的言論編定的《墨子》一書中。主要有以下幾方面：

（一）「兼愛」、「非攻」思想

墨子思想體系的核心，是他的「兼相愛、交相利」的功利主義學說。他從小生產者的利益出發，主張兼愛互助。墨子看到當時國與國互相攻伐，人與人互相殘害，強凌弱，富侮貧，貴傲賤，智詐愚等一系列醜惡的社會現象，認為這些都是由於「不相愛」引起的。如果每個人都把別人的國家看成自己的國家，把別人的家庭看成自己的家庭，對待別人和對待自己一樣，就不會有這些現象了。

（二）「尚賢」、「尚同」思想

墨子主張實行賢人政治，在他看來，能夠做到盡力幫助別人的人，慷慨地把財物分給別人的人，不倦地教誨別人的人，就是賢人。由他們來治理國家，國家就能富裕，人口就能蕃庶，社會就能安定，所以「尚賢事（使）能」是治國的根本措施。這是墨子「尚賢」思想的中心內容。在這種思想的指導下，墨子又設計了「尚同」的社會藍圖，他主張選擇天下至賢之人立為天子，各級官員也都是這樣選出的「賢者」。人們以這些人的是非為是非，自下而上地逐層統一思想，最後做到「天下百姓皆上同於天子」，於是人人皆為善而不為惡，天下就可以治理好了。

▌名人事典▌

墨子聽說楚國要攻打宋國，他奔走了十天十夜，風塵僕僕地趕到楚國的郢都，勸說楚王不要去攻打宋國。楚王雖然覺得墨子言之有理，可

是考慮到公輸般已經為他造好了雲梯，最終仍不願放棄攻城計畫。於是墨子又去見公輸般，他解開衣帶當作城牆，用筷子當作守城的器械，公輸般設計了多種攻城的器械，都被墨子一一挫敗了。公輸般技窮，威脅墨子說：「我有了怎樣挫敗你的方法，但是我不說。」墨子說：「我知道你拿來挫敗我的方法是什麼，但是我也不說。」楚王問公輸般講的話是什麼意思，墨子說：「公輸般的意思不過是想殺掉我，殺掉我就沒有人來幫助宋國守城，楚國就可以輕而易舉地攻宋了。但是他不知道，我的弟子早已拿著我製造的守城器械等待著楚國的進攻呢！即使殺了我，你們也攻打不下宋國。」楚王於是放棄了攻宋的計畫。

▌歷史評說▐

墨子的思想在中國哲學史上產生過重大影響，在先秦的「百家爭鳴」中獨樹一幟，大放異彩。秦漢以後，由於墨家學說不適合封建統治的需求，逐漸銷聲匿跡，直到清中葉以後才有人重新重視。

墨子的一生布衣粗食，過著清苦的生活。他不為權勢所屈，不為利益所動，心繫四海，情憐眾生。欲成大事者就應該有這樣的胸襟和氣魄，不貪圖一時的享樂，不謀求一己之私利，以廣闊的視界審度世間永珍，省悟人生真諦。

● 論仁論性，知人知天 —— 孟子

「富貴不能淫，貧賤不能移，威武不能屈，此之謂大丈夫。」

—— 孟子《孟子·魚我所欲也》

▍人生傳略▍

孟子（約西元前 372 ～ 289 年），名軻，字子輿，戰國鄒（今山東鄒縣）人，戰國時期的哲學家，儒家的主要代表之一。相傳他是魯國貴族孟孫氏的後代，幼年喪父，家庭貧困，封建時代有「孟母三遷」和「斷機教子」的故事，說明他從小就受儒家「學而優則仕」思想的深刻影響。孟子曾受業於子思（孔子的嫡孫）之門人，是孔子的第四代弟子。他曾遊說齊、梁、魯、鄒、滕、薛、宋等國，做過齊宣王的客卿，「後車數十乘，從者數百人」，在當時有很大影響。戰國中期，建立封建主義中央集權的統一國家，是當時歷史的發展趨勢，各大諸侯國都想統一中國，當最高統治者。孟子宣稱：「欲平治天下，當今之世，捨我其誰也！」（《孟子·公孫丑下》）以輔佐聖君統一天下的賢臣自居。不過當時幾個大國都致力於富國強兵，想以武力的手段實現統一，孟子的仁政學說沒有得到實行的機會。最後退居講學，和他的弟子一起著《孟子》七章。

▍主要思想及著作▍

孟子的思想主要彙集在他與其弟子著述的《孟子》一書中。

（一）「仁政」思想

孟子繼承和發展了孔子的德治思想，提出其仁政學說，企圖在統治與服從的關係上，蒙上一層溫情脈脈的外衣，以緩和階級矛盾，維護封

建統治。他一方面嚴格區分了統治者與被統治者的階級地位，認為「勞心者治人，勞力者治於人」；另一方面，又把統治者和被統治者的關係，比作父母和子女的關係，主張統治者應該像父母一樣關心人民疾苦，人民應像對待父母一樣親近、服從統治者。孟子認為這是一種最理想的政治。

（二）「性善」論

孟子認為人人都有「善端」，即惻隱之心、羞惡之心、辭讓之心、是非之心，稱為「四端」。有的人能夠擴充它，加強道德修養，有的人卻自暴自棄，為環境所耽溺，這就造成了人品高下的不同。因此孟子十分重視道德修養的自覺性，寧可犧牲生命也不可放棄道德原則。

（三）盡心、知性、知天

孟子講的心、性，指善心、善性。心與性實際是一回事。盡心、知性就是保持和發展與生俱來的善心、善性。在天人關係上，孟子認為天與人兩者是相通的。從天的方面來說，天是萬物的主宰，人事的一切都由天決定。從人的方面來說，不僅人的善性來自天賦，人的思維能力也是天賜予的。人心具備天的本質屬性，只要反求諸己，盡量發揮、擴充自己的本心，就可以認識天。

▌名人事典

一次，齊宣王向孟子詢問統一天下的辦法。孟子反而先問他：「假使鄒國和楚國作戰，大王認為誰能取勝呢？」齊宣王說：「楚國會勝利。」孟子說：「這樣看來，小國自然敵不過大國，人口少的國家自然敵不過人口多的國家，弱國自然敵不過強國。如今四海之內的土地，千里見方大

的共有九塊，齊國只是其中之一。以九分之一來與九分之八對敵，這跟鄒國與楚國對敵又有什麼不同？大王您為什麼不從根本上來著手呢？現在大王若能改革政治，施行仁政，使天下的士大夫都想到齊國來做官，農民都想到齊國來耕田，商賈都想到齊國來做生意，旅客都樂意取道齊國，以至於天下痛恨本國君主的人都跑到這裡來控訴。如果能做到這樣，那麼又有誰能抵擋得住齊國稱王於天下呢？」（譯自《孟子・梁惠王上》）這一段對話，展現了孟子「仁政」學說的精神。

▌歷史評說▌

孟子作為孔子儒學的繼承者，把「仁」學發展為先天道德的「性善」論，建立了「盡心、知性、知天」的唯心主義先驗論的哲學體系，為封建制度的合理性做論證。因此，他特別受到歷代封建統治者的重視，被奉為僅次於孔子的「亞聖」，他的學說也和孔子學說一起被合稱為「孔孟之道」，成為漫長中國封建社會的統治思想。

「紙上得來終覺淺，絕知此事要躬行」。孟子不僅是儒家道德的倡導者，同時也是這種道德的履踐者，始終表現出寧「捨生」也要「取義」的儒者風範。當別人問他有何特長時，他回答：「我善養吾浩然之氣。」孟子以其高尚的品格，向我們展示了一代聖賢的成功之路。

▌主要著作年譜▌

戰國中後期　《孟子》：記錄孟子言論及思想的文集

● 仙風道骨，淡泊明志 —— 老子

「禍兮，福之所倚；福兮，禍之所伏。」

—— 老子《老子》

‖人生傳略‖

老子，先秦時代的哲學家，道家學派的創始人。對於老子是什麼時代的人，以及《老子》這部書產生的年代至今尚無定論。西漢初年就有三種說法：一說是春秋末期的李耳，與孔子同時而年長於孔子，由於他是一位隱士，因此思想傳播不廣，到戰國時才流行起來，後人把他的思想整理成《老子》這部書，書中也就夾雜著一些戰國時代的思想和語言；一說是春秋末的老萊子，也與孔子同時，《老子》為其所作；一說是戰國中期的太史儋，他就是《老子》一書的作者。司馬遷認為《老子》的作者是李耳，在《史記·老子韓非列傳》中，較為詳細地記載了李耳的生平。可是他也沒有完全排除另外兩種說法，附帶把二、三兩說記錄下來。

據《史記》記載，老子姓李名耳，字伯陽，諡號聃，楚國苦縣（今河南鹿邑東）屬鄉曲仁里人，曾任東周王室管理藏書的官吏。據說老子看到東周王室衰微的形勢，便離開東周西去，至函谷關被關令尹挽留，著《道德經》五千言，然後出關而去，不知所終。

‖主要思想及著作‖

《老子》一書，文約義豐，雖然只有五千字，卻從宇宙觀、認識論、和社會歷史觀等方面，系統地論述了先秦道家的思想。

（一）「道」之範疇的提出

「道」是老子思想體系的核心。《老子》全書八十一章，直接論「道」的有三十七章，「道」字出現七十四次。《老子》開篇即說：道是不可名狀的，說出來了就不是道了。但綜觀全書，道的內涵還是可以體會的。大體包含兩層意思：一是指一種精神性的本體，是萬物所以產生之根源；二是指規律性，這種規律性作用於萬物，才產生了萬物的規律性。

（二）自然無為的社會理想

老子認為，人法地，地法天，天法「道」，「道」法自然，天、地、人都直接或間接效法「道」，所以天、地、人也都效法自然。由此，他眼中的理想社會就是無為而治、小國寡民的狀態，「鄰國相望，雞犬之聲相聞，民至老死，不相往來。」（《老子》八十章）

（三）「柔弱勝剛強」的人生哲學

世間沒有比水更加柔弱的了，但要衝擊堅硬的東西，卻沒有別的東西可以代替水。老子嘆息說，這種弱勝強、柔勝剛的現象，天下沒有人不知道，卻沒有人能從中得到啟迪，真正認識到柔弱對於人生的意義。人們自我表現、自以為是、自我誇耀、自我矜持都是在逞強。而聖人具有「處下」、「不爭」的品格，因為「不爭」，所以天下沒有人能和他爭，因此能夠處於人民之上。至柔也即至剛，這是老子的獨到之處，也是他的深刻之處。

▋名人事典▋

《史記》中記載了老子與孔子的會見以及對彼此的印象。孔子向老子請教關於禮的問題，而老子講的卻是人生哲學，他說：「你所說的那個時

代的人早已死了，連骨頭也已經腐朽，只有言論還流傳下來。君子生逢盛世，就駕著車從事社會活動；生不逢時，就應該像斷了根的蓬草那樣隨風飄蕩。善於做生意的人把珍貴的貨物藏起來，像是什麼也沒有的樣子。身懷盛德的君子外表像個傻瓜。去掉你這旺盛的精力吧！去掉你這多餘的慾望吧！去掉你這進取的神態吧！這些對你全沒好處。」這段話是一個消極遁世者對一個積極進取者的忠告，也表明了老子的人生態度。孔子對老子的印象是：高深莫測，不可捉摸。孔子說：「能飛的鳥可以用箭來射；能游的魚可以用絲繩繫上魚鉤來釣；能奔跑的野獸可以用網來捕捉。至於乘風雲而上天的龍，就沒有辦法抓住牠了。」老子給人的印象，就像龍一樣不可掌控。

▌歷史評說▌

　　老子是中國歷史上第一個哲學探索宇宙本原的思想家。他的思想對於道教哲學以及魏晉玄學影響深遠，對後世儒學也有很大影響。由老子首創的道家學說與儒家思想，成為中國歷史上並行的兩大思潮，貫穿整個思想史。

　　以自然無為、超然物外的姿態，品味與世無爭的恬靜，老子為我們營造了一處淡泊明志、寧靜致遠的人生佳境。人間的永珍不過是過眼雲煙，只有內心的平靜，才能求得靈魂的安然適意。

▌主要著作年譜▌

　　大約戰國中前期　《老子》：中國古代重要哲學著作，又稱《道德經》。相傳為老子所作，又有人認為是後人偽託

● 逍遙無羈，乘物遊心 —— 莊子

「若夫乘天地之正，而御六氣之辯（變），以遊無窮者，彼且惡乎待哉！」

—— 莊子《莊子·逍遙遊》

▌人生傳略▐

莊子（約西元前 369 ～ 286 年）戰國時期思想家。名周，宋國蒙（今河南商丘東北）人。莊子住在貧民區，生活窮苦，靠製作草鞋過活。有一次他向監河侯借粟，監河侯沒有滿足他的要求。還有一次，他穿著有補丁的布衣和破鞋去訪問魏王，魏王問他何以如此潦倒，莊子說：「我是窮，不是潦倒，是所謂生不逢時。」他把自己比作落在荊棘叢裡的猿猴，「處世不便，未足以逞其能也」。《史記》中記載莊子曾在家鄉做過管理漆園的小官，在職不久就歸隱了。楚威王聞知莊子十分有才能，便派了兩名使者，以厚幣禮聘，請他做相。莊子說：「千金、相位確是重利尊位，但這好比祭祀用的牛，餵養多年，便被披上繡花衣裳送到太廟當祭品。我不願如此，寧願像條魚，在汙泥濁水中自得其樂。」莊子就這樣過著清苦卻避世逍遙的自在生活。

▌主要思想及著作▐

莊子是一名哲學家，同時也是一名富於浪漫主義精神的文學家，他常以寓言的形式來表達自己的哲學思想。《莊子》一書，洋洋十萬言，內容十分豐富。書中形象鮮活，讀來使人不感到是一部艱深的哲學著作，更嗅不到絲毫沉悶晦澀的氣息。同時，又蘊含了深刻的思想。

（一）「齊物」論和「逍遙」思想

所謂「齊物」是說從「道」的角度看，事物的性質和存在都是相對的，沒有質的區別。莊子說，細小的草莖和粗大的屋柱，最醜的女人和美麗的西施，從「道」的角度來看都是一樣的，事物的差異是由於認識者觀察問題的角度不同造成的。如果從相同的角度去觀察事物，萬物都是一樣的。

為了貫徹這種「齊物」的思想，莊子提出了追求個人絕對精神自由的內心修養方法。莊子認為，真正的自由是不依賴於任何物質條件的，像聖人和神人那樣，乘著天地的正氣，駕御著六氣的變化，在無窮的宇宙中不受任何限制地遨遊。能夠把名譽、功業和肉體一併拋棄的人，就是莊子所說的「逍遙」之人。這樣的人精神生活無思無慮、無情無慾、無知無識，與萬物渾然一體，能得到最完滿的自由和幸福。

（二）社會思想

莊子推崇人類的自然性，否定儒家的禮樂仁義，認為它們都是虛偽的，破壞了樸素的人性。理想的社會中一切都順乎自然，沒有物質文明，沒有文化，人們自然地出生，自然地成長，自然地消逝。除了自然發展過程外，什麼也沒有。

▌名人事典▌

1、惠施是莊子的好朋友，一天，兩人在濠水的岸邊遊覽。莊子說：「魚從容地在水裡游著，這是魚的樂趣呀！」惠施說：「你又不是魚，怎麼知道魚的樂趣呢？」莊子說：「你不是我，怎麼知道我不知道魚的樂趣呢？」惠施說：「我不是你，誠然不知道你。可你確實不是魚，你不知道魚的樂趣，這是完全可以肯定的。」莊子並沒有被惠施難住，反而對答

如流，他說：「我們還是從問題的開頭說起吧！你說『你怎麼知道魚的樂趣』這句話，說明你已經知道我知道魚的樂趣而問我。我正是憑這個從濠水岸上知道魚的樂趣呀！」惠施啞口無言。

2、莊子在《齊物論》中講了一個「莊周夢蝴蝶」的故事。他說，從前莊周做了一個夢，夢見自己變成一隻蝴蝶，拍打著翅膀輕鬆愉快地飛著，儼然變成了真蝴蝶。他覺得相當得意，忘掉了自己原來是莊周。醒來睜眼一看，奇怪得很，仍然是一個莊周。究竟是莊周做夢變成了蝴蝶呢？還是蝴蝶做夢變成了莊周呢？這是無法搞清的。莊子以此說明，是非是根本辨不清的，一切關於是非、彼此的辯論，都是毫無意義的。

▌歷史評說▌

莊子對中國古代哲學的發展有很大影響。魏晉時期的玄學思潮，東晉南北朝盛行的佛教以及宋明理學，都受到莊子思想的影響。明清之際的王夫之更是改造莊子思想的傑出代表，發揮了莊子思想中的辯證法因素。

在中國古代的思想理論中，儒、道兩雄並立，各自為營。儒家以為道家消極避世、自命清高，道家則笑儒家世俗、膚淺。不管怎樣，莊子的深刻脫俗，灑脫不羈卻是有目共睹的。

▌主要著作年譜▌

戰國時期　《莊子》：莊子及其後學的著作。《內篇》為莊子所作，《外篇》、《雜篇》為其後學所作

● 博學強識，「辯」論古今 —— 惠施

「物方生方死」（事物剛生出來，同時也就開始死亡了）

—— 惠施

▌人生傳略▐

惠施（約西元前 370 ～ 318 年），戰國時期宋國人，曾為魏惠王相15 年。主張對內實行「法治」，對外聯合齊、楚抗秦，是戰國時期「合縱」運動的實際組織者之一。並促成魏、齊二王會於徐州，互尊為王，開六國稱王的局面。魏惠王尊寵惠施，將他比作管仲，且欲傳以國位。後來，張儀至魏，為秦連橫，欲使魏聯合秦韓攻打齊楚，而惠施主張魏與齊楚聯合。群臣及魏王皆聽信張儀，於是惠施被逐到楚國。楚國又將其送給宋國，惠施因此得以與莊周交遊。以後，張儀離開魏國，惠施又返回魏國，且為魏王出使鄰國。但他知名於世主要是因為學術上的地位。惠施博學多才，自然科學知識豐富，是名家「合同異」學派的代表人物。

▌主要思想及著作▐

惠施的著作已全部失傳，他的思想和一些言行片段，散見於《莊子》、《荀子》、《韓非子》、《呂氏春秋》等書中。

1、「合同異」思想。

在惠施看來，某一類具體事物之間的同異關係，只能說是「小同」，「小異」。例如，馬和牛比較起來，有相同的一面，牠們都是走獸，這是「小同」；另外牠們還有不同的一面，這是「小異」，這種同異關係叫做「小同異」。推廣到萬物，則一切事物都有相同的地方，也有不同之處，

這種同異關係叫做「大同異」。事物的同異是相對的，又是統一在一起的，可以說萬物都相同，也可以說萬物都相異。由此，他得出了「合同異」的結論。

2、十個著名邏輯命題。

惠施的辯學有十個命題，都是觀察研究事物得出的結論，稱之為「歷物十事」。而「卵有毛」、「犬可以為羊」、「龜長於蛇」等，都是運用「合同異」的相對主義觀念，透過偷換概念而推論出來的。

▌名人事典▌

據《莊子·天下篇》記載，當時南方有一個叫黃繚的怪人，曾向惠施請教為什麼天塌不下來，地陷不下去，風雨雷霆是怎樣發生的等一系列問題。惠施不加思索地把這些問題都回答了，並且滔滔不絕地徵引廣泛的數據來加以說明，展示了他豐富的自然科學知識。

▌歷史評說▌

惠施的名辯思想對中國古代邏輯思想的發展影響深遠。但是他的思想明顯帶有詭辯論的特徵，以偷換概念見長。

惠施注重自然問題的研究，具有科學精神和廣博的自然科學知識。這是惠施的辯學能夠不因循舊說，不受習慣思維方式束縛，善於提出與眾不同的新見解的重要原因。一個人要想有新的建樹，就不能蹈襲前人，這也是時下倡導的「創新」意識的內涵之一。

▌主要著作年譜▌

戰國後期　《惠子》（已失傳）：記錄惠施言行、思想的文集

● 一代怪傑，千古辯才 ── 公孫龍

「白馬非馬。」

── 公孫龍

▌人生傳略▌

公孫龍（約西元前 319 ～ 252 年），戰國時期趙國人。做平原君趙勝家裡的門客二十餘年，深得平原君「厚待」。曾出使燕國，在燕昭王面前遊說「偃兵」（停止戰爭）。趙武靈王在位期間，推行「胡服騎射」的改革，創始了提前傳位於王子的所謂「內禪」政策。內禪以後，號稱主父，偽裝成使者入秦，為襲秦做準備。趙武靈王使趙國強大起來，成為東方舉足輕重的諸侯國，他的好出奇策、不拘傳統的精神，也為趙國留下了巨大影響，對公孫龍的辯學產生了某種誘發作用。公孫龍不僅是當時，也是中國思想史上傑出的辯才。

▌主要思想及著作▌

據《漢書·藝文志》記載，公孫龍的代表作《公孫龍子》原有 14 篇，後來多數散失。現存的《公孫龍子》一書只有 6 篇，是流傳至今的唯一名家著作，成為研究公孫龍哲學觀點和邏輯思想的重要史料。其主要思想如下：

1、「正名」思想。

公孫龍是中國邏輯史上第一個提出正名理論之人，強調事物之名必須專指事物之實。他在《名實論》一篇中，闡述了任何一類具體事物，都有確定的屬性和屬於一個確定範圍的思想。

2、著名的「離堅白」命題。

公孫龍在《堅白論》中分析人們對「堅白石」的感覺時說：「用眼睛來觀察石頭，得不到它的堅硬，只能知道它是白色的；用手來摸石頭，得不到它的白色，只感到它的堅硬。世界上有白的顏色，但白色並不只表現在某一個東西上，世界上有堅硬的性質，它也不只表現在某一個東西上。不限定在某一個東西上的共性是兼通萬物的，怎麼能說堅和白是屬於石頭的呢？」於是他得出結論：「堅和白可以和石頭分離，也可以相互分離。」

3、詭辯論。

公孫龍提出了許多如「雞三足」、「火不熱」、「狗非犬」等詭辯命題。都是採取割裂個別和一般的詭辯手法，得出違反常識的荒謬結論而來的。比如「火不熱」是說，熱是人的主觀感覺，熱在人而不在火，是人感覺熱才說它是熱的。

▌名人事典▌

公孫龍長於辯論，曾幫助趙國解決外交困難。據說趙、秦相約，一方有事，對方給予幫助。後來秦攻魏，趙卻要救魏，秦譴責趙國背叛諾言。公孫龍向平原君獻策說，趙國也可以派人去譴責秦國：「趙要救魏，秦國不幫助趙國救魏，這也是背叛諾言。」

▌歷史評說▌

公孫龍在學術上反對惠施一派的觀點，成為「離堅白」派的代表人物。他是第一個從理論高度提出正名原則的人，對中國古代邏輯的形成產生了重要作用。

公孫龍是中國古代傑出的辯才，他的思維方式與眾不同，他的許多思想在常人看來也是很反常、荒謬的。而這正是他的傑出之處，是他之所以流名後世的原因所在。

▌主要著作年譜▌

戰國末期　《公孫龍子》：記錄公孫龍言行、思想的文集

● 洞見人性，傲視群儒 —— 荀子

「天地合而萬物生，陰陽接而變化起。」

—— 荀子《荀子‧禮論》

▌人生傳略▌

荀子名況字卿，漢人避漢宣帝劉詢諱，稱為孫卿。戰國末年趙國人，生卒年不詳。早年遊學於齊，曾經到當時賢士齊聚的稷下學宮講過學，上書遊說齊相沒成功，一度離開齊國前往楚國。齊襄王時反齊，其時，一些著名的學者如田駢、慎到等都已經死去，荀子在稷下學宮成了巋然突出的大師，在眾多學者中三次被推為「祭酒」（學長）。後來因為齊國有人讒害他，才離開齊國。他去趙國見趙孝成王，後來又去秦國，曾與應侯范雎問答，也見過秦昭王，但終不得志。後又於西元前 225 年再次入楚，被楚相春申君用為蘭陵令。春申君被害以後，荀子也罷了官，晚年定居在蘭陵，授徒著書以終。

荀子的弟子很多，韓非、李斯和漢初傳《詩》的浮丘伯都出自其門下。

▌主要思想及著作▌

荀子的著作在漢代有三百多篇，現存《荀子》三十二篇，展現了荀子的主要思想。

1、明於天人之分。

荀子認為，「天」不能決定社會的治亂安危，不能決定人事的吉凶，社會的治亂安危在於人而不在於天。另一方面，又認為人不能超越自然規律，替天別有作為、別有體察。他說，天不因為人們厭惡寒冷，就取消了冬季；地不因為人們厭惡遼遠而縮小了它的廣大。自然事物有其自身的執行規律，人應該順應規律並利用規律為自身服務。

2、認識論。

荀子排斥感性認識，也反對片面執著於感性經驗。他認為感覺經驗必須透過理性的分析鑑別，才能取得正確了解。僅靠感覺有時會產生錯覺。例如，夜間走路，會把橫臥的石頭當作伏虎，把直立的木樁錯以為是人，這都是錯覺。對於錯覺必須用思維來糾正。例如，從山上望山下的牛，像羊那麼大，但是找羊的人絕不會把牛當成羊，這是人們透過思維知道這是「遠蔽其大」的緣故。只有充分發揮理性的作用，才能祛除認知的片面性。

3、「性惡」主張。

在人性的問題上，荀子反對孟子「人性善」的先天道德論，而提出了「人性惡」的觀點。他認為人的本性就是「目好色，耳好聲，口好味，心好利，骨體肌膚理好愉佚」（《性惡》），這些慾望與感情是人的生理要求決定的。如果放任這種好利惡害的本性發展，就會與封建的禮義相違背，所以說人性是「惡」的。可是，他又認為，人的這種「惡」的本性，可以用禮義教化的方法加以節制和改造，使之向善。因此他強調後天的環境和教育，對人性的發展有決定性作用，強調道德是後天形成的。

▌名人事典▌

荀子的理論帶有非常強的戰鬥性，他本人也是富於批判性的。為了統一學術思想，荀子批判了當時的不少學派。他認為，有一些學者利用天下分裂的形勢，把邪說加以偽裝，把奸言加以掩飾，使天下人迷惑混亂，不知是非。他著重批判當時影響最大的子思、孟軻學派。荀子以不當權的聖人自居，他在學術思想領域「齊言行」的努力，是與當權者統一天下的政治活動相配合的。

▌歷史評說▌

荀子尊崇孔子，又廣泛吸取各家學說的精華，成為先秦百家之學的終結者。他的思想對中國封建社會兩千多年的唯物主義哲學傳統發生了深刻的影響。

在中國古代思想史上，荀子是一個富於戰鬥性的思想家，他不畏權勢，勇於堅持一己之見，自視甚高，以「大儒」的身分批評其他儒家派別。大抵這也是一個成功者應有的素養吧！

▌主要著作年譜▌

戰國末期　《荀子》：中國哲學史上的重要著作，記錄了荀子的哲學思想

● 兼收並蓄，成一家之法 —— 韓非

「是以聖人不期修古，不法常可，論世之事，因為之備（方法）。」

—— 韓非《韓非子・五蠹》

▌人生傳略▌

韓非（西元前 280 ～ 233 年），他出身於貴族世家，是韓國的公子，喜歡「刑名法術」之學。他有口吃的毛病，語言表達能力相當差，但是擅長於著書寫作。韓非看到韓國國力日益削弱，曾多次上書韓王，主張以法制治理國家，以權勢統御臣下，任用賢才，採取富國強兵的政策。不過韓王沒有採納他的建議，反而寵信沽名釣譽的儒士，危急時刻又重用武士俠客，造成腐敗的政局。韓非痛心疾首，退而著〈孤憤〉、〈五蠹〉、〈說難〉等三十餘篇來表達自己的政治抱負。秦攻韓時，韓非成為人質到秦，他的才華受到秦始皇的賞識。後被陷入獄，飲鴆而死。

▌主要思想及著作▌

韓非的學說以專制主義、中央集權的政治理論為中心，他的學術淵源主要是前期的法家和道家。在政治思想方面，他總結了商鞅、申不害等前期法家的學說，提出法、術、勢結合的法治學說。他曾深入研究《老子》，著有〈解老〉、〈喻老〉。此外，他又曾師從荀子，與儒家的荀子學派有淵源。其主要思想彙集在《韓非子》中。

（一）法治思想

韓非理想的政治局面，是在全國把政治權力集中於中央政府，在中央政府又把政治權力集中於皇帝一人。這是韓非所設計的封建主義中央集權的政治體制。

　　他強調君主必須把法、術、勢三者結合起來，缺一不可。法指成文法；術是君主駕馭群臣的權術；勢即權勢地位。三者結合，形成完整的法治理論。

　　韓非的政治思想強調暴力和權術，鄙薄仁義道德，是與他的社會倫理思想連繫在一起的。他認為，好利是人的本性，人際關係唯有物質利益是真實的，儒家推崇的仁義道德全是虛偽有害的東西。因此，統治者必須採取暴力和權術。

（二）歷史進化觀

　　韓非的社會歷史觀具有兩個顯著特點：一是強調社會的進化，注重當前的現實，反對「是古非今」的復古主義。他堅持今世必然勝過古代的發展觀。另一方面，他比較重視物質因素在社會歷史發展中的作用，試圖探索引起社會變化的物質原因。他指出，古今社會的變化決定於人口和財貨的比例關係，人口增長的速度高於生活數據的增長速度，是出現社會矛盾與社會動亂的根源。

▍名人事典▍

　　韓非的書傳到秦國，秦王嬴政讀後大加讚賞。他十分感慨地對丞相李斯說：「我要是能見到這個寫書的人，和他一起相處，真是死而無憾啊！」西元前233年秦攻韓，指名要韓非為人質。韓非到了秦國，秦王十分高興，卻又不敢信任和重用他。丞相李斯是韓非的同窗，他們都是荀況的學生。李斯嫉妒韓非的才能，怕韓非到秦國後會取代他的職位，就和姚賈在秦王面前詆毀他。秦王因而囚禁了韓非，李斯又派人送去毒藥逼他自殺。韓非想申辯卻見不到秦王，據說秦王最終後悔了，派人去赦免韓非，然而這時韓非已飲鴆而亡。韓非死後，他的政治學說基本上被秦始皇採用，並將它付諸實踐從而一統天下。

▌歷史評說▌

韓非身為先秦法家思想的集大成者，他的法治思想是戰國後期這一特定歷史條件的產物，他的理論適應當時中國走向統一的歷史趨勢。但是他崇尚暴力和權術，壓制工商業發展，提倡文化專制，無論在當時或在後代，都產生了深遠的消極影響。

韓非的思想是受到先秦各家的影響而形成的，法家、儒家、道家的思想對他都有巨大影響。一個人只有集納百家之長，補己之短，兼收並蓄，厚積薄發，才能增長學識，有所作為。

▌主要著作年譜▌

戰國末期　《韓非子》：記錄韓非學術思想的著作，是哲學史上的重要文獻

● 學究天人，智獻「三策」—— 董仲舒

「米出於禾中，而禾未可全為米也。善出於性中，而性未可全為善也。」

—— 董仲舒《春秋繁露》

▌人生傳略▌

董仲舒（西元前 179 ～ 104 年），西漢時的儒學大師。他自幼勤奮好學，熟習儒家經典。漢景帝時，曾任博士官，後來又在漢武帝的哥哥江都易王劉非的封國裡，擔任過六年國相。除此之外，他一生主要從事講學和著述。董仲舒家境富足優裕，而他本人不太看重金錢，對家產的經

營漠不關心，整天埋首於書齋之中。據說他「三年不窺園」，專心治學，研究和思考思想理論，頗有學者風度。

董仲舒一生沒有在中央政府任過職，早年在思想界也無甚大影響，他真正走上歷史舞臺是在漢武帝統治時期。西元前 140 年，漢武帝廣羅人才，舉賢良文學之士，董仲舒應詔先後三次對策，進獻著名的「天人三策」，向漢武帝提出了「罷黜百家，獨尊儒術」的建議，後來逐漸為封建統治者採納。以後，董仲舒又多次上書，並透過著述和講學，建立起一個以儒家思想為主幹，兼收其他派別中適合封建專制主義統治學說的思想體系，經過幾代統治者的提倡，最終發展成整個封建社會的正統思想。

▌主要思想及著作▌

董仲舒學說的特點是以儒家思想為中心，雜以陰陽五行說和黃老刑名思想，形成了一個儒學的新體系。主要思想彙集在《春秋繁露》中。

（一）「天人感應」說

董仲舒認為，天主宰人類社會，天人之間存在著一種神祕的關係，天能干預人事，人的行為也能感動天。自然界的災異和祥瑞，表示著對人們的譴責和嘉獎，人們（主要指帝王）的行為能夠使天改變原來的安排。

（二）「性三品」說的人性論

所謂「性三品」，就是把人性分為性質不同的三種型別，每種型別的人性都由天賦決定，不可改變。

第一類人性叫做「聖人之性」。有這種人性的人，與生俱善，無須後

天的教育和感化。皇帝和聖賢具有這種人性。第二類人性叫做「中民之性」。有這種人性的人可以從善，也可以從惡。這一類人只要順從地接受封建道德的教化，就可以行善。一般地主官僚具有這種人性。第三類人性叫做「斗筲人性」。具有這種人性的人，生來刁頑惡劣，即使後天教育也無法改惡從善，只會為非作歹。

名人事典

董仲舒的思想一度成為整個封建社會的正統思想，而具有諷刺意味的是，董仲舒連同他的思想學說，最初並不受最高統治者看重和賞識，董仲舒的命運也像當年向楚王進獻「和氏之璧」的卞和一樣，為了他那個還沒有被了解到真正價值的學說，險些送掉了性命。

漢武帝登基後不久，遼東和長陵兩地的廟殿遭到雷擊後發生火災，董仲舒借題發揮，用這件事來論證他的「天」有意志，能用災異譴告人君的學說。他在家中寫了一份奏章，草稿剛成，就被一個名叫主偃的人看到，偷去奏報了朝廷。漢武帝立即召集群儒評議這份稿子，董仲舒的學生呂不舒不知道是自己的老師寫的，看過後，斥之為愚昧荒誕之說。漢武帝震怒，下令將董仲舒投入監獄，判處死刑。後來由於呂不舒等人的苦苦哀求，才下詔釋放了他。從此以後，他再也不敢胡亂解釋自然災異現象了。

歷史評說

董仲舒是繼孔子之後，對中國思想發展產生最深刻影響的人物之一。他建立的思想體系成為漢代的官方統治哲學，對當時社會所提出的一系列哲學、政治、社會、歷史問題，給予了較為系統的回答，對後世也產生了深遠的影響。

董仲舒自幼勤勉，不慕功名利祿，他的「三年不窺園」而埋首於書齋的勤學精神，值得今天的學子效仿，也再一次充分證明了非勤學無以致知、無以成名的道理。

▌主要著作年譜▌

01. 漢初　〈舉賢良對策〉：董仲舒向漢武帝進獻的三篇「對策」，主要討論天人關係問題。是非常著名的歷史文獻
02. 漢初　《春秋決事》（已佚）：不詳
03. 漢初　《春秋繁露》：記錄董仲舒思想的論文集，主要以《春秋》為研究中心

● 家貧如洗，學富五車 ── 王充

「賢不賢，才也；遇不遇，時也。」

── 王充《論衡‧逢遇篇》

▌人生傳略▌

王充（西元 27 ～約 100 年），字仲任，會稽郡上虞（今浙江上虞）人。他出身寒門庶族，曾祖父王勇曾因軍功受封於會稽陽亭，僅一年後就被削去官爵，祖、父輩「以農桑為業」，後來又做過商販。他的家庭有任俠豪氣的傳統，祖輩和父輩都曾因為為鄉鄰打抱不平，與豪門富戶結下怨仇，不能見容與當地的劣紳士族，兩次被迫遷居他鄉，生活窘迫不安。由於王充出身寒微，他從事政治和理論活動，就曾屢屢遭到統治階級和論敵的嗤笑、攻訐，王充卻毫無愧色，據理反駁，並從理論上探討

了社會中不平等現象的原因。

王充自幼聰穎過人，八歲後，受誦儒家經典《論語》、《尚書》，日誦千言，顯露出非凡的才華。後遊學京師洛陽，曾問學於當時的名儒班彪，造就了牢固的學問根柢。他思想活躍，眼界開闊，極不滿於那些一生只知咬文嚼字、煩瑣考證、埋首於儒家經典中、孤陋寡聞的讀書人。他喜好博覽群書，「不守章句」，著重領會其精神要旨，在青年時代就成為通曉眾流百家之言的淵博學者。

王充一生淡漠功名富貴，為堅持真理，不肯向權貴折腰，甘守貧困，正氣浩然，歷史上一直傳為美談。他從洛陽遊學回鄉後，教過書，當過小縣吏，還在州府裡做過主管文書的小官。晚年時，他的同鄉友人謝夷吾曾上書朝廷推薦他，對他的評價極高，認為就是前世的孟軻和荀卿，近世的揚雄、劉向和司馬遷，都不及王充的才識和德行。漢章帝於是派公車來徵召他，但此時他已貧病交加，又值垂暮之年，終於未能成行。七十多歲時，王充淒涼地病逝於家中。

▌主要思想及著作▌

王充的代表作《論衡》，據王充自述，是要對古往今來一切學說、思潮加以衡量，評論是非，銓定輕重，批判虛妄之說。他總結了前人，特別是漢代自然科學的成就，繼承了中國古代唯物主義的傳統，批判「天人感應」的神學目的論和讖緯之學，建立起唯物主義哲學體系。(1)他反對把天看作萬物的主宰，認為天是自然的天，萬物的發生和發展都是一種自然的過程，而不是神意的安排。(2)他認為，知識只有受到事實的驗證才能確定其真實性。王充辛辣地嘲笑死守儒經的人是瞎子、聾子、鸚鵡學舌，雖然誦書千篇以上，卻不能產生任何實際效果。他認為

掌握知識、通曉書本的目的，就在於實際應用，產生有益於社會進步的效果。（3）他反對「君權神授」說和倒退論，主張人為，提倡進化。

▌名人事典▌

王充回鄉任職期間，總是「貧無一畝庇身」，從未置過什麼產業，晚年更是景況淒涼。因政治主張和生活作風與當時的權貴豪強格格不入，他始終被壓抑貶黜，一生仕途不進。但他「居貧苦而志不倦」，終身奮鬥不止，刻苦寫作，花費二十年心血終於寫成《論衡》一書，成為中國思想史上，閃爍著唯物主義光芒的經典力作。

▌歷史評說▌

王充在中國思想史上是一位里程碑式的人物，素為後人所景仰。他不僅是漢代唯物主義陣營的旗幟，而且開創了唯物主義的一個重要發展階段。他的後繼者范縝、柳宗元、張載、王夫之、戴震等人，都發展了他的樸素唯物主義和無神論思想，在中國哲學史上形成了優良的唯物主義傳統。

王充是中國歷史上一位著名的天才，少時即有驚人的記憶力，能過目成誦。可是他並沒有因為這樣的天分而忘乎所以，始終潛心向學，博覽群書，才造就了他在中國思想史上的顯著地位。由此可見，謙虛和勤勉不失為成功的兩塊堅固的奠基石。

▌主要著作年譜▌

01. 漢初　《論衡》：中國哲學史上的重要文獻，王充闡述了他的無神論思想

02. 漢初　《論俗》、《政務》、《養性》等（已佚）：不詳

● 靜觀玄覽，少年老成 —— 王弼

「凡物極則反，故畜極則通。」

—— 王弼《周易注》

▌人生傳略▌

王弼（西元 226 ～ 249 年），字輔嗣，山陽高平（今山東金鄉縣）人，三國時期魏國玄學家，玄學貴無論的創始者之一。

王弼是中國古代最早熟的哲學家，他十多歲時即能言善辯，與當時許多清淡名士辯論各種問題，暢談玄虛的哲理，深得眾名士的賞識。據史書記載，曹操的兒子曹丕執政時，王弼曾去覲見曹丕。曹丕久聞王弼的名聲，本來對他寄予厚望，以為他能提出治理國家的好辦法，於是在接見他時，把左右的侍從和大臣都屏退了，獨自和他交談。沒想到王弼高談闊論了很長時間，卻只講些玄奧空洞的哲學道理，根本不涉及實際生活問題。曹丕大失所望，認為王弼是一個書呆子氣十足的空談家而輕視他，之後儘管何晏極力引薦，他始終不讓王弼擔任重要職務。王弼對此並不在意，只說「事功亦雅非所長」（求取功名不是我的特長），繼續講他玄虛的哲理。

王弼為人高傲，常以自己所長譏笑別人，因此為當時的文人所疾。正始十年（西元 249 年）秋，王弼患癘疾而亡，年僅 24 歲。

▌主要思想著作▌

王弼的思想主要展現在他的著作《周易注》、《周易略例》、《老子注》、《老子略例》中。在先秦的古書中《老子》、《莊子》、《周易》被稱為三玄，它們以玄虛縹緲的理論傳達一種神祕主義情緒。王弼以對《老

子》、《周易》的注釋和闡發，建立了自己的玄學思想體系。主要思想包括以下幾個方面：

1、以無為本。

世間萬物的存在都是「有」，並且都是由存在著或存在過的事物（即「有」）產生的，那麼，「有」是從何而來的呢？王弼認為「有生於無」，「無」是一種精神性的本體，是產生萬物的本原。因此，「無」才是世界上最本質的存在。

2、靜為躁君。

王弼認為世界上一切事物的運動，都是由靜止開始的，儘管不停地運動變化著，最終還是要復歸於靜止。絢爛終要歸於平淡，喧囂終要歸於平靜。「靜」是事物運動的原因和歸宿。

3、言不盡意。

語言常常不能完全地表達出人的思想，有時甚至不能正確地傳達人的思想。這便是言不盡意，由此，王弼主張棄絕語言，而靠一種心靈上的覺悟，達到精神上的溝通和領悟。

▎名人事典▎

1、王弼十幾歲時去拜訪當時聲望很高的史部郎裴徽。裴徽問他：「虛無是宇宙和萬物的本原，可是孔子卻不肯深入探討它，為什麼倒是老子在論述闡發它呢？」王弼當即答道：「孔子真正體會和了解到虛無，但這種虛無無法用語言表述，所以孔子不談它。老子還是停留在『有』這個階段的人，雖然總是談論比『有』更高的虛無，卻不能完全表達它。」裴徽聽後對這個少年的新奇見解大為驚訝。

2、當時為《老子》作注的人甚多，何晏見到王弼的《老子》注後，感到自己所作的注過於膚淺，自愧弗如，於是改作為《道》、《德》二論。

▌歷史評說▌

　　王弼是玄學理論的奠基人，在中國哲學史上影響深遠，他所開創的玄學思辯哲學，經過向秀、郭象的再加工，再經過慧遠、僧肇等人的嫁接，終於使玄學與佛學合流。

▌餘論▌

　　王弼憑其橫溢的才華，勤奮的著述，以短暫的一生成為玄學理論的奠基人。歷史上能有這樣成就的人為數不多，同時也再一次證明了才與學對於成就名、業的重要性。此外，王弼無心功名，潛心研究玄學，沉醉於自己的理論世界中，這也是他能以如此短暫的一生，取得如此輝煌成就的原因。

▌主要著作年譜▌

01. 三國時期　《周易注》：注釋《周易》，反映了王弼的玄學思想，是《周易》的重要注釋之一，被唐定為官方注釋
02. 三國時期　《周易略例》：注釋《周易》，反映了王弼的玄學思想
03. 三國時期　《老子注》：《老子》的重要注釋之一
04. 三國時期　《論語釋疑》：已佚，注釋《論語》之書

● 口若懸河，理創「獨化」 —— 郭象

「不知其所以然而然謂之命。」

—— 郭象

▌人生傳略▌

郭象（西元 252 ～ 312 年），中國西晉時期玄學家。字子玄，河南人。據《晉書·郭象傳》記載，他年輕時就相當有才學，喜好老莊，能言善辯，曾與善辯名士裴頠論辯。在社會上富有聲望，被稱為「王弼之亞」，深受一些清淡名士的推崇。郭象早年不受州郡徵召，閒居在家，「以文論自娛」。後應召任司徒椽，又升為黃門侍郎。他曾被參加八王之亂的東海王司馬越招攬，任命為太傅主簿，深得賞識和重用，由於他「操弄天權，賞罰由己」，遭到許多文人的鄙視和非議。

▌主要思想及著作▌

郭象的代表作《莊子注》是一本以注《莊子》為名來借題發揮的哲學著作。郭象巧妙地利用《莊子》書中的名詞、術語、命題，賦予特殊的含義，來闡發自己的哲學思想。

郭象的主要思想是他的「獨化」論。他認為，天地間的一切事物都是獨自生成變化的。萬物沒有一個統一的根源或共同的根據，萬物沒有任何連繫，每一事物都是自己自然地發生，沒有原因，沒有條件，這就是「獨化」。

▌名人事典▌

郭象十分善辯，據傳他的辯說「如懸河瀉水，注而不竭」。這使他能巧妙地利用《莊子》書中的一些名詞、術語、命題，賦予特殊的含義，來闡發自己的哲學思想。《莊子》中說，每一事物如果都站在自己的地位上去觀察自身和事物的話，那麼，貴賤、高低的差別就自然產生了；如果站在決定一切事物性質的「道」的地位上去看待事物，那麼一切區別就都消失了。郭象恰恰相反，他認為每一事物並不與其他事物發生關係，每一事物都站在自己「自足」的本性地位上去看待自身，貴者自足，賤者也自足，巨大的高山與細微的毫米都因有了自足的本性，大就不顯其大，小也不顯其小，自足自在，無從比較，差別也就自然消失了。他就這樣利用莊子的語言來闡述自己的理論。

▌歷史評說▌

郭象的思想是魏晉玄學發展中的一個重要階段。他總結了玄學思潮發展中內部產生的各種爭議，綜合當時在《老》、《莊》、《易》研究中的思想成果，將玄學理論推向高峰。

郭象的辯才在中國思想史上享有盛譽，這與他多年苦修積蓄的學識有密切的關係。更讓人注目的是，他善於利用前人的思想和著作，加以發揮、變化，形成自己的一家之言。一個人只有求教於他人，師法於古人，不斷充實自己，才能日有所長。

▌主要著作年譜▌

01. 西晉　《莊子注》：注釋《莊子》，藉以闡發郭象的玄學思想
02. 西晉　《論語體略》（已佚）：注釋《論語》之書

● 佛門檻外，明淨菩提 —— 慧遠

「得失相推，福禍相襲，惡積而天殃自至，罪成則地獄斯罰。」

—— 慧遠

人生傳略

慧遠（西元 334～416 年）東晉時期佛學思想家。本姓賈，雁門樓煩（今山西原平縣）人。出身仕宦家庭，自幼就受到良好的文化教育。13 歲隨舅父遊覽洛陽一帶，博覽群書，尤其擅長《周易》、《老子》、《莊子》。21 歲發願南下跟從名儒範宣子隱居，由於適值戰事，於是赴太行恆山拜見道安，遂從之出家。在聽講《般若經》後，認為儒家思想都是無用的糟粕，自此以立宗弘法為己任。24 歲開始登壇講經，為便於聽者理解，引《莊子》的思想相比附。西元 365 年，慧遠隨其師道安南抵襄陽。西元 379 年，慧遠別師南下，途徑廬山，見峰林清靜，就定居在東林寺，直至老死。

慧遠隱居廬山 30 餘年，影不出山，跡不入市，專心從事佛教事業，這是他一生中最重要的時期。

主要思想及著作

慧遠常聚徒講學，不斷從事著述。現存具有佛教哲學思想的論文有《沙門不敬王者論》、《明報應論》和《三報論》等。以對佛法的闡釋顯示了他的哲學思想。

慧遠認為，現實的一切皆是乍生乍滅，虛幻不實的，只有真如佛性是實在的，永恆的。人們若執著塵世，為生命、情感所牽累，就永遠無法擺脫人間的苦海。如一轉念，以心靈的覺悟，超脫塵世的羈絆，悟得佛性，

即可進入「涅槃」境界，從而超渡了自身，並進而超渡苦難的眾生。

慧遠認為，人的精神是不死的，可以從一個形體傳到另一個形體，就像燃著的火焰，在它所燃燒的木柴成為灰燼以後，仍可傳到其他木柴上繼續燃燒，永不熄滅。

▌名人事典▌

1、慧遠隱居廬山期間，深感南方佛典不全，特遣弟子西出流沙，遠求眾經，取得新經 200 餘部，加以傳譯，推動了禪法在江南的流行。

2、安帝元興（西元 402～404 年）時期，太尉桓玄致書慧遠，勸請他罷道從政，慧遠不為所動，桓玄只得作罷。

▌歷史評說▌

慧遠的思想在中國佛教史上占有重要地位。他在佛教的各種弊病日益暴露、引起人民責難的情況下，深居廬山，以其超脫世俗的形象，以特有的手法，使佛學再度興盛。他的思想在中國哲學史上也產生了重大影響。慧遠曾經說過：「人之所不能忘者，己也。」是說凡人不能忘記一己之私利，必然不能屏除占有的貪慾。這正是人們無法達到超脫境界的原因所在。慧遠隱居深山 30 年，以他的忘我之心，執著於對佛法的探求，不為人間的貪慾所惑，不為世俗的功利所動，這使他的思想、精神達到了高遠的境界。

蕭伯納（George Bernard Shaw）說：「人生有兩大悲劇，一是沒有得到你心愛的東西，另一是得到了你心愛的東西。」仔細玩味這句話，發現它的立足點不過是占有，所以才會有占有慾未得到滿足的痛苦，和得到了滿足以後的無聊與失望這雙重的悲劇。擺脫了占有慾，至少可以使人免除許多瑣屑的煩惱和渺小的痛苦，活得有器度些。

▌主要著作年譜▐

01. 東晉 《沙門不敬王者論》：慧遠的重要佛教哲學論文，全文竭力調和佛教與儒家禮教的矛盾，反對無神論

02. 東晉 《明報應論》：闡述佛教的因果報應思想，是中國佛教史上的重要論文

03. 東晉 《三報論》：闡述佛教三世輪迴和因果報應思想，是佛教史上的重要論文

04. 東晉 《大智論鈔序》：慧遠闡述佛學思想的論文

● 微言大義，澈悟人生 —— 僧肇

「若動而靜，似去而留。可以神會，難以實求。」

—— 僧肇

▌人生傳略▐

僧肇（西元 384 ～ 414 年），東晉僧人，佛教哲學家。本姓張，京兆長安（今陝西西安）人。他出身低賤，很小就靠替別人抄書來維持生活，這使他得以接觸大量的文化典籍，博覽群書，為他後來進行理論活動和出色的著述準備了良好的基礎。僧肇早年醉心於老莊，深受道家思想的薰染，但他覺得《老子》仍有缺憾。後來，他讀到了佛教典籍《維摩經》，披尋玩味，認為自己這才找到了思想的歸宿，從此落髮為僧，皈依佛門，致力於佛教理論的研究和宣揚。在青年時代就成為知名佛教理論家。

西元 414 年，僧肇突然染上瘟疫，暴卒於長安，年僅三十歲。

主要思想及著作

僧肇的著作主要有《不真空論》、《物不遷論》、《般若無知論》等一系列具有高度思辨性的佛教哲學著作，準確而精鍊地闡發了大乘空宗的理論，後人把這些論著彙編在一起，就是《肇論》，該書是佛教發展史上的重要理論著作，也是中國哲學史上具有代表性的力作，反映了僧肇的哲學思想。

僧肇的主要思想包括：（1）世界上的事物都是不真實的，虛空的，浮生不過是過眼雲煙，只有佛教所追求的彼岸世界才是真實而永存的。（2）事物所有的運動變化都是不真實的，是轉瞬即逝的幻影；只有靜止的狀態，才是唯一真實的存在狀態。（3）認識永恆存在的「真諦」是不需要任何感覺和思維的，只有透過直覺頓悟達到一種無知而知的狀態，才能真正領悟它。

名人事典

僧肇聰穎好學，思維敏捷，出家不久便熟習了大乘佛教的學說，有了較深的造詣。青年時代便名聲大噪於陝西關中地區。他又善於談說，精於雄辯，有人慕名從千里之外揹著乾糧趕到關中，與他辯論，結果均被他挫敗，無人抵擋得住他銳利的詞鋒。他的非凡機智與辯才令眾人折服。

歷史評說

僧肇的哲學思想是中國哲學史上詭辯氣味最濃的思想體系之一。他的哲學論著行文流暢，辭藻華麗，含蓄玄奧，奇詭狡詐，曾傾倒眾人。僧肇在世時就以擅長般若學著稱，他獨創性的理論，對中國佛學從玄

學的附庸逐步走上相對獨立發展的道路，發揮了理論上開拓和準備的作用。

僧肇所研習的佛學不僅是他的事業，更是他的信仰。這種信仰使他求得精神的充實而達到靈魂的寧靜與超脫，更是他短促的一生建樹頗豐的內在原因。

精神生活的普遍平庸化，是我們這一時代的一個明顯事實。這個事實是如此明顯，以至於一個人並不需要多麼敏銳的心靈，就可以感受到了。其主要表現之一，就是信仰生活的失落。人生缺乏一個精神目標，既無傳統的支持，又無理想的引導，尤其可悲的是，人們甚至喪失了對信仰問題的基本認真態度，對之施以鬨笑，以無信仰自誇。於是空虛逐漸成為這個時代的生活特徵，無所依託的感覺侵襲著每一個心靈。盲目的人們應該醒悟 —— 人生是需要一點信仰的！

▌主要著作年譜▌

01. 東晉　《不真空論》：僧肇的重要佛學論著，以思辨的形式論證物質世界是不真實的、虛空的

02. 東晉　《般若無知論》：僧肇的重要佛學著作，探討了哲學的認識論問題

03. 東晉　《物不遷論》：重要佛學著作，認為運動是虛幻的，靜止才是事實存在的真實永恆狀態

● 窮且益堅，理成「神滅」 —— 范縝

「形者神之質，神者形之用。」

—— 范縝

▌人生傳略▌

范縝（西元 450～510 年），字子真，南鄉舞陰（今河南泌陽）人，是南朝齊、梁時期傑出的唯物主義哲學家，無神論者，中國思想史上最光輝的人物之一。他出身寒微，早年喪父，在貧苦中養成了刻苦好學的好習慣。他性格耿直，不畏權貴，喜歡發表「危言高論」。梁武帝蕭衍曾發動王公朝貴六十四人，先後撰文七十五篇來圍攻駁難范縝。范縝毫無懼色，一一據理反駁。論戰的結果，連最善辯的曹思文也不得不向梁武帝承認：「我的思想淺陋，口舌笨拙，實在沒有能力挫敗范縝的銳利詞鋒！」

南齊建武元年至四年（西元 494～497 年），范縝任宜都太守時，下令禁止祭祀夷陵神廟。梁初，任尚書左丞，後因在人事問題上違背了皇帝的旨意，被謫徙廣州。後又還京都，任中書郎、國子博士。他一生苦學，博通經史，在學術上成就斐然。

▌主要思想及著作▌

范縝在與佛教唯心主義的論戰中，寫下了著名的《神滅論》。抓住佛教因果報應說這個要害處，用樸素唯物主義的觀點，論證人的精神是人類形體的一種作用，它必然隨著人類形體的死亡而消失，精神活動完全依賴於物質的形體。這部論著繼承了先秦、兩漢以來的無神論傳統，同時克服了它們的理論缺陷，在理論上達到了中國古代無神論的頂峰。

范縝指出，人的精神和人的物質形體是不可分離的，雖然它們的名稱不同，實際上是一個相互依存的統一體。他把這種關係概括為「名殊而體一」，他說：「形存則神存，形謝則神滅。」並在此基礎上否定了鬼神的存在。

為了明白地表達精神與物質之間的關係，范縝創造了歷史上著名的刃利之喻。他把形體比作刀刃，把精神比作鋒利，二者是不同的，卻統一於一體中。沒有了刀刃，鋒利便不復存在，沒有了鋒利，刀刃也就不能稱其為刀刃。范縝以此說明人的精神與形體的依存關係。

▎名人事典▎

1、齊朝的宰相、竟陵王蕭子良是名虔誠的佛教徒，他對范縝堅決反佛非常惱火，兩人曾經幾次進行面對面的交鋒，論爭佛教的優劣。一次，兩人就佛教的因果報應說辯論。蕭子良詰問范縝：「你不相信因果報應，那為什麼世界上有的人富貴，有的人貧賤呢？」范縝指著庭院中盛開的花樹答道：「人生好比這樹上的花，風吹花落，有些花瓣飄落到殿堂的錦墊上，有些花瓣卻被風吹落到茅廁裡。落在錦墊上的花，就好像是您，享受著榮華富貴；而我范縝，就如同飄落在茅廁裡的花瓣，一生貧賤清苦。這些完全是偶然的遭遇，哪有什麼因果報應呢？」蕭子良無言以對。

2、年約 30 歲的范縝在當太守時，竟陵王蕭子良也曾召集許多精通佛理的名僧，在理論上圍剿范縝，可是卻不能使范縝屈服。於是就私下派一個官員去勸誘范縝，對他說：「以你的才華和能力，還怕做不到中書郎這樣的官嗎？為什麼要堅持反佛，放著大官不做而自我毀棄呢？」范縝當即大笑，並且回答說：「假使我要以出賣真理去換官的話，恐怕現在已當上宰相了，何止是中書郎這等官職呢？」。

▍歷史評說▍

范縝是中國思想史上最光輝的人物之一。他在形神關係上的貢獻，達到了中國古代樸素唯物主義的最高峰，以致在他死後的一千多年裡，還沒有哪一位唯物主義思想家能超越他的水準。他的思想對後世唯物主義的發展產生了深遠影響。

范縝是中國思想史上極富戰鬥性的思想家之一，以他的品行和才學，本來可以輕易地取得高官厚祿，而且統治者也曾許諾只要他肯放棄反佛的立場，就給他待遇優厚的官位，但范縝不為所動，嚴詞拒絕。

一個堅守信仰的人，是值得人們尊敬和景仰的，他也必然為歷史所銘記！

▍主要著作年譜▍

南朝齊、梁之際　《神滅論》：批駁佛教唯心主義的著名論文，透過論證人的精神與形體是不可分割的，否定了鬼神的存在。是唯物主義發展史上的重要著作

● 明心見性，悟道禪宗 ── 惠能

「迷來經累劫，悟則剎那間。」

── 惠能

▍人生傳略▍

惠能（西元 638 ～ 713 年），嶺南（廣東）人，佛教禪宗的創始人。其父本在范陽做官，是唐代的望族，後被貶謫到嶺南，家境隨即敗落。

惠能 3 歲喪父，家境貧寒，少時隨母撿柴度日。惠能入佛門純屬偶然，24 歲時，有一次他在集市上賣柴，偶然聽到有人誦讀《金剛經》甚有體會，於是決定皈依佛門，後拜禪宗五祖弘忍為師。惠能沒念過什麼書，被弘忍派去做些擔水、劈柴、推磨之類的雜役。8 個月後，弘忍欲物色繼承人，讓眾僧各作一偈以試高下。弘忍弟子中學業、聲望最高的神秀作偈於牆上說：「身似菩提樹，心如明淨臺。時時常拂拭，莫使染塵埃。」深得眾僧的讚賞。惠能卻以為神秀並未得到禪學的要旨，於是也作一偈：「菩提本無樹，明淨亦非臺。本來無一物，何處染塵埃？」弘忍極為讚賞惠能的偈，當夜即親自為他講授《金剛經》，惠能聽後豁然大悟。弘忍又把法衣傳授給他，為防止神秀一派加害惠能，還囑咐他立即回南方隱居。

此後十六年，惠能堅守師囑，一直混在民眾之中，不露聲色，直到弘忍死後，他在廣州遇到了一位名叫印宗的法師，在法性寺講《涅經》，惠能聽後發表了一番議論，印宗覺得不凡，十分欽佩，惠能這時才出示隱藏多年的法衣，表明自己的身分。從此他正式落髮出家，成為禪宗的首領。他在曹溪寶林寺講法二十餘年，影響遍及海內，連當時的皇帝都慕名詔他進京，但他託病不肯應詔。惠能最後老死在曹溪山，終年七十六歲。

▌主要思想及著作▌

惠能本人並無著作，傳說韶州刺史韋據曾請他在大梵寺講佛法，弟子法海將紀錄加以整理，是為《壇經》。

惠能禪宗的思想主旨是「本性是佛」，一切眾生都生而具有佛性，人人皆能成佛。成佛的途徑不在身外，而在身內。惠能的禪宗輕視佛經，

主張不立文字，不唸佛經，不坐禪修行，而透過直覺「頓悟」領悟佛法的真諦。頓悟到佛性的人，表面上與普通人沒有什麼兩樣，只是在與外界事物接觸時，心不受外物的任何影響，雖然身處汙濁塵世，心卻一塵不染，經常保持著無滯無礙、無任何妄念的精神境界。這樣，人們無須等到死後，即使生活在塵世中，也可進入佛的天國，因為自己本性的發明，即是天國的所在。

名人事典

1、惠能初見弘忍法師時，弘忍對他很冷淡。他們相見時的一段對話頗為有趣，從中可以窺見惠能早期的思想。

弘忍問惠能：「你是哪裡人？跑到這裡來拜見我，是想向我要求些什麼？」

惠能答道：「弟子是嶺南人，今天遠道而來，不為別的，只求如何成佛的道理。」

弘忍聽了，訓斥道：「你是嶺南窮鄉僻壤的野蠻人，怎麼有資格成佛呢？」

惠能從容答道：「人有南方與北方之分，而佛性是不分南北的，我雖然是嶺南山區的野蠻人，與您尊貴的法師身分不同，但是你我的佛性又有什麼不同呢？」

弘忍深感震驚，想不到惠能對佛理有如此深刻的領悟，遂留下了他。

2、惠能在法性寺聽印宗法師講經時，清風吹動旗幡，引起兩位僧人的爭論，一個說是風在動，一個說是幡在動。惠能則說：「既不是風動，也不是幡動，是兩位的心在動。」印宗法師對他的議論深為讚賞。

▌歷史評說▐

惠能奠定了禪宗思想理論基礎，使其有了自己獨立的學說。後期禪宗雖然分為五家七宗，派別橫生，思想學說卻都沒有離開惠能，只是把惠能的學說更加神祕化。惠能的思想對後世影響深遠，宋、明、清時的許多思想家包括宋、明「理學」，陸王「心學」的一些重要思想家都受其影響。

歷史上有一種人被人們稱之為「天才」，惠能應該屬於這種人。他對佛法有一種非凡的領悟能力，雖然沒有什麼學識基礎，卻創立了如此深刻的理論學說，開一代佛學新宗，令人折服。可是，如若他當初沒有偶然聽人講經，也許終生都會在嶺南山區伐薪賣柴了。有時候，機遇對一個人的發展也是非常重要的。

● 殫精竭慮，學思無二 —— 張載

「立必俱立，知必周知，愛必兼愛，成不獨成。」

—— 張載

▌人生傳略▐

張載（西元 1020 ～ 1077 年），北宋哲學家，字子厚。原籍大梁（今河南開封），生於長安（今陝西西安），隨父僑居於鳳翔郿縣橫渠鎮（今陝西眉縣橫渠鎮），以後即在橫渠鎮講學。當時人們稱之為橫渠先生，弟子多為關中人，故後人稱他的學派為「關學」。宋神宗熙寧二年（西元 1069 年），張載經推薦任崇文院校書。第二年辭職，回到橫渠鎮講學、著書。宋神宗熙寧十年經薦舉，張載被任為同知太長禮院。任職不久因與

主管禮官意見不合，又有疾，即辭職。回陝途中，於臨潼病逝，終年 58 歲。「貧無以殮，門人共買棺奉其藏還」。張載重視自然科學，對天文、曆法、醫學都有一定的研究。關學弟子中有很多人從事經世致用之學。

▌主要思想及著作▐

張載的主要思想反映於他的著作《正蒙》、《橫渠易說》、《張子語錄》、《經學理窟》等中，這些都是唯物主義發展史上的重要著作。

（一）「太虛即氣」的自然觀

張載認為，一切存在都是氣，整個世界都是由氣構成的。太虛即所謂天，是指氣散而未聚的原始狀態。在此基礎上，他批評佛教不知道大自然的規律，只憑主觀意願解釋各種變化，凡解釋不通的就說是虛妄，這就像生命只有一個夏天的蟲子，不相信冰的存在一般可悲。

（二）樸素辨證法思想

張載了解到事物都是互相連繫的，他認為事物之間有同一和差別的關係；有由於彼此影響而發生的前進和後退關係。有事物發展過程中，前物之終啟後物之始的始終關係；有事物嬗遞過程中，從有到無和由無到有的有無關係。如果沒有同和異、屈和伸、始和卒、有和無的相互連繫、相互作用，事物就不成其為事物了。

張載還認為，事物都是運動變化的，並且這種運動變化的根源來自事物內部。事物內部矛盾雙方的對立統一，推動了事物的發展變化。

▌名人事典▐

張載一生以授徒講學為業，並集中精力於思想理論的研究和探索，其治學態度是十分嚴謹的。據說他在講課之餘，經常「危坐一室，左右

簡編（書），俯而讀，仰而思，有得則識之，或中夜起坐，取燭以書」（《宋史‧張載傳》）學習十分刻苦。

▌歷史評說▌

張載是中國古代傑出的唯物主義哲學家。他是中國哲學史上第一個提出比較詳細、具系統的有關「氣」的理論之人，建立了比較完整的一元論哲學體系，開闢了古代樸素唯物主義哲學的新階段。他的哲學思想對宋明清幾代的哲學，對中國封建社會後期唯物主義發展的方向，均有重大影響。

張載能獲得如此高的讚譽，和他殫精竭慮地刻苦鑽研和窮年累月地勤奮寫作是分不開的。一個天資聰穎的人若能加以後天的勤奮，必可成就一番事業；一個資質一般的人若勤學苦讀，正己修身，才不足濟之以學，也不會是平庸之輩。一言以蔽之：勤學乃成才之路也。

▌主要著作年譜▌

01. 北宋　《正蒙》：唯物主義發展史上的重要著作

02. 北宋　《張子語錄》：收錄張載言論的文集

03. 北宋　《橫渠易說》：闡述了張載的唯物主義思想，是中國思想史上的重要著作

04. 北宋　《經學理窟》：收錄張載思想的文集

05. 北宋　《論語說》（已佚）：不詳

06. 北宋　《禮樂說》（已佚）：不詳

07. 北宋　《孟子說》（已佚）：不詳

● 澄理明道，正己修身 —— 程顥

「人心，私慾也，危而不安；道心，天理也，微而難得。」

—— 程顥

▌人生傳略▌

程顥（西元 1032 ～ 1085 年），北宋哲學家，理學奠基人。字伯淳，學者稱明道先生，河南洛陽人。歷任京兆府戶縣主簿，江寧府上元縣主簿，澤州晉城令。神宗初年，呂公著推薦他到朝廷做太子中允、監察御史。程顥抨擊王安石的新法不遺餘力，並因此被貶回洛陽。當時舊黨人物司馬光、富弼、呂公著等人也都在洛陽，程顥與他們交往甚密，相互標榜，形成了在野的政治力量。他對新法自始至終採取不調和的態度。神宗死後，高太皇太后聽政，貶逐新黨，重新起用舊黨，程顥被詔入京授京正寺丞，還未及上路就病逝家中，時年 54 歲。

▌主要思想及著作▌

程顥的哲學專門著作不多，主要哲學代表作，有他的學生呂大臨所記關於「識仁」的一段語錄。後人稱《識仁篇》；他與張載討論「定性」問題的《答橫渠先生書》，後人稱《定性書》。他的思想多散見於語錄、詩文中。其哲學的主要內容，是關於道德修養的學說。

1、程顥提出「天者理也」的命題。他認為，「理」是宇宙的本原。就天道的內容來說，程顥形容它為「生」，世界生生不已，充滿生意。

2、在生生不已的天道之下，透過陰陽二氣氤氳的化生，產生天地萬物，人只不過是得天地中正之氣。因此對於人來說，要學道，首先要認識天地萬物本來就與我一體的道理。程顥還提出，自己的心本來沒有內

057

外之分，人心要像天地一樣，普照萬物；像聖人一樣，情順萬事無有內外。人們如果知道萬物本為一體，物即我，我即物，與物無對，忘其內外，就自然不存在心為萬物所動的問題。誠能如此，其心就澄然無事。無事則定，定則明，至此就可以進入聖域。

3、程顥所謂「定性」，實即「定心」，這是他求得理想人格的道德修養方法。所以他並不重視觀察外物，認為人心自有「明覺」，故自己可以憑直覺體會真理。

▌名人事典▌

程顥在朝廷為官，每次覲見神宗時，總是不斷地陳述以「仁愛為本」的治國之道，神宗認為他的主張早已過時，沒有採納，不過仍以禮待之。

▌歷史評說▌

在中國思想史上，程顥是理學的奠基者，也是心學的發軔者，他的「識仁」、「定性」，對後來的理學，尤其是陸王心學影響很大。

「修身，齊家，治國，平天下」，這是儒家入世哲學的信奉者們堅守的行事準則。程顥就是這一人群的典型代表。他屢遭排擠、貶黜仍然矢志不渝，胸懷著為國盡忠的遠大理想。為理想而奮鬥的人是可敬的，奮鬥的結果並不重要，因為奮鬥的過程本身，就已詮釋了人生存在的全部價值！

▌主要著作年譜▌

01. 北宋　《識仁篇》：程顥關於「識仁」的一段語錄，是「理學」的奠基之作

02. 北宋　《答橫渠先生書》（或《定性書》）：程顥與張載探討定性問題的著作，反映其「理學」思想，是「理學」的奠基之作

● 顛沛流離，矢志不渝 —— 程頤

「物極必反，其理須如此。」

—— 程頤

▌人生傳略▌

程頤（西元 1033 ～ 1109 年），北宋哲學家，字正叔，學者稱為伊川先生。十四、五歲時，與兄程顥從學於周敦頤。在太學時，以《顏字所好何學論》而知名，未中進士。其後屢次得到「任子恩」，程頤都把機會讓給了同族，對朝廷的推薦，一概不就。王安石當政時，與兄程顥在洛陽講學。直到舊黨重新掌權後，他才接受司馬光、呂公著的推薦，授汝州團練推官，做西京國子監教授。

元祐元年（西元 1086 年），任祕書省校書郎，隨時召對，授崇正殿說書，職責是向哲宗侍講經書。他利用為皇帝講經的機會，向其講授「聖賢之道」，議論政事，他敢以天下為己任，議論褒貶，無所顧忌，聲名日高，從遊者日眾，同時也引起了朝廷一些名士的不滿。程頤深知在朝廷上處處受敵，遂極力請免官歸田。元祐八年，哲宗親政，決心繼承神宗的變法事業，因而清除了朝廷中的舊黨，程頤也被視為「奸黨」中的一員，放歸田里。徽宗即位，才歸洛陽，並恢復權判西京國子監職。但不久又受排斥，遂隱居龍門，遣散門徒，不久病逝於家中。

▌主要思想及著作▌

程頤的主要哲學著作是《周易程氏傳》，其中深刻地反映了他的理學思想，是理學發展史上的奠基之作。

1、在哲學上，程頤和程顥一樣，以「理」為世界的本原。程頤認為萬事萬物都有其規律，天之所以高，地之所以深，萬事萬物之所以然，都有其理。他進一步認為，天地間只有一個理，並且是永恆長存的。

2、程頤認為，每一事物發展到一定程度即向反面轉化。「天地之間皆有對，有陰則有陽，有善則有惡」。

3、在人性問題上，他認為性無不善，人之所以有善與不善，是由於才的不同。才是由氣而來的，氣有清濁的不同，故才也有善與不善的區分。

▌名人事典▌

二程兄弟都深通義理，學識淵博，對於《周易》經義尤其講得明白顯豁。據說，張載曾在洛陽講論《周易》，學冠群儒，位居首席，他的坐位上鋪設了一張虎皮。有一天，二程兄弟也來講《周易》，講得非常出色，張載聽罷十分欽佩，次日即撤去了虎皮。

▌歷史評說▌

程頤是中國哲學史上理學的創立者之一，開啟了以後的朱學一派。他的哲學，提出一些新的概念、命題，對宋明哲學發展產生了很大影響。

程頤和其兄程顥不僅在理論上協調一致，在行事原則上近於相同，甚至人生經歷也不謀而合。他也是數度被貶，又數度被啟用，雖然屢遭挫折，卻從未因此消沉萎靡，在他身上有著一種超越意氣、超越嗜好、超越才情，因此也超越了時間的意志力。正是這樣的意志力使他能夠馳騁仕途。

▌主要著作年譜▌

01. 北宋　《周易程氏傳》：理學的奠基之作，透過研究《周易》闡發理學思想

02. 北宋　《遺書》：反映程頤理學思想的重要著作

03. 北宋　《文集》：反映程頤理學思想的論文集

04. 北宋　《經說》：反映程頤理學思想的重要著作

● 理學大成，創儒家新高 —— 朱熹

> 「知行常相須，如目無足不行，足無目不見。」

—— 朱熹

▌人生傳略▌

　　朱熹（西元 1130 ～ 1200 年），南宋哲學家，「閩學」的領袖，理學的集大成者，字元晦，號晦庵，晚號晦翁、滄州病叟。祖籍徽州婺源（今屬江西省），生在福建南劍（今福建南平）尤溪縣。紹興十八年（西元 1148 年）中進士，歷仕高宗、孝宗、光宗、寧宗四朝，慶元六年卒。

　　朱熹從小就受父親教誨，五歲開始在其父指導下讀書，學習儒家經典。十來歲時，日讀《大學》、《中庸》、《論語》、《孟子》從不間斷，並以做「聖人」為自己的理想抱負。朱熹十四歲喪父，依父友劉子羽生活，受業於胡原仲、劉彥沖。胡、劉好佛，朱熹亦出入佛、道。十九歲時，進士及第。31 歲正式拜程頤的三傳弟子李侗為師，逐漸發現佛、道之學的破綻，於是專心儒學，成為程顥、程頤之後儒學的重要人物。南宋初年，面對抗金勝利形勢，朱熹主張益修內政，固以內守。孝宗即

位後，朱熹支持抗金，後抗金失利，孝宗準備求和，朱熹堅決反對。隆興議和後，民族矛盾稍趨緩和，南宋內部矛盾突出。朱熹雖不忘復仇之義，但又回到固內以守的立場。

朱熹一生從事教育工作 40 年，做官不過 10 來年。他在任地方官期間，主張恤民省賦、節用輕役、限制土地兼併和高利盤剝，並實行某些改革措施，也參加了鎮壓農民起義的活動。朱熹在從事教育期間，對於經學、史學、文學、佛學、道教以及自然科學，都有所涉及或有著述，著作廣博宏富。

▌主要思想及著作▌

朱熹的一生著述頗豐，集中反映他的理學思想的代表作有：《四書集注》、《四書或問》、《太極圖說解》、《通書解》、《西銘解》、《周易本義》、《易學啟蒙》等，是理學發展史上的重要文獻。

（一）理氣論

朱熹繼承周敦頤、二程的思想，兼採釋、道各家思想，形成一個龐大的哲學體系。這個體系的核心範疇是「理」。理具有寂然不動的特點，它是一個實而不有，虛而不無的東西。但卻是氣、萬物賴以存在的根據或本原。這個懸空而無形無象的理，必須有一個安頓、附著的去處，這就是氣，理藉助氣這個仲介而展開動靜、變化。理與氣和構成萬物，包括人。

（二）動靜觀

朱熹把運動和靜止看成是一個無限連續的過程，在時空上是無限的。時空的無限性就說明了運動的無限性。動靜又是不可分的，動極則自然靜，靜極則自然動，動靜各自轉化為自己的對立面。

（三）格物致知論

朱熹強調，窮理不能離開格物（認識事物），格物才能窮其理。物之理窮得愈多，我之知也愈廣。由格物到致知，有一個從累積逐漸到豁然貫通的過程。朱熹認為，要貫通，必須花工夫，由近及遠，由淺而深，由粗到精。博學之，審問之，慎思之，明辨之，成四節次第，重重而入，層層而進。人們必須經過這樣由表及裡的認識過程，才能達到對理的認識。

▎名人事典▎

朱熹自幼就具有好學深思的品格。史傳記載，他小時候相當聰明，剛會說話時，其父朱松指著天空告訴他：「這是天。」朱熹馬上問道：「天的上面是什麼呢？」使朱松驚異於他的想像力。後來從師讀書，學《孝經》，朱熹讀後在書上題字：「不若是，非人也。」孩子們在沙灘上玩耍嬉戲，朱熹卻獨自一人在沙地上用手指划來划去，旁人一看，原來畫的是《周易》八卦的影像。史家所記當然不免有誇大渲染的成分，不過，這些記載也多少透露出，朱熹從小就關心宇宙人生的問題，這與他後來的研究方向和學術成就不無關係。

▎歷史評說▎

朱熹是理學的集大成者，中國封建時代儒家的主要代表人物之一。他的學術思想在元明清三代，一直是封建統治階級的官方哲學，象徵著封建社會意識形態的更趨完備。

朱熹哲學思想的理論和社會價值，在歷史上有一個被認識的過程。他在世時，屢遭排斥，其學術思想曾被視為「偽學」。隨著時代的變遷，

他的思想被封建統治者愈抬愈高。後來宋理宗以其學「有補治道」，按祭祀孟子的禮儀祭祀他。元王朝建立了南北統一的國家，理學在北方得以傳播，元還將朱熹的《四書集注》作為科舉考試的必考科目。朱元璋洪武二年（西元 1369 年），科舉以朱熹等「傳注為宗」。統治階級把朱學鞏固下來，作為實行政治文化專制的、強而有力的精神支柱。它強化了「三綱五常」，對後期封建社會的變革，有著一定的阻礙作用。

朱熹的學術思想在世界文化史上，也有重要影響。在朝鮮、日本稱朱子學，曾一度十分盛行。在東南亞和歐美，朱學亦受到重視。

在世人眼裡，哲學家是一種可笑的人物，每每因其所想的事無用，有用的事不想而加以嘲笑。當歷史上出現第一個哲學家時，這樣的嘲笑即隨之發生。柏拉圖（Plato）記載：「據說泰勒斯仰起頭來看星象，卻不慎跌落井內，一個美麗溫順的侍女嘲笑說，他急於知道天上的東西，卻忽視了身旁的一切。」朱熹的理論在常人看來，大概也是這樣一種無用之學。它沒有什麼實際可用性，甚至也不能帶來精神上的快慰。的確，哲學很少關注現世人生的功利問題，卻使擁有它的人智慧而深刻。

▌主要著作年譜▌

01. 南宋　《四書集注》：注釋四書，反映朱熹理學思想

02. 南宋　《四書成問》：朱熹解釋四書之作

03. 南宋　《太極圖說解》：反映朱熹理學思想的重要著作

04. 南宋　《通書解》：反映朱熹理學思想的重要著作

05. 南宋　《西銘解》：反映朱熹理學思想的重要著作

06. 南宋　《周易本義》：朱熹注釋《周易》之作

07. 南宋　《易學啟蒙》：解釋《周易》之作

08. 南宋　《朱子語類》：記述朱熹與弟子問答的語錄
09. 南宋　《朱文公文集》：朱熹文集，由其子朱在編訂，是中國哲學史上的重要著作

● 涵養心性，始創新學 —— 陸九淵

「宇宙便是吾心，吾心即是宇宙。」

—— 陸九淵

▌人生傳略▌

陸九淵（西元 1139 ～ 1193 年），字子靜，學者稱為象山先生，南宋哲學家。江西撫州金溪（今江西臨川）人。先祖在五代末年為躲避戰亂遷居金溪，「買田治生」，逐漸成為當地較為顯赫的大戶。其父陸賀時陸家已開始衰敗，陸九淵稱自己「家素貧，無田業，自先世為藥肆以養生」。到陸九淵之兄陸九韶治理這個家庭時，又有較大起色。

陸家是一個比較典型的宗法式家族，其家庭結構及管理是嚴格的宗法等級制和家長制。選出一個年紀和輩分最長者為家長，全家人都受制於他。每年家長分派子弟分別管理家事，諸如田疇、租稅、出納、炊火、賓客之事都有人專管。每天早晨，家長率眾子弟拜先祖祠堂，擊鼓背誦訓誡之詞。子弟有錯，家長會集眾子弟責而訓之，不改，則鞭撻之。對於屢教不改者，則逐出家門。

據說，陸九淵三、四歲時，就向父親提出「天地何所窮際」的問題，並就這個問題冥思苦想，廢寢忘食。八歲時，他就感到程頤的言論與孔、孟不相符合，並對其產生懷疑。

乾道八年（西元 1172 年），陸九淵科舉中選，賜同進士出身。此後，他與學者進行廣泛的交往。回到家中，遠近學者紛紛前來求學問道，他遂將其家的東偏堂 —— 槐堂開闢出來作為講學的場所。此後，他一邊為官一邊講學，許多人慕名而來，每次講學，聽眾總有二、三百人。光宗即位後，詔陸九淵知荊門軍，陸九淵因著書而未赴任。直到紹熙二年（西元 1191 年）才赴任。在荊門期間，每有閒暇之日，他總是到學宮教會諸生，一次講《洪範》時，聽者竟達五六百人。他治理荊門也頗用心思，得到宰相周必大的讚揚。紹熙三年，陸九淵卒於任所。

▌主要思想及著作▌

陸九淵一生述而不作，著述很少，這也是心學不同於程朱理學的一個重要特點。陸九淵主張「六經注我，我注六經」，闡發學術思想不受經學形式的局限，所以不重視注解經書。《象山先生全集》包括了陸九淵的所有著述，其中彙集的只是書信、雜著、講義、語錄和詩作，沒有一部注經的書。

1、陸九淵繼承了理學將「理」視為宇宙本原的思想，同時，他一生都在致力於構造以「心」為本的思想體系。他認為，宇宙萬物不過是「吾心」的映像，人生活在世界上，宇宙萬物皆幻然不實地存在於我心中。就如鏡中觀花，看到的只是花的印象，而不是真正的花。只有此「心」是永恆存在的，無始無終，充塞一切。

2、人的慾望、需求使「心」受到矇蔽，失去了靈性，使「理」昏暗不明，只有去除物欲，才能保持「心」的安存。「心」有弊端，就像一件潔淨的物品被臟汙的泥土所包裹那樣，要使其恢復潔淨的本來面目，必須一層一層地剝去這些東西，「心」才能完全地清潔明亮，恢復本然狀

態。這種「剝落」工夫不一定僅僅靠自己，若能得到師友的提示，達到頓悟，明白自身的弊端所在，便能加快自省的過程。

名人事典

中國思想史上有一次著名的鵝湖之會。西元 1175 年，南宋著名史學家呂祖謙邀集朱熹和陸九淵兄弟等人在信州（今江西上饒）鵝湖寺舉行哲學討論會。他的本意是企圖調和朱陸之間的學術分歧，不料辯論了十天，雙方各持己見，最後不歡而散。鵝湖之爭的中心問題是治學問題。朱熹主張先「泛觀博覽」，知識累積多了以後，自可達到「豁然貫通」的程度，然後由博返約，認識心中本具之理。陸九淵認為朱熹的方法未免太繁瑣，因此他主張首先「發明人之本心」，以心悟理。雙方各持己見，不分上下。但整體來說，陸九淵處於主動進攻的一方，其辯難詰問十分有力；朱熹則顯得被動而有些狡辯的成分。

歷史評說

陸九淵是中國思想史上「心學」的始創者，他的思想對明清時期的許多思想家影響深遠。

陸九淵的思想中充滿著懷疑的精神，他說：「為學患無疑，疑則有進。」又說：「小疑則小進，大疑則大進。」陸九淵在理論上所取得的成就，與他的懷疑精神不無關係。他的獨立思考、蔑視權威、勇於搏鬥的精神，值得今天的治學者繼承和借鑑。

主要著作年譜

南宋　《象山先生全集》：書中彙集了陸九淵的書信、講義、語錄等著述，反映了他的心學主要思想，是中國哲學史上的重要文獻

● 正氣凜然，以理言志 —— 陳亮

> 「盈宇宙者無非物，日用之間無非事。」

—— 陳亮

▌人生傳略▌

陳亮（西元 1143 ～ 1194 年），南宋思想家，字同甫，號龍川，浙江永康人，人稱龍川先生。他生活在金兵入侵、南宋朝廷偏安江東、國勢岌岌可危的年月裡。是一個「散落為民，譜不可繫」的寒門地主階級知識分子。陳亮從少年時代起就憂國憂民，用心兵略，曾考究古人用兵成敗的教訓，著《酌古論》一書，以為抗金救國的借鑑。

乾道五年（西元 1169 年），陳亮曾上書孝宗皇帝，堅決反對宋金議和。以後他又多次上書，指陳抗金救國大計，抨擊主和派，勸勉皇帝勵精圖治，恢復中原。其詞鋒之尖銳，言語之激烈，震驚朝野。明人方孝孺曾說：「觀其上孝宗書，不覺慨然而嘆，毛髮森然上豎。」陳亮的愛國言論和行為，遭到了當權官僚集團的嫉恨，他們以空言羅織罪狀，打擊迫害這個沒有權勢的愛國者。陳亮一生兩次入獄，多次蒙冤，而抗金之志終不屈不撓，直到臨死前不久還寫出了「復仇自是平生志，勿謂儒臣鬢髮蒼」，不愧是一個至死不渝的愛國英雄。

▌主要思想及著作▌

陳亮在文學、歷史、哲學及政論方面皆有成就。其主要著作《龍川文集》反映了他注重功利，反對理論家空談的思想。

1、在宇宙觀上，他認為，作為普遍原則的「道」離不開具體事物，人們必須在事物中去認識事物的道理。與此相連繫，他還認為人才要在

使用中鑑別，他以「金銀銅鐵」須經過「百鍊」方成為精美的器具，來譬喻人才的培養。

2、在歷史觀上，陳亮反對朱熹的三代以下天地人心日益退化的觀點。他用「氣」來解釋社會歷史的盛衰，說歷史是「六十年一變」的循環發展，即他的「運數」論。

3、在倫理方面，他提出了一種具有功利主義傾向的道德學說。他認為人對物質生活的欲求是出於人的天性，能夠使這種欲求得到滿足就合乎道德。

▌名人事典▐

陳亮在思想上極富戰鬥性，他和朱熹私交甚深，二人經呂祖謙介紹相識後，經常互相拜訪，書信往來，每逢朱熹生辰，陳亮總是遣人致問候之意。朱熹稱陳亮「奇偉英特」，陳亮也視朱熹「一世大賢君子」。但二人在思想上水火不相容，二人曾就王霸義利問題展開過一場大論戰，彼此互不相讓，以至朱熹的門人「每讀亮與門下書，則怒髮衝冠，以為異論；每見亮來，則以為怪人，輒捨去不與共坐」，可見其成見之深。二人友情也受到影響，陳亮去世時，朱熹竟無表示。

▌歷史評說▐

陳亮的學說被當時的理學家視為「異說」，但受到明代李贄的稱讚，對明清之際的黃宗羲、全祖望等人有一定影響。他的倫理學說與他的革除弊端、抗擊金人的政治理想有密切關係，具有進步意義，對明清之際的王夫之、顏元、戴震等人的倫理思想，產生正面的影響。

「亂世出英雄」的理論，似乎在陳亮身上得到了再一次的確證。有時候，生活的悖論真是讓我們不得不慨然嘆之。這人世的缺憾，使我們警

醒不至於墮落；這都市的汙染，使我們有追求明淨的智慧。身處逆境，也許才是成功的更好背景！

▌主要著作年譜▌

約西元 1161 ～ 1193 年　《龍川文集》：反映陳亮功利主義思想的重要文獻，包括其主要著作《酌古論》、《經書發題》、《與朱晦庵祕書》等

● 救國平生志，得失寸心知 —— 葉適

「無驗於事者，其言不合；無考於器者，其道不化。」

—— 葉適

▌人生傳略▌

葉適（西元 1150 ～ 1223 年），南宋哲學家，字正則，學者稱水心先生，溫州永嘉（今屬浙江）人。出身於貧民家庭，先祖從處州龍泉遷徙到瑞安，至其母嫁進葉家時，已貧困三代了。一次大水沖毀了葉家的「家廬什器」，從此葉家連遭困厄，不能長期定居，在短時間內遷徙二十一處。淳熙五年（西元 1178 年）擢為進士第二，授平江節度推官，後又入朝廷做尚書左選郎官。以後歷任泉州知府、兵部侍郎，共部侍郎等官職。開禧三年（西元 1207 年）被彈劾奪職。在對金和戰的問題上，他主張積極圖謀雪恥和恢復失地。他職責南宋的弊政，說明財竭、兵弱、民困、勢衰的社會現象十分嚴重，要求限制皇帝及貴族地主的封建特權，以增強國家力量。他曾一度成功抗擊金兵，並制定了一套防禦計畫。

罷職後，葉適回到永嘉城外的水心村，潛心研究學問，形成了自己的思想體系，講學著述以終。

▌主要思想及著作▐

葉適的主要思想，都展現於他的著作《習學記言》、《水心先生文集》及《別集》中。

1、在宇宙觀上，葉適強調「道」存在於事物之中，他批判老子的「道先天地」之說，認為有了天地與人類之後，才有「道」。他還提出關於事物對立統一的命題，認為陰與陽、剛與柔、順與逆、離與和等等，都相互依存、相互轉化以致處於無窮變化之中。

2、葉適提出了一種與理學倫理思想相對立的、以重視功利為特點的倫理學說。他指出，人們的物質生活和農業生產，是整個封建社會的基礎，也是道德的基礎，人們的生活好了，道德水準才能相應提高。但他並不否認動機在道德評價中的作用，認為個人的名利心和帝王的權勢欲都是與道德不相容的。葉適還指出，道德修養的目的是為了治國平天下，而個人道德上的完善，則只有在實事實功中才能達到。

他重視知識在道德品格形成中的作用，認為一味空談心性，講求內省，否認見聞知識，是不能培養人們優良道德品格的。

▌名人事典▐

葉適和陳亮是至交好友，兩人同懷愛國熱忱，同抱抗金大志，思想傾向和政治主張都非常一致。葉適對陳亮始終懷著友好的情誼，即使在陳亮陷於困頓之時，亦不稍衰。陳亮死後，葉適為他編輯遺著，收撫遺孤，反映了二人的深厚情誼。

▋歷史評說▋

葉適對各家學說都有所批判、評論，這種精神對中國古代的注經傳統有所超越。他的倫理思想，直接為其改革和抗金主張作理論上的論證，在當時具有進步意義，對明清之際的思想家，特別是顏元等人，產生了正面的影響。

葉適的一生讓我們深深感受到一種精神的力量。人是需要一點精神的，憑藉著它，人才能走出或冷漠或混亂或骯髒或匆忙或無知的津渡，找到源源不絕的生命之泉。

▋主要著作年譜▋

01. 南宋　《習學記言》：反映陳亮功利主義思想的重要著作
02. 南宋　《水心先生文集》：葉適文集，反映了其功利主義思想
03. 南宋　《別集》：葉適文集，反映了其功利主義思想

● 存一念本心，求人間至理 —— 王守仁

「知是行之始，行是知之成。」

—— 王守仁

▋人生傳略▋

王守仁（西元 1472 ～ 1529 年），明代哲學家，字伯安，號陽明，浙江餘姚人。因築室紹興陽明洞，世稱「陽明先生」。

王守仁的父親王華，曾任少詹事（太子老師）、禮部左侍郎、南京吏部尚書等職。王守仁少年時代受過嚴格而系統的封建教育。11 歲前在

祖父王倫培養下成長，後隨父親到北京任所，一度熱心騎射，繼又研習兵法。18 歲時在回餘姚的路上，拜訪程朱派學者婁諒，婁諒向他介紹了朱熹的格物說和聖人可學而至的思想，這令他深受啟發。21 歲中鄉試，遍讀朱熹著作。28 歲中進士，任職於工部，後又擔任刑部雲南清吏司主事。後來曾被貶入獄，又重新起用，任過許多官職。並於弘治十八年（西元 1505 年）開始授徒講學。

嘉靖七年，王守仁病重，上疏請求回鄉養病，第二年初卒於回歸途中的江西南安。

王守仁的一生，經歷了明代成化、弘治、正德、嘉靖四個時期，即十五世紀末到十六世紀初。這一時期，明朝的統治者面臨著經濟上、政治上的種種矛盾激化的局面，迫使人民走上反抗的道路。同時，統治階級內部也存在嚴重的問題。王守仁親歷這樣的時代，為明朝的統治深感憂慮。他努力要為社會尋找藥方，用他自己的話說，是要使天下事勢「起死回生」。王學的產生，就是為了從理論上回答這樣的問題。

主要思想及著作

王守仁的主要思想，都彙集在其弟子編定的《王文成公全書》中，其中詳細闡述了他的心學理論體系。成為中國哲學史上的重要文獻，也是王守仁思想的重要資料。

1、王守仁在許多重要觀點上都與朱熹對立。他的思想與陸九淵接近，他們都在根本上強調心與理統一，在方法上要求簡易直接。不過王守仁的思想並非繼承於陸九淵，他接受了陸九淵的「心即理」說，完成了一個心學體系。他提出「心外無物，心外無理」的命題，認為身之主宰便是心，心之本體便是理，心外無理；心之所發便是意，意之所在便

是物，心外無物。王守仁認為，心的「靈明」就是天地萬物的主宰，如果天沒有我的靈明，誰去仰它的高？地沒有我的靈明，誰去俯它的低？鬼神沒有我的靈明，誰去辨它的吉凶？萬事萬物皆是如此。因此，沒有我的靈明，便沒有天地萬物。離開天地萬物，也就沒有我的靈明。

2、王守仁心學的特點是他的「良知說」。他認為，人心之靈明就是良知，良知就是天理，所以不可在良知之外探求天理。王守仁所謂良知，實際上就是人的道德意識，它既是是非標準，又是善惡標準。這種是非善惡之心人人皆有，聖愚皆同，本來圓滿，原無欠缺，不需假借。一切是非善惡，良知自會知道。它就在你心中，倘若求之於心而非，「雖其言之出於孔子，不敢以為是也」；倘若求之於心而是，「雖其言出於庸常，不敢以為非也」。

王守仁又提出良知無善無惡的思想，認為良知是超出善惡之上的絕對至善，是超出是非之上的絕對真理。善惡、是非是相對的，但良知是絕對的。

3、在知行關係上，王守仁反對朱熹和陸九淵的「知先行後」的主張，提出知行合一，指出人要在事上磨練，要言行一致，表裡一致。

名人事典

1、王守仁早年信奉程朱理學。有一天，他和一位姓錢的朋友討論如何格物窮理、學為聖賢的問題。王守仁想起朱熹「眾物皆有表裡精粗，一草一木，皆含至理」的話，便指著亭前的竹子，和他的朋友面對竹子思索，企圖「格」出竹子中所含的「至理」來。他們日夜端坐在竹子前面，苦思冥索，用盡心力，結果到了第三天，他的朋友病倒了。王守仁還不死心，仍坐在竹前思索，依舊不得其理，到了第七天自己也病倒了。此後，他逐漸意識到朱熹理論的缺陷。

2、王守仁三十七歲被貶到貴州龍場，龍場地處西南邊境，環境十分艱苦。他到了那裡，日夜端居靜坐，有一天深夜，他忽然悟出了「心即理」的道理，認為找到了朱熹「格物致知」之學的根本錯誤所在，不覺歡呼雀躍起來。自此開始建立他的心學理論體系。

3、王守仁主張「心外無物」。一次，他和朋友遊南鎮，一位友人提出：「你說心外無物，可是這山中的花樹自開自落，與我的心有何關係？」王守仁於是說：「你沒有來看此花的時候，你還沒有獲得有關花的感覺，花便不存在，花和你的心都處於寂滅狀態；只有當你看見此花時，有了花的感覺，花的顏色才一下子呈現出來。由此可見，此花不在你的心外，它不能離開你的感覺而獨立存在。」。

▍歷史評說▍

王守仁是心學的集大成者，他的哲學力圖糾正宋明以來程朱理學煩瑣與僵化的流弊，他洞察到道德意識的自覺性與實踐性，將儒家封建道德建立在簡易的哲學基礎上，使人人可行。他的思想流行達 150 年之久，形成了「陽明學派」。可是王守仁忽略客觀的知識，只重視個人的道德修養，在道德規範的形成上，又忽略歷史條件的作用，這讓他有些弟子產生了人性廢學的情緒。

王守仁的思想中，包含著某些促進思想解放的因素，為中國近代的康有為和梁啟超所注意，受到熊十力的推崇。他的哲學思想在明中葉以後傳到日本，並成為顯學，後來影響到明治維新時期的日本思想界，對日本的革新發揮了一定的正面作用。

王守仁在治學上真切篤實的態度，使他在理論上頗有創見。現今的青年缺乏的就是這種精神，浮躁的人們應從古人身上有所領悟。

▌主要著作年譜▌

01. 明朝　《傳習錄》：中國哲學史上的重要文獻，反映了王守仁的心學思想

02. 明朝　《陽明先生文集》：王守仁的文集，由其弟子刻印，是中國思想史上的重要文獻

03. 明朝　《居夷集》：反映王守仁「心學」思想的文集

04. 明朝　《大學問》：王守仁解釋《大學》之作，論證了他的「心即理」學說

05. 明朝　《王文成公全書》：反映王守仁「心學」思想的文集，由其弟子編定，是中國思想史上的重要文獻

● 一身正氣，兩袖清風 —— 王廷相

> 「君子之學，博於外而尤貴精於內；求諸理而尤貴達於事。」

> —— 王廷相

▌人生傳略▌

　　王廷相（西元 1474 ～ 1544 年）明代哲學家，字子衡，號浚川，河南儀封（今河南蘭考縣）人。他少年時就以詩、文出名，二十二歲中舉，弘治十五年（西元 1502 年）登進士第，選為翰林院庶吉士，任兵科給事中，從此開始了他四十年的仕途生涯。

　　王廷相為人正直，不阿權貴，仕途中兩次受到宦官的迫害被貶。武宗正德三年，因反對宦官劉瑾，被貶為亳州判官。九年，由於宦官誣陷入獄，後被貶為贛榆縣丞。嘉靖二十一年（西元 1542 年），因受勛臣

郭勛事牽連，罷官回故鄉，後三年卒。穆宗隆慶初年得以平反，詔復原職，贈少保，諡號肅敏。

▌主要思想及著作▐

王廷相的主要著作彙編為《王氏家藏集》和《王浚川所著書》。其中《慎言》、《雅述》、《答薛君採論性書》、《石龍書院學辯》、《答何柏齋造化論》等，是他的主要哲學著作，反映了他的哲學思想。

（一）元氣論

王廷相認為，元氣是宇宙的本原，它是無形無象、無生無滅的物質實體。氣聚而為萬物，稱之為「有」；氣散而為太虛，稱之為「無」。五行也是從元氣變化出來的。

（二）動靜觀

在王廷相看來，宇宙並不是「寂然不動」的，而是元氣「生生不息」的過程。整個宇宙萬物如同一條大河，「往而不返，流而不息」。日月星辰、雷霆風雨、山川江海、草木昆蟲都在變化。王廷相還提出動靜互涵論，認為動中有靜，靜中有動。天動而不息，但恆星銀河終古不移；地靜而有常，但流泉則動而不已。

（三）人性論

王廷相認為，人的形體產生精神活動；精神活動產生道德倫理觀念。若是沒有形體，沒有精神活動，也就談不上道德觀念。這實際上是自然的人性論，強調了精神活動對於生理感官的依賴；認為人性是從人的自然形體中產生出來的。

（四）知行兼舉說

在認識論上，王廷相主張「知行兼舉」，認為人的認識來源於「思與見聞之會」，即知與行的結合。如小孩剛出生，就把他「閉之幽室」，不與外界接觸，長大以後，連日常的東西都不能辨認。只有讓他有所聞，有所實踐，才能不斷地增長知識。

（五）歷史進化觀

王廷相提出「理隨勢變」的觀點，認為歷史是不斷進化的。批評復古主義是「書生之迂闊」。

▌名人事典▌

王廷相生活的時代，明王朝已經腐敗，權相嚴嵩和宦官劉瑾把持朝政，貪汙成風，賄賂公行，人民生活十分痛苦。他曾在嚴嵩把持朝政、殘酷地格殺異己、滿朝文武噤口不敢言的情況下，挺身而出，上疏抨擊弊政。他揭露說：「大臣貪濁而日在高位，小臣無不唯利是圖。」這種大膽的言論在當時震動了朝野。

▌歷史評說▌

王廷相的唯物主義思想，是從張載到王夫之的重要發展環節。在中國哲學史上，占有重要地位。

王廷相是一位既有求實精神，又富於獨立思考精神的思想家。他的思想，在明中期的思想界是獨樹一幟的，卓然立於理學的潮流之外，顯出其獨特性和深刻性。從某種意義上說，與眾不同的創見就是智慧的象徵。

▌主要著作年譜▌

01. 明朝　《王氏家藏集》：王廷相著作集，中國思想史上的重要文獻

02. 明朝　《王浚川所著書》：王廷相著作集，反映了他的唯物主義思想

● 胸懷孤忠，希張正學 —— 王夫之

> 「由知而知所行，由行而行所知。」

—— 王夫之

▌人生傳略▌

　　王夫之（西元 1619～1692 年），明末清初啟蒙學者、唯物主義哲學家，字而農，號姜齋，湖南衡陽人。晚年居於湘水之西的石船山，故學者稱船山先生。

　　王夫之的父親一生讀書，學問淵博，但他只得到一個八品的小官階。王夫之自幼聰穎過人，隨父兄讀四書五經、諸子百家、漢賦唐詩，文名譽於鄉里，科舉卻一再落第，直到第四次參加鄉試時才中了舉人。然後，就與其兄北上，準備參加會試，不過這時的明王朝，已經是如燈將滅，連北上的道路也阻塞不通，王夫之兄弟二人又回到家中。

　　清軍入關以後，大舉南征，明王朝危在旦夕，王夫之曾在家鄉招募義兵，進行抵抗，失敗後又投奔南明永曆政權，繼續從事救亡運動。直到大勢已去，他才滿懷憂憤，回到故鄉。隱伏在湘南一帶，過了 3 年流亡生活。曾變姓名扮作瑤人，寄居荒山破廟中，後移居常寧西莊源，教書為生。晚年隱居在荒僻的石船山下，在艱苦的條件下著述立說以終。

51 歲時他自題堂聯「六經責我開生面，七尺從天乞活埋」，反映了他的學風和志趣。71 歲時他自題墓石「抱劉越石之孤忠」、「希張橫渠之正學」，表白他的政治抱負和學風。

▌主要思想及著作▐

王夫之學識極其淵博。舉凡經學、小學、子學、史學、文學、政法、倫理等各門學術，造詣無不精深，天文、曆數、醫理、兵法、乃至卜筮、星象，亦旁涉兼通，且留心當時傳入的「西學」。他是中國思想史上著述最宏富的學者，存世的約有 73 種，401 卷，散佚的約有 20 種。反映他哲學思想的主要著作有：《周易外傳》、《周易內傳》、《尚書引義》、《張子正蒙注》、《讀四書大全說》、《詩廣傳》、《思問錄》、《老子衍》、《莊子通》、《相宗絡索》、《黃書》、《噩夢》、《續春秋左氏傳博議》、《春秋世論》、《讀通鑑論》、《宋論》等。

他的哲學論斷富有批判精神。他別開生面地注釋經學，以發揮自己的思想。自覺地繼承、發揚《易》學中的思想精華，深入探討老莊哲學、佛教理論，以其累積的豐富思想，創立了具有總結歷史意義的博大哲學體系。

1、在本體論方面，王夫之繼承了張載的「太虛即氣」的元氣本體論，他斷言：「元氣是構成物質世界的本體。它具有唯一性，在空間上具有無限性，茫茫天宇，都充滿氣，沒有間隙；在時間上又具有永恆性，氣無論怎樣聚散變化，其本體不為之損益。」。

他還提出物質不滅的思想，在論證方法上，不是簡單地用元氣的聚散來證明，而是還用科學實驗的若干事實來證明。他舉例說一車薪柴經過燃燒，化為火、煙靄和灰燼，似乎原來的薪柴不見了，但實際上構成

薪柴的各種物質元素仍然存在著，「木者仍歸木，水者仍歸水，土者仍歸土」，只是特別精微細小，人們的眼睛看不見罷了。

2、在發展觀方面，王夫之強調「天地之化日新」，把榮枯代謝、推移吐納看作是宇宙的根本法則。認為任何生命體都經歷著胚胎、流蕩、灌注、衰減、散滅諸階段，前三者是生長過程，後兩者是衰亡過程，而就在衰減、散滅的過程中，孕育著新的契機。同時他把事物運動變化的原因，明確歸結為事物內部的矛盾性，認為「萬殊之生，因乎二氣」。這是一種辨證的發展觀。

3、在知行關係上，他強調「行」在認知過程中的主導地位，得出了「行可兼知，而知不可兼行」的重要結論。

4、在歷史觀方面，王夫之批判了歷代史學中瀰漫著的神學史觀和復古謬論，認為人類歷史是由野蠻到文明的進化過程。提出了「理勢相成」的歷史規律論，和「即民見天」的歷史動力論，意識到了民心向背的巨大歷史作用。

5、在人性問題上，王夫之否定人性不變論，認為人性是變化發展的。他認為仁義等道德意識固然是構成人性的基本內容，但它們離不開飲食起居的日常生活，兩者是合為一體的。人既要珍視生命，又要重視義節。

▌名人事典▌

青年時代，他一方面留戀科舉仕途，另一方面關心動盪的時局，與好友組織「行社」、「匡社」，積極組織救國活動，慨然有匡時救國之志。西元 1643 年，張獻忠農民軍攻克武昌，進駐衡陽，曾邀他參加農民政權，他佯裝傷病拒絕了。清軍入關後，他與好友在衡山舉兵抗清，後來兵敗投奔南明。展現了他對明王朝的一片忠心。

▌歷史評說▌

　　王夫之的思想博大精深，是 17 世紀中國特殊歷史條件下的時代精神的精華，在中國哲學史上占有很高的地位，對後世也產生了深遠影響。譚嗣同對王夫之作了高度評價，認為他是五百年來真正通天人之故者。

　　王夫之僻居荒野發奮著書，其全部著作生前都未刊布，他死後也流傳甚少。直到鴉片戰爭後，中國進步思想家尋求民族自救的思想武器，王夫之的著作才重新受到重視，得以彙編《船山先生書》，先後多次刊行，傳播海內。如今，在日本和歐美各國已有王夫之論著、詩文的譯本，他的學術遺產已成為人類共同的思想財富。

　　混亂的時代使王夫之體驗了 10 年曲折的生活經歷，使他有機會接觸下層社會，體察民情，並促成他為總結明亡教訓而篤學深思，發奮著述。一個人的生活閱歷往往可以充實他的思想，開闊他的眼界，使他能從更廣闊、更多元的視角思考問題。

▌主要著作年譜▌

01. 明末　《周易外傳》：注釋《周易》，藉以闡發其唯物主義思想

02. 明末　《周易內傳》：注釋《周易》，藉以闡發其唯物主義思想

03. 明末　《尚書引義》：王夫之釋《尚書》之作，藉以闡發自己的思想

04. 明末　《張子正蒙注》：解釋張載的《正蒙》，反映王夫之唯物主義思想的著作

05. 明末　《讀四書大全說》：王夫之借《四書》闡發自己思想之作

06. 明末　《詩廣傳》：王夫之借《詩經》闡發自己的思想之作

07. 明末　《思問錄》：記錄王夫之思想的文集，中國思想史上的重要文獻

08. 明末　《老子衍》：王夫之釋《老子》之作，反映了其唯物主義思想

09. 明末　《莊子通》：王夫之釋《莊子》之作，藉以闡發自己思想

10. 明末　《相宗絡索》：反映王夫之唯物主義思想的著作

11. 明末　《讀通鑑論》：以《資治通鑑》為對象所作的論文集，反對封建專制

12. 明末　《黃書》：王夫之反封建專制的政論

13. 明末　《噩夢》：王夫之反封建專制的政論

14. 明末　《搔首問》：王夫之著作，有反封建的思想

15. 明末　《續春秋左氏傳博議》：以續《春秋》為名，闡發自己的思想，具有唯物主義和反封建的內容

16. 明末　《春秋世論》：借論《春秋》闡發自己的政治思想

17. 明末　《宋論》：王夫之的政論，有反封建專制的內容

● 以匡時之志，成濟世之學 —— 顏元

「正其誼以謀其利，明其道而計其功。」

—— 顏元

▌人生傳略▌

顏元（西元 1635～1704 年），清初唯物主義哲學家，顏李學派的創始人。字易直，又字渾然，好習齋，直隸（今河北）博野人。

顏元生於明崇禎八年，卒於清康熙四十三年。出身農民家庭。19 歲中秀才，後在村塾教書，一生不仕，靠教書、行醫為生，晚年主持漳州書院。顏元少年時曾學煉丹，想當神仙，後又習武，喜讀《七家兵書》

並研究軍事、技擊之術。24 歲時潛心於王學，仰慕古聖賢，將他的書齋命名為「思古齋」。26 歲時轉信程朱理學，立「道統龕」，供奉周、孔、程、朱，34 歲時認知到程朱、陸王之學實非正務，思想發生根本性轉變，改其「思古齋」為「習齋」，力務實習實行之學。

顏元 57 歲時，南遊中州（今河南一帶）走了兩千多里，歷時八個月，所到之處，與中州諸儒辯學論道，當他看到中州地區理學影響還比較深時，更加強了必破程朱思想的決心。62 歲時應徵主持漳州書院，為該書院制定了規模宏大的計畫，實施自己的教育理想，但不久因漳水氾濫書院被淹，顏元不得已辭歸鄉里，後八年而卒。

▌主要思想及著作▐

顏元的哲學思想反映在他的主要著作中：《四存編》、《四書正誤》和《朱子語類評》等，是研究顏元思想的重要史料。

（一）經世致用

顏元是清初經世致用思想的積極倡導者。他積極反對程朱理學和陸王心學所提倡的靜坐誦讀，空談性命，不務實際。強調實學、實習、實行、實用。透過習行以達到致用，是顏元學術的最大特色。他還把這一套主張貫徹到教育理念中，企圖用經世致用之學造就一批有抱負、有學問、有能力的學生，擔負起改造天下的重任。

（二）義利統一的倫理觀

顏元反對脫離「人慾」談「天理」，也反對脫離功利談道義，而強調兩者的統一。他認為人活動的根本特徵就是謀利計功，道德只存在於人的實事實功中，並且只有透過人的實事實功才能表現出來。道德修養既要看人的言行是否一致，又要結合動機和效果。他認為「習行」是道

德教育和道德修養的根本途徑，人們只有在習行中才能遷善改過，鍛鍊「性情氣量」，提高道德品格。人們應該統一修德和立業，做一個有德、有行、有藝的人。為此，就要立下宏大志願，做到「千萬人中不見有己，千萬人中不忘有己」。

（三）政治觀點

在政治上，顏元針對清朝初年的社會現實，提出了「復井田」、「復封建」、「復學校」的三大主張。以恢復井田制來緩解當時土地兼併的嚴重性；以恢復古代的分封制來反對封建專制主義；以恢復三代的教育制度來反對科舉制度和八股時文。他的三項主張，形式上都是復古的，但在內容上都有其正面意義。

▌名人事典▌

顏元青年時期也讀過陸王的書，後來又成為程朱理學的忠實信徒，他曾與好友相約：兩人每天寫日記，十天晤談一次，互相勸善改過。但是有一件事卻使他堅決地走上了反理學的道路，在他三十四歲那年，顏元的養祖母病故，他嚴遵朱子家禮居喪，「過朝夕，不敢食；當朝夕，遇哀至，又不能食，病幾殆」，差一點送了性命。這件事使他感到程朱理學不合情理，再翻閱古書，對照古禮，發現朱熹刪改甚多，愈見其謬妄，於是學術思想逐漸改變，「覺思不如學，而學必以習」，毅然將自己居處的「思古齋」改名為「習齋」並以其自號。

當然，促使顏元思想發生根本變化的更深刻原因，還在於明清之際混亂的政治局勢對他的刺激和影響。他吸取了明末人士「無事袖手談心性，臨危一死抱君王」的慘痛教訓，了解到這種以死抱君的愚忠是毫無益處的，能匡時濟難才是真本領，於是和程朱理學斷然決裂。

▌歷史評說▌

顏元的理論在封建時代是驚世駭俗、振聾發聵的。他的思想啟蒙了後來的進步思想家，在中國哲學史上占有重要地位。

顏元在中國哲學史上是一個十分講求實際的思想家，無論在理論上還是在言行上，都表現出一種務實的精神。對於現實的人生來說，空有脫離實際的高妙理論似乎並沒有多大意義，更多人注重的是思想的實際應用價值。顏元的務實精神對今人來說，也是不無裨益的。

▌主要著作年譜▌

01. 清初　《四存編》（包括《存治編》、《存性編》、《存學編》、《存人編》）：系統闡述顏元唯物主義思想的著作，中國思想史上的重要文獻

02. 清初　《習齋記餘》：顏元的論文集，反映其唯物主義思想

03. 清初　《朱子語類》：評朱熹的言文思想，闡發其功利主義學說

04. 清初　《四書正誤》：評介《四書》，闡發唯物主義思想

● 訓詁考據，啟蒙後世 —— 戴震

「物但能順其自然，人能明於其必然。」

—— 戴震

▌人生傳略▌

戴震（西元 1724 ～ 1777 年），清朝中期思想家，字慎修，又字東原，安徽休寧（今安徽屯溪）人。家貧，年輕時隨父經商，也曾靠教育

為生。曾受到文字獄的牽連，在揚州、北京等地避難。四十歲中舉人，但以後五次參加會試均落第。五十一歲時經推薦，參加《四庫全書》的編纂工作，校訂天文、地理等方面的書籍。五十三歲，再次參加會試，又一次落第，不過被特許參加殿試，賜同進士出身，並授翰林院庶吉士，五十五歲時在北京病逝。

▌主要思想及著作▌

戴震的代表作是他的《孟子字義疏證》一書，他十分重視此書，認為是他一生最重要的著作，直到臨終才最後定稿。

戴震是王夫之以後比較重要的唯物主義哲學家之一。他透過訓詁考據探討古書義理，闡發自己的哲學思想。

1、戴震認為，「氣」是世界的本原，「道」是世界萬物的基本規律，而「理」則是事物得以區別的特性，相當於本質。戴震還把「理」解釋為人類正當的感情和慾望。這種感情和慾望人人皆有，尊貴者有，卑賤者也有。如果尊貴者以所謂「理」來否定卑賤者的感情和慾望，這就是「以理殺人」的表現。

2、他認為物質世界是運動變化的，他把宇宙看成是氣化流行的總過程，並把這個運動變化的過程，稱之謂「道」。道是運動變化的，而具體事物是一成不變的。

3、在倫理觀上，戴震認為，人是一種有感覺的自然物，「有欲、有情、有知」，這是人的本性。否定人有情慾，就否定了「人之為人」。他強調情慾和私利的嚴格區別，認為人的情慾是道德的基礎。「理存乎欲」，道德準則的作用在於使人的自然情慾得到合理的滿足和發展，並使之不斷地臻於完善。

▌名人事典▐

戴震還在少年的時候，就表現了驚人的獨立思考能力和勤奮刻苦的學習精神。他十歲在私塾學習《大學章句》，老師根據朱熹的注釋告訴學生：《大學》的第一章是「經文」，是曾子記述孔子的話；其餘十章是「傳文」，是曾子的學生記述曾子的思想。戴震聽罷，略一沉思，問道：「老師，上述說法的根據是什麼？」老師答道：「這是朱熹的注解上說的。」戴震問：「朱熹是什麼時代的人？」老師答：「南宋人。」戴震又問：「孔子、曾子是什麼時代的人？」老師答：「東周人。」「東周和南宋相隔有多久？」「將近兩千年吧！」戴震轉了轉眼珠又問：「既然朱熹生活在孔子、曾子兩千年後，那他又是怎樣得出上述結論的呢？他的依據是什麼呢？」老師無言以對。

正因為戴震從小就培養了這種實事求是、善於獨立思考的學習精神，所以在他成年之後，儘管程朱理學再度成為官方哲學，清朝統治者大興文字獄，對一切背離程朱理學的思想言論都加以殘酷鎮壓，他也能夠不隨俗沉浮，用鮮明的唯物主義觀點，深刻地揭露和批判程朱理學「以理殺人」，最終成為十分有成就的一代哲學大師。

▌歷史評說▐

戴震是王夫之以後中國哲學史上的重要唯物主義思想家，他的思想客觀上反映了當時市民階層的要求，包含著啟蒙思想的因素，是中國近代反對封建舊道德的先聲。

戴震曾經五次參加會試，均落第。他最後一次參加會試時，已是五十三歲的高齡，也是他去世的前兩年，可是他從沒有因為失敗而放棄自己的理想和追求。活到老，學到老，人生有這樣的執著精神，必能無往而不勝！

▌主要著作年譜▐

01. 清中期　《孟子字義疏證》：注釋《孟子》，藉以闡發其唯物主義思想，批判程朱理學，戴震認為是其最重要的著作，直至臨終時才最後定稿

02. 清中期　《原善》：反映戴震唯物主義思想的重要著作

03. 清中期　《答彭進士允初書》：反映戴震哲學思想的重要論文

04. 清中期　《中庸補註》：注釋《中庸》，藉以闡發其唯物主義思想

● 抨擊時弊，浸潤新學 —— 龔自珍

「性不可名，可以勉強名；不可似，可以形容似也。」

—— 龔自珍

▌人生傳略▐

　　龔自珍（西元 1792～1841 年），中國近代思想家、文學家，字璱人，號定盦，浙江仁和（今浙江杭州）人，出身於官宦之家，是著名漢學家段玉裁的外孫。龔自珍十一歲隨父親到北京，跟外祖父學習文字學，從小就打下了良好的學問基礎。他自幼雖深受漢學的薰染，但由於當時社會危機的刺激，他並沒有恪守外祖父的學術傳統，沿著考據學的路子走下去。

　　還在二十一歲時，他就開始寫作批判封建現實的政論，議論頗有鋒芒。二十八歲時又從常州學派的劉逢祿學習《公羊春秋》。他的志趣不在於考證群經，而在於經世致用，透過發揮經書中的「微言大義」來研究社會現實問題。龔自珍曾先後五次參加會試，都沒有考中，直到三十八歲那年才考上進士。以後當過幾年閒散京官，曾支持林則徐禁鴉片。

四十歲憤然辭官南下，不久，暴卒於丹陽書院，終年五十歲。

▌主要思想及著作▌

龔自珍的《明良論》、《乙丙之際箸議》、《東南罷番舶議》、《西域置行省議》反映了他的社會思想和哲學觀點。

1、龔自珍思想的中心是他的社會批判論。他揭露當時的社會如同不可救藥的病人，已經走投無路，不是改革，就是滅亡。他警告當權者說：「你不改革，別人就要起來代你改革；與其被別人推翻，不如自己主動改革。」他從政治、經濟、教育、外交等方面提出了一系列改革主張。

2、龔自珍社會思想的理論基礎，是他發展變化的歷史觀。他認為古往今來的歷史是不斷進化的。他根據公羊三世說，認為社會歷史的發展可以分為「治世」、「衰世」、「亂世」三個階段，而當今的社會已經到了「日之將夕」的衰世階段。他還根據《易傳》中「窮則變，變則通，通則久」的辨證法思想，提出了變法革新的要求。

3、龔自珍還批判了先驗的人性論。他以先秦告子學說的繼承者自命，告子否定孟子的天賦性善說，提出了人性無善無不善的觀點。龔自珍也認為人性的善惡都不是先天的，而是後天造成的。和這種人性論觀點相連繫，他認為人要得到知識，必須透過耳聞目見，考察實際事物，因此他重視向各種有實際經驗的人學習。

龔自珍思想發展到後期逐漸消沉，轉而向佛教的教義中去尋求精神上的寄託。沉醉於佛學之中，甚至篤信因果報應、生死輪迴說。

▌名人事典▌

清朝統治到了嘉慶、道光年間，已陷入嚴重危機。對此，龔自珍指出，這時的社會，表面上好像是太平盛世，實際上是處於大亂將至的衰

世，整個社會呈現出一幅「日之將夕，悲風驟至」的可怕景象。他寫詩說：「九州生氣恃風雷，萬馬齊暗究可哀。我勸天公重抖擻，不拘一格降人才。」

龔自珍的家世和經歷，使他對清王朝統治者，特別是上層統治者的腐敗內幕，有著極為深刻的了解。他寫了許多揭露和批判現實社會的文章，在當時大多是犀利無比的驚世駭俗之言。比如他說，近代的一些大官僚，大都是一些無恥之徒，官做得越大越久，諂媚的手段就越老練越精巧。他們只會巴結奉承、腐化享樂，此外便一無所知。龔自珍還把當時的社會比作一個渾身長滿疥癬的病人，因為得不到醫治，又痛又癢，愈搔愈癢，陷入惡性循環。於是只好躺在一塊獨木板上，用長繩子捆住四肢，雖然痛癢難耐，但因四肢不能動彈，也沒辦法，只好一直折磨到死為止。他認為末世的封建社會，就是這樣一幅可怕的景象。

▌歷史評說▌

龔自珍以「開風氣」自任，對中國近代謀求改革的思想家有較大影響。梁啟超曾經說過，晚清思想的解放，龔自珍功不可沒，光緒年間的所謂新學家，幾乎人人都經歷了崇拜龔自珍的時期。

龔自珍生活在瀕危的時代，尖銳的社會矛盾和帝國主義的侵略危險震撼著他的心，他再也不能像其他知識分子那樣，束髮就學，皓首窮經，大做考據工夫，或者去空談義理。他不願到故紙堆裡去討生活，而要研究對於解決社會現實問題有用的學問。

一個對過去失去了記憶，對現實失去了憂慮，對未來失去了想像的人，是不能成為思想家的，甚至不能成為一個有所作為的人。只有不隨波逐流，對現實保持著充分敏感的人，才能有所創新。

▌主要著作年譜▌

01. 約西元 1813 ～ 1820 年　《明良論》：批判封建現實的政論，揭露清王朝官僚政治的極端腐敗

02. 約西元 1813 ～ 1820 年　《乙丙之際箸議》：批判封建腐朽政治的政論

03. 約西元 1820 ～ 1840 年　《蒙古圖志》：該書未完成。介紹蒙古及西北地區的掌故和當代典制

04. 約西元 1820 ～ 1840 年　《東南罷番舶議》（已佚）提出抵禦外侵對策的論文

05. 約西元 1820 ～ 1840 年　《西域置行省議》：政論，建議開墾新疆，以利於維護國家統一，抵制沙俄的侵略威脅

06. 約西元 1820 ～ 1840 年　《古史鉤沉論》：抨擊封建統治弊端的政論文章

07. 西元 1820 年左右　《尊隱》：揭露封建腐朽，預言鉅變將發生

08. 西元 1820 ～ 1840 年　《平均篇》：探索封建制社會危機的經濟根源政論

09. 約西元 1820 ～ 1840 年　《農宗》：提出具體的經濟改革方案，主張按血緣關係授田

10. 約西元 1820 ～ 1840 年　《定盦文集》：龔自珍文集，中國思想史上的重要文獻

● 立己之理，圖國之強 —— 魏源

「及之而後知，履之而後艱。」

—— 魏源

▌人生傳略▌

魏源（西元 1794 ～ 1857 年），近代思想家，字默深，原名遠達，湖南邵陽人。其父先後在江蘇和北京做過小官，家境不太寬裕。他從小喜歡靜坐讀書，十五歲考中秀才，二十八歲考中舉人。他曾師從今文經學大師劉逢祿學習過，並和龔自珍等人結成好友，與林則徐、黃爵滋等一班人過從甚密。他多年在大官僚手下當幕府，五十歲考中進士，到江蘇做過知縣和知州。太平天國起義時，因延誤驛報而被革職，後來雖然復職，但從此辭官隱居，潛心佛學，六十四歲時病逝於杭州。

▌主要思想及著作▌

魏源的著述較多，他的《古微堂集》中的《默觚》是其哲學代表作，集中反映了他的社會思想和哲學觀點。

（一）在認識論上，魏源重視習行，反對脫離實際。他堅持知識來源於親身經歷、直接經驗，行先知後的知行觀。他說：「及之而後知，履之而後艱。」就是說，只有接觸事物而後才能獲得知識，只有親自踐履實行，而後才能知道事情的艱難。他列舉大量例子說明這個道理，他說：「看過許多名山的圖畫，以為知道山了，其實不如樵夫到山上走一趟；談論滄海的廣闊無邊，以為認識海了，其實不如商人在海船上看一眼；研究了名貴的菜譜，以為了解味道了，其實不如廚師親口嘗一下。」

又說：「只會讀家藏兵書而沒有實際戰爭經驗的人，不能和他談軍事；只會照過去的案例辦案的人，不能和他談法律；自己不會寫作、只會做『文抄公』的人，不能和他論文章。善於彈琴的人並不盯著曲譜，善於相馬的人並不依據馬圖，善於治理民眾的人並不拘泥於法律，這沒有別的原因，只是因為他們親自接觸了實際罷了。」這些事例都肯定了知識是從實際經驗中得來的。

正是由於以上的理論，魏源否定有所謂「生而知之」的天才。他強調後天的學習對於人的智愚敏魯有決定意義，認為只要志專神寧、潛心研究，那麼，笨人也會變得聰明起來。

（二）魏源的思想中還包含著樸素的辯證法思想。他認為任何事物都包含著矛盾，「天下物無獨必有對」，且矛盾的兩個方面可以互相轉化，「暑極不生暑而生寒，寒極不生寒而生暑。」而矛盾的相剋相生，促成事物的變化發展。與此相連繫，他認為社會歷史也是不斷發展進化的。

▌名人事典▌

如果說龔自珍是一個有改革要求的思想家，那麼魏源則不僅是一個思想家，而且是一個實際的改革家。他在做幕府期間，親自做過許多調查研究，因此他對社會實際情況有深入了解。他不僅在漕運、鹽政和水利等具體的經濟領域中，提出了一些改革措施，而且在力所能及的範圍內付諸實行，取得了一定的實際效果。

▌歷史評說▌

魏源是中國近代的重要思想家，是資產階級改良主義的先驅者。對後來的資產階級改良派有很深的影響。

清末，在統治者的高壓和籠絡下，學術界充塞著嚴重的厚古薄今、

脫離實際、煩瑣考證的空氣。大多數知識分子都是「兩耳不聞天下事，一心只讀聖賢書」，思想僵化，絕少有人正視或研究社會現實問題。而魏源則恰恰相反，他稱得上是一位關心時事的改革家，這也使他的思想活躍而新鮮。只有不因循舊理，不墨守成規，才能持一己之見，立一家之言。魏源重視後天習行重要性的思想，也再一次讓我們了解到：勤能補拙是良訓，一分辛苦一分才。

‖主要著作年譜‖

01. 西元 1825 ～ 1826 年　　《皇朝經世文編》：經濟問題的政論

02. 西元 1825 ～ 1826 年　　《籌漕篇》：經濟問題的政論

03. 約西元 1830 年左右　　《聖武記》：激勵清統治者振興武備、抵禦侵略的政論

04. 十九世紀中期　　《海國圖志》：中國近代第一部系統介紹世界歷史、地理的專著

05. 十九世紀中期　　《古微堂集》：魏源文集，中國思想史上的重要文獻

06. 十九世紀中期　　《元史新編》：編撰元史，希望統治者有所借鑑

07. 十九世紀中期　　《老子本義》：注釋老子之作

08. 十九世紀中期　　《詩古微》：解釋《詩經》之作

09. 十九世紀中期　　《書古微》：解釋《尚書》之作

10. 十九世紀中期　　《孫子集註》：注釋孫子之作

● 心繫變法，力圖救亡 —— 康有為

「世運既變，治道斯移。」

—— 康有為

▍人生傳略▍

康有為（西元 1858 年～ 1927 年），近代思想家，又名祖詒，字廣廈，號長素，廣東南海人。出身於官宦之家，早年受過儒家傳統思想教育，又研讀過佛教、道教經典。二十二歲時，遊歷香港，接觸了西方資本主義文化，開闊了眼界，開始知道西方國家自有一套東西，不能把他們簡單地看作「夷狄」，從此有了改革中國政治的念頭。西元 1882 年他到北京順天應鄉試，南歸途徑上海，又看到外國人管理租界這樣有辦法，想其本國政治自然更加進步，非研究一下這是什麼原因不可。他就把江南製造局和教會裡翻譯的西書全都買下，裝箱運回廣東，回家細細研讀。

西元 1888 年，在中法戰爭失敗的刺激下，他再次到北京應考時，公開上書光緒皇帝，提出了「變成法，通下情，慎左右」的主張，但當時沒有人敢替他遞上去。以後他一直在為變法的理論作準備。

西元 1895 年，康有為考中了進士，得到工部主事的官銜。他在北京創辦《中外紀聞》，組織強學會，積極準備變法維新的輿論和組織。西元 1897 年，德國占領膠州灣，康有為又趕到北京，連續三次上書皇帝「極陳變法」。次年六月，光緒皇帝終於下定變法的決心，於是發生了所謂的「百日維新」，即戊戌變法。戊戌變法失敗後，康有為逃亡國外。他在日本成立保皇會，與革命派作對；晚年又參與張勳復辟，為人所不齒。西元 1927 年病死於青島。

▌主要思想及著作▐

康有為的著述較多，他的哲學代表作是《大同書》、《新學偽經考》、《孔子改制考》等，反映了他的社會思想和哲學觀點。

康有為是封建時代最末一代知識分子，這一代知識分子深受封建傳統的教育和薰陶，但是社會的劇變使他們不能繼續在舊的秩序中生活下去，他們要求變革，對舊的東西產生了懷疑。在他們身上新舊交替的痕跡特別明顯，這反映在康有為的哲學思想中，古今中外的各樣思想都有，這樣拼湊起來的思想體系，必然是駁雜、矛盾的。

1、「公羊三世說」是康有為哲學思想中的重要組成部分，它是變法維新的直接理論根據。首先，康有為繼承了中國古代哲學，特別是《周易》中的「變易」思想，認為變易是自然界的規律，天、地、人無時無刻不處在變化、變易之中。除舊布新是自然界的普遍規律，人類社會也是這樣，歷史總是發展進化的，所以變法維新也是必然的事情。

其次，他根據公羊三世說進一步闡明他的歷史進化論思想。「公羊三世說」來自古代儒家今文經學主要典籍《春秋公羊傳》，它認為孔子作《春秋》，在簡明的文字中包含著深奧的道理，其中有孔子對社會歷史的看法，即所謂「所見世」、「所聞世」、「所傳聞世」的三世說。後來東漢經學家何休把這三個時代解釋為「據亂世」、「昇平世」和「太平世」。康有為利用這種學說，提出了人類歷史發展的三階段說。他認為據亂世就是野蠻時代；昇平世就是文明開化時代，又稱「小康」；太平世就是文明全盛時代，也就是康有為理想中的「大同」社會。他認為人類歷史就是按照這三個階段循序進化的。

2、在人性論問題上，康有為把人性看成是人的生理本性、自然本性。他認為人是自然的產物，人的本性就是飲食、男女之性，就是人的

自然性。「去苦求樂」是人性的基本要求，這也就是最高的人道原則。不過，康有為到了晚年就不再堅持上述的人性論觀點了。

▌名人事典▌

西元 1895 年春，全國各省數千舉人雲集北京參加科舉會試。當時正值中日甲午戰爭失敗後，清政府與日本議和中，預備答應日方提出的要求，割讓臺灣和遼東半島，賠款白銀兩萬萬兩。消息傳出，輿論沸騰，群情激憤。康有為鼓動舉人聯名上萬言書給皇帝，請求變法圖強。這份上書當時雖沒有遞上去，可是他的內容立刻傳遍了北京城。這就是歷史上有名的「公車上書」事件。

▌歷史評說▌

康有為是中國歷史上最早著書立說，專門探討人類社會遠景問題的思想家。他的思想對後來的資產階級思想家產生了相當大的影響。

康有為是一個有著強烈政治熱情和敏感的思想家，熱情加敏感常常可以使人銳意進取、卓然不群。但有時候這兩樣東西也容易讓人遭受挫折。

▌主要著作年譜▌

01. 西元 1891 年　《新學偽經考》：把封建統治者所崇奉的「古文」經典，一概宣布為「偽經」，以此宣傳變法的主張

02. 西元 1896 年　《孔子改制考》：把孔子說成是託古改制的先哲，為資產階級變法維新製造輿論

03. 西元 1897 年　《春秋董氏學》：康有為的重要哲學著作

04. 西元 1902 年　《大同書》：康有為的哲學代表作，構造了他融會中、西學問的「以元為體」的哲學

● 我自橫刀向天笑，去留肝膽兩崑崙 —— 譚嗣同

「行有限而知無限，行有窮而知無窮。」

—— 譚嗣同

▌人生傳略▌

譚嗣同（西元 1865 ～ 1898 年），近代思想家，字復生，號壯飛，湖南瀏陽人。他出身於官宦之家，其父官至湖南巡撫。他自幼家教嚴格，五歲開始讀書。十二歲時，他的母親、伯兄和二姊先後死於瘟疫，他本人也染疾昏死三天才甦醒過來，因此字「復生」。後來他受到繼母的歧視。

譚嗣同少年時代就「懷墨子摩頂放踵之志」，過著浪漫奔放的生活。二十四歲以後的十年中，他漫遊了新疆、甘肅、陝西、河南、直隸、湖南、湖北、江蘇、安徽、浙江、臺灣等地，飽覽了大好河山，也看到了現實社會的腐朽，人民的苦難，慨然有「經國濟民」之志。甲午戰爭的失敗極大地刺激了譚嗣同，亡國的危險使他不能再流連於辭章考據之學，他堅決地從舊學營壘中走出來，開始向西方尋找真理。幾年間，他迅速地轉變為一個維新派的激進人物。

西元 1896 年，譚嗣同經上海、天津到北京，一路上看見火車、輪船、電線、炮臺、機器廠等近代資本主義的東西，這些都是他前所未見的新事物。在北京又結識了梁啟超等維新人士，了解到康有為的變法思想和理論，非常欽佩，自稱康有為的「私淑弟子」。他在北京和上海，還結識了一些傳教士，從他們身上學到一些自然科學知識，也接受一些神祕主義的東西，這些都對他後來形成「仁學」思想體系有重要的影響。

另外，這個時期他還結識了一些深通佛學的人士，特別是他在南京任候補知府時，和清末著名佛學家楊文會過從甚密，研讀了大量的佛經。他認為西學和佛學是相通的。

西元 1897 年 10 月，譚嗣同棄官回家，與梁啟超、唐才長等人積極開展變法維新的宣傳和組織活動。西元 1898 年，光緒帝下詔變法，譚嗣同被召參與新政。但變法很快以失敗告終，譚嗣同等人慘遭殺害。

▌主要思想及著作▐

譚嗣同的代表作《仁學》一書，是中國近代史上不可多得的一部哲學著作，書中闡述了他的「仁學」思想體系。

1、仁學思想。譚嗣同依據近代自然科學知識，認為充滿宇宙間的是「以太」，他從以太進而提出「仁」，說物質性的以太是仁之體。同時，譚嗣同又強調以太作為媒介的傳導效能，把它看作與仁一樣的東西，從而否定了以太的物質性。將以太等同「心力」、「靈魂」和「精神」等。

2、在認識論上，他認為人的眼、耳、鼻、舌、身，只能得到色、聲、香、味、觸五種感覺，而客觀世界無量無邊，僅靠人的五官感覺去認識如此廣闊的世界是不可能的。再說人的感覺本身也不可靠，他認為人們感覺到的都是虛幻的假象，事物的真形真聲是永遠也看不到、聽不見的。因為外界的事物變化多端、轉瞬即逝，因此人的感覺永遠也掌握不住它們。

3、譚嗣同的知行觀是極端的重知輕行，極力否定行在認識中的作用，否認知是從行中來的，他認為「行有限而知無限，行有窮而知無窮」。因為知是屬於靈魂之事，靈魂不生不滅，可以透過天地萬物人我為一身，所以說「知無限」；而行則屬於體魄之事，必然受到人的生死和各

種物質條件的限制，所以說「行有限」。他甚至設想將來科學日益昌明、人種日益進化之後，必然會出現一種「純用智，不用力；純有靈魂，不有體魄」的所謂「靈人」，人類從此進入一個脫離物質的純粹精神世界，也就是神的世界。

4、譚嗣同的哲學思想中，還包含著豐富的辯證法因素。他認為，從以太到天地萬物，以至人的體貌呼吸，無時不在變異，無時不在更新。「天以新為運，人以新為生」，日新變化是自然界和人類社會的普遍規律。

▌名人事典▌

西元 1898 年 9 月 21 日，戊戌變法被頑固派發動的政變所扼殺，榮祿派兵大捕維新派領袖。康有為、梁啟超等分別逃往香港和日本，譚嗣同卻沒有走。不少人勸他逃走，還有幾個日本人勸他避難日本，譚嗣同當即堅決地表示：「各國變法，無不從流血而成，今日中國未聞因變法而流血者，此國之所以不昌也。有之，請從嗣同始！」他下定犧牲的決心，拒絕出逃。

政變開始後，他一直在自己的住所靜候了五天，直到 25 日才被逮捕。在監獄裡，他意態從容，題詩於壁曰：「我自橫刀向天笑，去留肝膽兩崑崙。」9 月 28 日下午，譚嗣同等六人同時遇難，史稱「戊戌六君子」。譚嗣同在臨刑前大呼：「有心殺賊，無力回天，死得其所，快哉快哉！」在中國近代史上寫下了極為悲壯的一頁。

▌歷史評說▌

譚嗣同是中國近代少有的、企圖創造完整哲學體系的思想家之一，他的思想成為維新變法運動的思想基礎之一，對後來的進步思想家產生了深遠的影響。

　　譚嗣同是中國近代十分出色的思想家，可惜他年僅三十四歲便以身殉了自己的理想和事業，否則，他是有可能在哲學史上留下更加壯觀的篇章的。即便如此，他仍以自身的氣節和思想，成為中國歷史上名垂千古的人物，令人景仰。

▌主要著作年譜▌

01. 西元 1897 年　編輯《湘學新報》和《湘學報》：宣傳維新變法思想的報刊

02. 1890 年代　《東海褰冥氏三十以前舊學四種》：譚嗣同自編刻印的著作，是反映他的主要思想的重要文獻

03. 西元 1899 年　《仁學》：譚嗣同的哲學代表作，建構了其「仁學」思想體系

● 譯介西學，開啟民思 —— 嚴復

「物競天擇，適者生存。」

—— 嚴復

▌人生傳略▌

　　嚴復（西元 1853 ～ 1921 年），字幾道，又字又陵，福建侯官（今福建閩侯）人，出身清寒。他是中國近代向西方尋找真理的代表人物，也是首先最有系統地在中國傳播西學的資產階級啟蒙思想家。

　　嚴復的父親是一個普通的鄉村醫生，在他十四歲時去世了。就在這一年冬天，他以第一名的成績考取了福州船政學堂。這是一個洋務派辦

的海軍學校。嚴復在校五年，除了學習英文和造船術外，還學習了數學、力學、物理學、化學、天文學等課程。西元 1872 年，嚴復以最優秀的成績畢業於該校。他在軍艦上實習和工作五年後，於西元 1877 年被派往英國留學。在英國，他除了學好應學的課程之外，還特別注意實際考察英國社會，用大量時間去學習和研究資產階級的社會學和政治學著作，努力探索中國富強的道路。

兩年後，嚴復帶著滿肚子的「西學」回到祖國，先在福州船政學堂當教員，第二年被李鴻章請到天津，任北洋水師學堂的教務長，十年後又任該校校長。嚴復在天津供職二十年，直到西元 1900 年義和團席捲河北一帶時，才辭去水師學堂校長職務，移居上海。

甲午戰爭前，嚴復並未忘懷功名，他曾幾次參加科舉考試，卻一直未能中舉。甲午戰爭後，嚴重的民族危機令他驚醒過來，於是起而提倡變法維新、救亡圖存。甲午戰爭直到戊戌變法這幾年，是嚴復平生最重要的時期，他在《直報》上發表的論文，特別是《天演論》的出版，使他成為名噪一時的啟蒙思想家。此後，他一直沒有停下翻譯的筆，翻譯出版了許多重要的著作。

主要思想及著作

嚴復只是從事教育、翻譯的工作，在他平靜的生活中似乎並沒有什麼驚濤駭浪，可是他的譯作卻在中國思想界，掀起了滔天的巨浪。他不僅為人們帶來某些資產階級的社會學、經濟學和哲學理論知識，還透過這些譯著，創造性地給予當時的中國人以一種新的世界觀，從思想根基上突破了封建主義的意識形態。他的哲學思想主要就表現在這些譯著當中，其中尤以《天演論》為代表。

1、在自然觀方面，嚴復力圖用物質的機械運動，說明客觀世界的一切現象。他說：「大宇之內，質力相推，非質無以見力，非力無以呈質。」這裡的「質」就是物質，「力」是指物質間的相互作用，就是機械力，特別是指牛頓（Isaac Newton）提出的萬有引力。質和力是互相依存、不可分離的。沒有質就看不見力；沒有力，質也表現不出來。質是力的依據，力是質的表現。

根據這種「質力相推」的觀點，他描述了整個物質世界的演變過程。質點具有吸引力，凝聚起來，就形成各種物體，從星雲到太陽系，從地球到動植物和人類，都是這樣產生的。物體形成以後，又以熱、光、聲、電和機械運動等各種形式，不斷地消耗能量，直到消滅。物體雖有生有滅，但整個宇宙的質和力，其總量卻是不增不減的。

2、嚴復還大力宣傳介紹了西方近代自然科學的方法論，在認識論方面提倡經驗論，反對先驗論。他認為，向西方尋找真理，不但要學習西方先進的自然科學和社會政治學，更要學習西方科學賴以建立起來的科學方法。他十分推崇英國哲學家培根（Francis Bacon）創立的歸納法，認為西方兩百年來自然科學的巨大進步，歸納法發揮了首要的作用。

嚴復稱讚西學的科學精神，就在於對客觀事物的觀察實驗，以大自然為研究對象，把書本知識看作是第二位的東西。中國的舊學注重演繹而絕少歸納，中國封建時代的學者研究學問的方法，不是從對客觀事物的觀察實驗出發，而是從古代聖賢的教條出發，或者從自己的主觀臆斷出發，這樣演繹出來的結果不是「無實」，就是「無用」。他認為這正是中學不如西學的關鍵所在。

▌名人事典▌

西元 1898 年，嚴復出版了《天演論》，在思想界引起極大的轟動，奠定了他在中國思想史上的重要地位。此書不是忠實的翻譯，他隨時取捨和發揮原作，加上大量的按語，因此魯迅說《天演論》是嚴復「做」的。

▌歷史評說▌

嚴復是中國近代最重要的資產階級啟蒙思想家，他的譯作影響了幾代革命者，對十九世紀末到二十世紀初的中國思想界，產生巨大的啟蒙作用。嚴復在中國思想界的最大影響，是介紹了達爾文（Charles Darwin）的生物進化論，並進行改造和發揮，激發了中國人奮鬥自強、救亡圖存的愛國熱情。

身為一名啟蒙思想家，嚴復促進了中國人的覺醒。而他自己的思想也是受到了西學的啟蒙與薰陶，這與他所生活的環境和留學的經歷不無關係。所謂「近朱者赤，近墨者黑」，一個人的生活環境與閱歷，對其思想的形成有著重大的影響。

▌主要著作年譜▌

01. 西元 1895 年　「論世變之亟」：嚴復在省報上發表的專欄政論文章，批判封建舊學，宣傳變法維新

02. 西元 1895 年　「原強」：專欄政論，介紹西學，宣傳維新變法

03. 西元 1895 年　「救亡決論」：專欄政論，批判封建主義，宣傳維新變法

04. 西元 1895 年　「闢韓」：專欄政論，批判封建主義舊傳統

05. 西元 1896 年　譯達爾文《天演論》：譯著，傳播西學，在中國近代發揮了非常大的進步作用

06. 1890 年代末　譯亞當・史密斯（Adam Smith）《原富》：嚴復傳播西學的重要譯著

07. 1890 年代末　譯穆勒（John Stuart Mill）《名學》：嚴復譯著

08. 1890 年代末　譯穆勒《群己權界論》：嚴復譯著，闡發民權思想有很大的進步意義

09. 1890 年代末　譯史賓賽（Herbert Spencer）《群學肄言》：嚴復譯著

10. 1890 年代末　譯甄克思（Edward Jenks）《社會通詮》：嚴復譯著，闡發了民權思想

11. 1890 年代末　譯傑文斯（William Stanley Jevons）《名學淺說》：嚴復譯著

● 置生死於度外，存信念於心中 —— 章太炎

「七被追捕，三入牢獄，而革命之志，終不屈撓。」

—— 魯迅（評章太炎）

▌人生傳略▐

　　章太炎（西元 1868 ～ 1936 年），中國近代哲學家。名炳麟，又名絳，字枚叔，號太炎，浙江餘杭人。清同治七年十一月三十（西元 1868 年 1 月 12 日）生於浙江省蘇杭縣，中華民國二十五年六月十四（西元 1936 年 6 月 14 日）病逝於蘇州。他是中國資產階級舊民主主義革命時期一位傑出的思想家和活動家，也是一位在經學、史學、文學、文字音韻

學等方面，有深湛造詣的著名學者。

章太炎小時候曾從外祖父朱有虔讀經，受到他的民主主義思想影響。後來拜當時著名的樸學大師俞樾為師，在這裡打下了他一生學問的牢固基礎。章太炎早年曾贊助康、梁的改良主義運動，參加過強學會，擔任過上海《時務報》的撰述。戊戌變法失敗後，他毅然與改良主義決裂，走上了反清革命的道路。他的老師俞樾指責他反清是「不忠不孝」，章太炎寫了著名的《謝師本》，表示在學問上可以遵從老師，在政治上則不能苟同。西元 1902 年，他在日本結識了孫中山，從此革命之志更加堅定。

西元 1903 年，蘇報案發生後，章太炎被判處監禁三年。在獄中，他精心研究佛經及因明論典等，世界觀發生了大轉變。同時，他也仍然堅持奮鬥，並與外界積極連繫。西元 1904 年冬，和蔡元培、陶成章等人發起成立「光復會」。西元 1906 年出獄後，應孫中山之邀再次東渡日本，擔任同盟會機關報《民報》的主編。他以犀利的筆鋒，寫了不少宣傳資產階級民主革命的文章，和康有為、梁啟超等維新派論戰，成為革命派的主要喉舌。

在《民報》被迫於西元 1908 年停刊後，章太炎仍留在日本，從事學術研究和講學，辛亥革命爆發後才回國。回國後組織了中華民國聯合會，任正會長，主編《大共和日報》。又應孫中山之聘，任總統府樞密顧問。西元 1913 年，因反對袁世凱被幽禁，西元 1916 年獲釋。西元 1924年曾領銜發表公函，反對國共合作和孫中山改組國民黨。次年，發起「辛亥革命同志俱樂部」。在晚年贊成抗日救亡運動，譴責蔣介石「攘外必先安內」的政策。西元 1935 年，他在蘇州設立國學講習會，主編《制言》雜誌，以講學終老。

▍主要思想及著作▍

章太炎的思想都反映在他自編的文集《九言》、《國故論衡》、《章氏從書》、《章氏從書續編》等書中。

1、在宇宙觀上，他根據近代天文學知識，認為宇宙間根本就沒有「天」這個東西。古人說天是一個積氣而成的實體，可是離開地球大氣以外就沒有氣體了，怎麼好說天是一個積氣而成的實體呢？他認為宇宙間除了和太陽一樣的恆星，以及和地球一樣的行星以外，再沒有別的所謂「天」了。而這些恆星、行星都是自己產生的，它們就是物質世界的最後根源，在它們之上、之外再沒有產生它們的東西，這就否定了上帝的存在。他還認為，地球上的人和物也是一種自然現象，人間的禍福與「天」無關。

章太炎還根據近代自然科學知識，認為自然界有統一的物質基礎，不論是無機界還是有機界，不論是人還是動植物，都是由共同的物質元素構成的，它們可以相互轉化。例如人死後，構成人體的各種成分，如血液、炭、鹽、鐵、肌肉等，或者為草木吸收，或者為動物所食，或者轉化為礦物即無機物。

2、在認識來源問題上，他多次引證英國近代唯物主義哲學家洛克（John Locke）的「白板說」，認為人們認識世界，首先必須經過人的感覺器官和客觀外界事物相接觸。人的五官是用來辨別事物的顏色、聲音、味道等差異的，人類有相同的感覺器官，凡是感覺正常的人，對事物的這些差異所得到的感覺大體是相同的，這叫做「人類之公」。

章太炎也指出，人的感覺器官有一定的局限性。比如超過一定波長的光和一定頻率的聲音，人的耳目感官就看不見、聽不到了。宇宙無限廣大，人要認識客觀世界，就不能局限在感覺經驗上，還必須運用理性思維進行判斷和推理。

▌名人事典▌

西元 1903 年，上海發生了轟動一時的「蘇報案」。《蘇報》是當時一家激烈地反清革命的報紙，它因讚揚和介紹鄒容的《革命軍》，發表章太炎的《駁康有為論革命書》而得罪了清朝政府。鄒容在《革命軍》中大力宣傳革命，章太炎為他作序，極力推崇這部著作。章太炎還在《駁康有為論革命書》中，公然稱當時的皇帝載湉為「小醜」。上述文字發表後，轟動了整個社會。因蘇報館和章、鄒二人都在租界裡，於是清政府便和帝國主義分子勾結，共同迫害革命黨人。

西元 1903 年 6 月 30 日，上海租界工部局的外國巡捕和清政府的警探一起到愛國學社捉人。章太炎並沒有逃走，他說：「革命就要流血，怕什麼？清政府捉拿我，如今已經是第七次了。」當巡捕和警探闖進愛國學社時，章太炎迎上前去，指著自己的鼻子說：「別的人都不在，要拿章太炎，就是我。」於是，他被捉到工部巡捕房。這就是歷史上著名的「蘇報案」。

▌歷史評說▌

從戊戌變法到辛亥革命失敗前夕，是章太炎思想最進步的時期，對革命作出了極大的貢獻，影響也很大。對於他早期的成績，魯迅曾給予相當高的評價，說他「七被追捕，三入牢獄，而革命之志，終不屈撓」，譽之為「後生的楷模」。

章太炎的一生屢次被追捕、入獄，甚至生命安全都受到了威脅，不過他從未因此而屈服，從未因此而放棄了自己的信念和理想。信念與理想其實就是人的精神支柱，它使人的生命得以存續，使人的靈魂有所寄託，使人看到生活的希望而確信生存的價值。

▌主要著作年譜▌

01. 西元 1900 年　《訄書》：章太炎的主要哲學著作，展現了他的維新
　　變法思想

02. 二十世紀初　《國故論衡》：章太炎著作集

03. 二十世紀初　《章氏叢書》：章太炎著作集

04. 二十世紀初　《章氏叢書續編》：章太炎著作集

西方著名哲學家
（以時間、國別為序）

古希臘

● 哲學與科學的發端者 —— 泰利斯

「認識你自己。」

—— 泰利斯

▌人生傳略▌

泰利斯（Thales of Miletus，約西元前 624 ～ 547 年）是西方哲學史上第一個學派 —— 米利都學派的創始人，也是西方哲學史上第一位著名的哲學家。

關於泰利斯的確切生卒年代，現已無從查考，人們只是大致根據有關記載來判斷。據第歐根尼‧拉爾修（Diogenes Laertius）說，他是在奧林匹克賽會間（西元前 548 ～ 545 年），在觀看比賽時，由於衰老再加上酷熱、乾渴而死的，終年 78 歲。關於泰利斯的家族以及血緣也有不同的說法，有些人認為泰利斯的父母是腓尼基人，泰利斯跟被驅逐出腓尼基的尼雷，一起來到米利都才得到了米利都的國籍，但是大多數學者都主張他是純米利都人，並且出生於米利都的名門望族。

泰利斯的生平活動人們所知甚少，有些活動被當成軼事記載在後人的書中。他是古希臘著名的「七賢」之一，而且他還是第一個得到這個

稱號的人。儘管在後人書中所舉的賢人名單各不相同，但泰利斯總被認為是最著名的賢人。有人說他沒有結過婚，而且一直過著獨身隱居的生活，與大眾事務漠不相關。不過大多數著作的記述表明，泰利斯曾遊學到希臘、雅典等地，以及亞細亞、美索不達亞、埃及。泰利斯是一個熱心參與當時政治和科學活動的學者。

在政治上，泰利斯被認為是一名深謀遠慮的人。他曾在利底亞國王派遣使節來到米利都要求結盟時，勸阻了米利都人，從而免受後來利底亞被普魯士滅亡的牽連。他也曾作為顧問隨利底亞國王出征，採用開挖新河道使河道轉向的方法，幫助國王渡過哈利斯河等等。泰利斯在結束政治生涯後，又轉向研究自然科學。在天文學、數學、物理學、航海學和工程學等方面，都獲得頗高的聲譽。

在天文學方面，泰利斯堪稱是最早的天文學家。他是第一個預言日食時間的人；第一個明白地提出「冬夏至」說法的人；第一個提出太陽和月亮的大小，都是各自軌道 1/720 的人，並且提出了月亮只有太陽的 1/120 大。他已發現了冬夏至和春秋分，並確定了太陽從起點到止點的行程。他提出了年為四季，並把 1 年分為 365 天的曆法。他也是第一個把一個月的最後一天，叫做「三十日」的人。他還把天文氣象的知識運用於實踐，解釋了每年夏季的季風是尼羅河氾濫的原因。他發現測量了小熊星座，並認識到小熊星座是比大熊星座更好的尋找北極星的標準。

在數學方面，他是西方最早的數學家。當代國外學者格思里說，他在埃及期間已經了解幾何學方面的研究成果並加以發展。泰利斯將幾何學引進希臘，也曾根據投影測定金字塔的高度，還發現了許多數學定理。

▌主要思想及著作▐

　　泰利斯的研究興趣十分廣泛，他的研究涉及兩百多個方面的問題。但是有關泰利斯的著作，歷史上一直眾說紛紜。有人說他沒有留下什麼作品，也有人說他只寫了兩篇專題論文，即〈論冬夏至〉和〈論春秋分〉。不過無論如何，人們都承認古希臘第一個真正研究自然問題的人就是他。也正是由於他對自然的深入研究，產生了他可貴的唯物主義哲學思想。他力圖用自然本身來說明宇宙萬物的本質，所以泰利斯的哲學又稱為自然哲學。

　　身為古希臘第一個哲學家，泰利斯的思想是比較簡單的，其基本內容大致可概括為「水是萬物的始主」這一命題。他把水看作是宇宙的本原與實體，萬物都是從水而來，是水的變形，萬物又都復歸於水。水包圍著大地，大地在水上漂浮，不斷從水中吸取它所需要的養料。這種看法，與我們今天對世界的認識相比，未免太幼稚膚淺了。然而在人類剛剛由神話傳說向哲學思維過度的時代，這具有十分重大的意義。黑格爾（Georg Wilhelm Friedrich Hegel）認為這個命題「是哲學命題」，哲學就是從這個命題開始的」。

　　泰利斯之所以把水當成世界萬物的始基，顯然是由於他看出了水這種生命不可缺少的元素，對於人們的日常生活和社會生產的特殊重要意義。這也說明了泰利斯的哲學思想，是古代人在當時的認知水準上，對自身生活經驗和生產實踐經驗在理論上的概括總結。

▌名人事典▐

　　有這樣一則傳說，人們有一次用漁網打撈到一個三腳鼎，經過一番爭論，最後決定將它獻給當時希臘最有智慧的人，結果獻給了泰利斯，

而泰利斯在經過謙讓之後，將它獻給了阿波羅神。還傳說泰利斯為了表明致富不難，在橄欖收穫季節臨近時，預見到將會獲得豐收，便將所有油坊都租了下來，結果賺了大量財富。

此外尚有這樣一個記載，據說泰利斯由於觀察星象而凝視天空，結果跌進一條溝中而遭到一個婦人的嘲笑，說他連自己腳下的東西都看不見，還想去知道天上的事情。其實，泰利斯所尋找的，正是宇宙的本質和世界上優美、智慧的東西。他提倡好學深思，在別人問他什麼事情最困難時，他說是「了解自己」。我們所熟悉的「認識你自己」這句話，實際上是泰利斯所說的。當有人問他什麼樣的人才幸福時，他答道：「身體健康，心靈智巧，性格溫和。」

▌歷史評說▐

泰利斯力圖從自然本身說明自然的客觀態度，以及從個別事物抽象出一般原則的思維方法，這讓他創立了區別於原始神話世界觀的自然哲學，這是人類開始從宗教迷信中解放出來的重要象徵，對當時的社會變革有著重要的促進作用。泰勒斯的哲學與科學思想，反映出新興工商業奴隸主破除迷信、發展科學與生產的要求，也為他們進步的政治主張提供了理論上的根據。他的思想在米利都派哲學的另兩位代表人物的學說中，得到了繼承和發展。

泰利斯以及整個米利都學派的哲學，「在希臘哲學的多種形式中，差不多都可以找到以後各種觀點的胚胎、萌芽」。如果說整個希臘哲學為後來西方哲學的發展奠定基礎的話，那麼米利都派哲學則為希臘哲學的發展開了先河，身為米利都學派創始人的泰利斯，是永遠值得我們銘記的一位偉大先哲。

　　對於希臘人來說，哲學不是一門學問，而是一種以尋求智慧為目的的生存方式。質言之，乃是一種精神生活，我相信這個道理千古不易。泰利斯的「認識你自己」成為歷代哲人內求自醒的至理名言。一個人倘若能從心靈中汲取大部分的快樂，他的生活就少了一些物欲的困擾，必能輕鬆許多，自在許多，也快樂許多。

● 神祕的思想，睿智的哲人 ── 畢達哥拉斯

> 「一切其他事物，就其整個本性來說，都是以數為範型的。」
>
> ── 畢達哥拉斯

▌人生傳略▐

　　畢達哥拉斯（Pythagoras，約西元前 570 ～ 490 年）的生平和具體主張，以及由他建立的學派之演變，可以說是整個希臘哲學史上最複雜的現象之一，許多哲學史家認為，要將它們弄清楚，幾乎是不可能的。

　　首先，古代關於畢達哥拉斯的生平和學說，並無確鑿可靠的記載，有關的記載幾乎都是彼此矛盾的。其次，由他建立的學派，存在的時間很長，從西元前 6 世紀末開始，一直到西元 3 世紀羅馬帝國時期，幾乎有 800 年之久；而這個學派又把學說都歸於創始人畢達哥拉斯一個人，並有保守祕密、不外傳學說的傳統。以至直到西元前 4 世紀，要獲得該學派學說的知識是不可能的。因此，只能根據其他學者的有關記載，介紹他的生平與學說。

　　畢達哥拉斯於西元前 570 年左右，出生於希臘的殖民城邦薩摩斯島，他的父親是一個指環雕刻師。根據當時的傳統，畢達哥拉斯本人很

可能也受過這方面的訓練，甚至從事過這方面的職業。但也有資料顯示他的父親是一名商人，甚至是一名富裕的商人。畢達哥拉斯正是從商業的實際應用中，產生出對「數」研究的熱情。

畢達哥拉斯思想的成長，不僅直接受到米利都學派代表人物的直接影響，並且由於他長期在埃及、巴比倫等地貿易和遊學等，從而深受東方文化的薰陶。移居克羅頓後，又接觸了在南義大利流行的奧菲教派宗教思想。畢達哥拉斯正是揉合了這三股思潮，從而建立了他充滿神祕主義氣息的體系和學派的。

早在青少年時代，畢達哥拉斯就熱衷於從事學術活動和宗教神祕儀式、祭典等。據說，他曾經到過離薩摩斯島不遠的米利都，從師學習於米利都派創始人泰利斯。後來又背離了米利都學派。約西元前 538 年，畢達哥拉斯離開薩摩斯島，開始了為期 20 年左右的長期遊學活動。

其間，他在埃及有 10 年之久，不僅學習埃及的文字，並且進入他們的廟宇當僧侶，通曉他們的宗教思想和自然科學的成就等。無疑，埃及的 10 年，在他一生的道路上，造成了重大的影響。西元前 525 年，波斯征服埃及，畢達哥拉斯被當成戰俘遣送到巴比倫，繼續從事數學、音樂理論、天文學等的探討。西元前 520 年左右，離開巴比倫重返薩摩斯島，鑒於該島在波斯的占領下，各方面都日趨衰落，最後轉去南義大利的克羅頓。

畢達哥拉斯一到克羅頓就受到盛大的歡迎，應邀對各階層發表演說。不久，他在當地獲得崇高的聲響，被當作半人半神的人物來崇拜。畢達哥拉斯到達克羅頓以後的二十年間，憑藉一手組織起來的盟會，展開了廣泛的活動，對當地的政治、宗教，以及自然科學的研究和哲學思想，發生了巨大影響，並操縱了克羅頓等地的貴族政體政權。隨著時間

的推移，他的學派受到兩股政治力量的反對和打擊，他本人就是在第一次打擊中去世的。

第一次打擊大約發生在西元前 500 年左右，是由以庫隆為代表的上層貴族發動的。畢達哥拉斯由於預見到這場叛亂即將到來，事先就離開了克羅頓，避居南義大利另一個城邦梅塔蓬圖，後來餓死在該地的一座文藝女神繆斯的神廟中。

▌主要思想及著作▌

（一）由於畢達哥拉斯學派是一個神祕的宗教、政治團體，其思想學說不外傳，因此他們有無著作已不可考，其主要思想也只能從其後的一些學者的記載中窺知一二。

畢達哥拉斯學派的根本思想，認為整個宇宙包括社會生活是統一和諧的。而統一和諧的根本原因是「數」。數是萬物的本原，事物是模仿數的。那麼，數是怎樣產生萬物的呢？他們說：「萬物的本原是一，從一產生出二，二是從屬於一的不定質料，一則是原因。從完滿的一與不定的二中產生出各種數目；從數產生出點；從點產生出線；從線產生出面；從面產生出體；從體產生出感覺以及一切形體，產生出四種元素：水、火、土、氣。這四種元素以不同的方式互相轉化，於是創造出有生命的、精神的、球形的世界。」

（二）關於靈魂的學說，是畢達哥拉斯哲學思想的重要組成部分。他對靈魂的看法是矛盾的，一方面認為靈魂是「以太」的碎片，充滿於整個空氣中，在人身上是最有力的部分；另一方面，又宣揚靈魂不死和靈魂轉世的觀點。認為靈魂與身體不同，靈魂是由不死的元素構成的，是不死的。靈魂可以脫離肉體而獨立存在，它與肉體的結合只是暫時的，

當一個生物體死亡時，靈魂就會轉移到另一個生物體中，這種轉移叫做「輪迴」。

他把肉體視為靈魂的墳墓，是束縛和玷汙靈魂的東西。因此，只有把靈魂從肉體中解脫出來才能淨化靈魂。為了淨化靈魂，就必須遵守各種戒律。

▌名人事典▐

埃及人比任何民族都遠為相信宗教，有著許多的宗教習俗。畢達哥拉斯受其影響，也有一系列相類似的禁忌或誡命，如：不要用刀子撥火，不要使天平傾斜，不要坐在量斗上，禁食紅魚和黑尾魚，還禁食動物的心臟和豆子等。在他們看來，豆類是一種不淨之物。

畢達哥拉斯學派對數有著特殊的痴戀，他們把一切都與數連繫起來。他們說「一」是眾神之母，「二」是意見，「五」是結婚，「十」是最完滿、最神聖的等等。

▌歷史評說▐

畢達哥拉斯是最初的唯心主義哲學的代表人物，他的思想對柏拉圖發生過深刻的影響。後來的新柏拉圖主義者和亞歷山大里亞的學者們，也十分重視畢達哥拉斯及其學派。

人們常常談論藝術家的氣質，卻很少想到當哲學家也需要一種特別的氣質。人處在時間和空間的交叉點上，作為瞬息和有限的存在物，卻嚮往著永恆和無限。人類最初的哲學興趣起於尋找變中之不變，相對中之絕對，正是為了給人生一個總體說明，把人的瞬息存在與永恆結合起來。追究人生的根底，這是人類本性中固有的形而上學衝動，而當這種衝動在某一個人身上異常強烈時，他便是一個有哲學家氣質的人了。畢

達哥拉斯無疑屬於這種人，他在數中尋找著萬物的本原，在生命的存在中尋找著靈魂的永恆。在如此久遠的年代裡，向我們展示著人類思想的深刻性。

● 晦澀的隱語，孤傲的心靈 ── 赫拉克利特

「上升的道路與下降的道路是同一條道路。」

── 赫拉克利特

▌人生傳略▌

赫拉克利特（Heraclitus，約西元前 540 ～ 480 年）出生在小亞細亞瀕臨愛琴海岸的希臘移民城邦愛菲斯。他出身於貴族家庭，一生都保持著十足的貴族氣息，極端蔑視民主政治。他為人嚴肅，愛批評，情緒悲觀，評價人時能獨立思考，卻武斷、驕傲，好吹毛求疵。他十分輕視海希奧德（Hesiod）、畢達哥拉斯和色諾芬尼（Xenophanes）以至荷馬（Homer），並矜誇他自己的修養。他說：「博學並不能訓練頭腦，如果能的話，它早就令海希奧德、畢達哥拉斯和色諾芬尼聰明了。」赫拉克利特的文筆晦澀，可能是故意如此，後人因此稱他為晦澀哲人。不他是一名出色的作家，總有機智而富於創造性的言論，致力於發表神諭性的言辭，卻並不試圖加以證明。

愛菲斯，根據傳統的說法，是由雅典的最後一位國王科德魯斯的兒子安德諾克魯斯建立的。愛菲斯的王族顯然以有這種傳說中的、雅典古代有名望的王族連繫而自豪，並且這個王族的後裔還擁有繼承這個城邦王位的特權。根據記載，赫拉克利特就出身於這個王族家庭，而且他本

人是有王位繼承權的。

從赫拉克利特後來的經歷和哲學成就，顯然可以看出，這位「王子」的青少年時代是幸運的。不過他絕非歷史上那種多如牛毛的、令人齒冷的紈褲子弟，而是一位自幼天資聰穎、深思好學的好青年。良好的社會條件和文化薰陶，讓他獲得了極其寶貴的文化修養、廣闊的精神世界和深邃的洞察能力。這一切對於他哲學思想的形成和發展，無疑具有決定性作用，可以說為他今後將會建造起來的哲學大廈，奠定了牢固的基礎。

如果說赫拉克利特的青少年時代是在幸運中度過的，那麼，他的後半生則是走在一條荊棘叢生的道路上，飽經風霜，歷盡憂患。

西元前 500 年，「希波戰爭」爆發，這場歷時數十年之久的戰爭中，愛菲斯屈服於波斯人的鐵蹄之下。赫拉克利特自鼎盛年起，就生活在這種戰亂之中了，一直到他辭世之日，希波戰爭還未有窮期。作為希波時代精神的哲人，和與政治生活有緊密連繫的王位繼承人，赫拉克利特無法不深切地感受到，這種異族統治者淫威下的生活痛苦。有記載說他將繼承王位的特權讓給了兄弟，就是在這種情況下發生的。這是可以理解的：即使無力粉碎波斯人的桎梏，也不能扮演政治上恭順奴僕的角色。他隱退到了「阿蒂蜜絲」（希臘神話中的狩獵女神）的神廟，過著隱士般的生活。

赫拉克利特的晚年生活是悽楚的。這首先不是指物質方面，而是精神上的「亡國之痛」。在他眼裡不僅波斯壓迫者是可憎的，就是那些在波斯人鐵蹄下，仍然平靜如常地生活的愛菲斯人，也使他痛心。他說：「最優秀的人寧願取一件東西，而不要其他一切，就是寧願取永恆的光榮，而不要變滅的事物。可是多數人卻在那裡像牲畜一樣狼吞虎嚥。」的確，

赫拉克利特的奴隸主貴族身世，也培養了他性格中孤高的一面。他在祖國的危亡之秋，眼前浮現了一片悲慘的黑暗。他詛咒一切，包括他看來是處於麻木狀態的同胞。

赫拉克利特大約死於西元前 480 年，享年 60 歲左右。他的死，一說是由於水腫病沒有得到有效的治療，這也許是營養不良或食物中毒所致，也有人說他是死於其他疾病。

▌主要思想及著作▌

據說，赫拉克利特的哲學著作叫做《論自然》。它分為三個部分，第一部分是論宇宙；第二部分是論政治；第三部分是論神學。他的哲學思想就反映在這部著作中。

（一）赫拉克利特學說中的根本思想是：宇宙處於永不止息的變化狀態中。「人不能兩次踏入同一條河流，因為新而又新的水不斷地往前流動」。為了發揮不斷活動的思想，他選擇了他所知的某種最容易動的、永不靜止的東西，作為他的原始基質，這就是永生的火。他認為火是有機體根本的基質和靈魂的本質。

火變成水，又變成土，而土又還原為水和火，「因為上升的路和下降的路是一條路」。「萬物變成火，火變成萬物；正如貨物換成黃金，黃金換成貨物一樣」。事物好像是永恆的，因為我們看不見事物中不斷地運動，事物在一方面有所失，在另一方面又有所得。原始的統一是不斷地活動和變化的，永不停止。它的創造是毀滅，毀滅是創造。每一種東西都這樣變成它的對立面，因此每一種東西都是對立性質的統一。比如，音樂中的和諧就產生於高低音調的結合，即對立面的統一。

（二）在赫拉克利特看來，人類的靈魂是永恆之火的一部分，靈魂是

身上發揮支配作用的因素，接近於神聖理性。人類必須服從於普遍的理性，服從於流行於萬物中的法則。人生充其量不過是一場悲慘的遊戲，「人像夜間的燈光，點燃起來而又吹滅了」。他對流行的宗教也只有輕蔑：「他們用血來滌除罪行，有如一個人已經踏入泥沼之中，要用泥漿來洗掉泥漿一樣。如果有人看見他這樣做，會認為他在發瘋。」

▌名人事典▌

1、赫拉克利特隱居神廟時，經常在神廟附近和孩子們玩骰子。這種古怪的行徑使愛菲斯人感到相當有趣，許多人來看熱鬧、起鬨、嘲笑。這時，他向喧囂的人群丟擲了一句無比輕蔑的話：「無賴！有什麼可大驚小怪的，這豈不比和你們一起搞政治更正當嗎？」有一次，有人問他為什麼保持沉默？他回答說：「為什麼？好讓你們去嘮叨！」在這孤傲的外表下，包含了多少他對自己的城邦遭受凌辱而感受到的痛苦。在憤世嫉俗的冷漠中，表現了他對自己的家園深沉的愛。

2、居魯士的繼承人、醉心戰爭和征服的大流士一世（Darius the Great），曾經寫信給赫拉克利特說：「你是《論自然》一書的作者，而這部書是難於理解和難於解釋的⋯⋯因此，大流士國王希望享有你的教導和希臘的文化。請你盡快到我的宮廷來見我⋯⋯在我的宮廷裡，保證你享有一切方便和每天都有一種有價值的好對話，並且安度符合你意圖的生活。」赫拉克利特斷然拒絕了這個命令式的邀請。

他回信說：「所有世上的人都遠離真理和正義，而由於邪惡的愚蠢，他們投身於貪婪中並渴求名望。但是我，卻忘卻所有的邪惡，避開與妒忌密切相聯的通常厭膩，並且由於我有一種對顯赫的恐懼，而滿足於渺小，如果那個渺小是專屬於我的心靈的話。因此，我不能到波斯來。」這

個故事和信件，刻劃了這位哲學「怪傑」的剛正性格，和對權勢炙人又想附庸風雅的國王的蔑視和鄙夷。

▌歷史評說▐

赫拉克利特的思想，在相當長的時期內是毀譽參半的。隨著辯證法思想在近代的發展，赫拉克利特的固有光彩，才重新吸引了人們的注意和讚賞。黑格爾曾對赫拉克利特給予極高的評價，他說：「像在茫茫大海中航行，這裡我們看見了新大陸；沒有一個赫拉克利特的命題，沒有納入我的邏輯學中。」赫拉克利特的辯證法思想，猶如一塊璞玉歷經種種磨練，其美玉之質歷久彌新。

赫拉克利特總是用晦澀的隱語表達自己的思想，這是可以理解的。一個好的哲人在接近自然的奧祕時總是懷著兩種心情：他既像孩子一樣懷著遊戲的激情，又像戀人一樣懷著神聖的愛情。他知道真理是不易被捉到，更不可被說透的。真理躲藏在人類語言之外的地方，於是他只好說隱語。

哲學家總是在捕捉那看不見、摸不到的東西，一旦捉住了，成了看得見、摸得著的東西後，卻又不再是他要捕捉的東西了。他永遠在尋找，永遠找不到。

他怎麼知道身上還有蝨子呢？他癢。醫生說，未必是蝨子，也許是皮膚病，或者竟是神經病。但赫拉克利特會告訴你，醫生也不過是芸芸眾生罷了。

▌主要著作年譜▐

前 5 世紀　《論自然》：闡發其自然哲學的代表作

● 不愛江山愛學問 —— 恩培多克勒

「愛使事物結合，恨使事物分離。」

—— 恩培多克勒

▌人生傳略▐

　　恩培多克勒（Empedocles，約西元前 495 ～ 435 年），是西元前 5 世紀後半葉古希臘著名的自然哲學家，也是當時最傑出的醫生和自然科學家之一。他出生在西西里島南部城市阿克拉加斯。關於他的生卒年月，現在已經難於確考。有人說他活了 77 歲，也有人說他活了 109 歲，而亞里斯多德（Aristotle）說他活了 60 歲。一般認為，後一種說法比較可信。

　　恩培多克勒的故鄉阿克拉加斯，是西西里島上一個美麗富饒的奴隸制城邦，同時也是一座著名的文化古城。奴隸主民主政治的發展和工商業的繁榮，為科學文化和哲學思想的萌育提供了良好的條件。可是，奧菲斯教和畢達哥拉斯盟會在當地的精神生活中，發揮了十分重大的作用，傳統的迷信依然禁錮著人們的頭腦。就是在這樣一座城市裡，恩培多克勒度過了他的豐茂年華。這種特定的社會環境，無疑會對恩培多克勒的思想形成產生深刻的影響。一方面，促使他努力探索自然科學知識；而另一方面，又使他難以擺脫宗教迷信思想的束縛。

　　恩培多克勒出生、成長的家庭，是阿克拉加斯的一個顯貴世家。這個家庭經濟上十分富有，政治上屬於奴隸主民主派。他的祖父曾在第七十一屆奧林匹亞賽會上獲得賽馬獎，這在當時是一種非常高的榮譽。他的父親是城邦政治生活中的活躍人物，曾經積極參與推翻僭主政治、建立民主政權的活動。恩培多克勒是一位敏銳果斷、才華出眾的奴隸主

民主派政治家。相傳他曾參加過反對僭主政治的鬥爭，因而成為頗有聲望的民主政治的領導人物之一。但他從不迷戀於權力地位，反對個人高踞於大眾之上。近代的許多政治家都把他奉為民主政治的先驅者。

但是恩培多克勒在歷史上的地位，主要不是作為政治家，而是以哲學家、自然科學家和著名醫生而名垂史冊的。相傳他是畢達哥拉斯的兒子的學生，也是著名的西西里醫學學派的創始人之一，醫術甚為高明。他在觀察天文、物理、生物、生理等方面，有不少傑出的貢獻。恩培多克勒的一生充滿著傳奇色彩和神祕氣息，並與宗教活動緊密連繫。他往往把自己打扮成一個呼風喚雨、驅邪祛病的神明，以冀贏得人們的崇拜。他還是當時著名的演說家，亞里斯多德稱他是「修辭學」的發明者。

大約是由於阿克拉加斯政治風雲的變化，導致恩培多克勒後來成為一名流亡者。據說，他的政敵利用他外出的機會放逐他，並且一直拒絕他返回故鄉。他的晚年是在伯羅奔尼撒度過的，直到去世。

▌主要思想及著作▌

關於恩培多克勒的著作，學者們眾說紛紜。其公認的主要著作是兩首長詩，即〈淨化〉和〈論自然〉，現在僅留下一些殘篇。〈淨化〉是一首布道的宗教詩，反映了他的早期思想；而〈論自然〉則迥然不同，是一首探索自然奧祕的哲理詩，屬於成熟時期的著作，代表著他的哲學思想的主流。

（一）四根說

古希臘早期的思想，大都是圍繞著所謂始基（本原）問題開始的。恩培多克勒也不例外。他所提出的「四根」說，首先回答的正是世界的本原問題。這是他思想的核心，也是他在哲學史上的重大貢獻。恩培多

克勒借用古代希臘神話中的四個神的名字，來喻指他所說的水、火、土、氣四種根。在他看來，這四種根就是構成世界萬物的最初本原。它們既不能產生，也不能消滅，充滿並構成世界。由這四大元素構成的世界萬物，都是按照一定的比例關係組合的。因為各種事物所含元素的比例關係不同，所以它們的性質和形態就各不相同。

(二)「愛」與「憎」

恩培多克勒提出了「愛」與「憎」，作為世界萬物運動變化的兩種力量。它們首先是指四大元素結合與分離的一種吸引與排斥的力量。主要表現在以下幾個方面：（1）愛與憎這一對力量和四大元素一樣，是萬古長存的；（2）愛是一種建設性的力量，它使元素互相吸引，結合為一；而憎是一種破壞性力量，它使元素相互排斥，彼此分離，但二者是相輔相成的；（3）愛存在於四大元素中間，而憎則存在於四大元素之外。

(三) 流射說

恩培多克勒在他的〈論自然〉中，首先考察了認知的途徑問題。在他看來，人的認知是透過各種感官獲得的。進而他又研究了感覺與感覺對象之間的關係問題，他認為感覺器官和感覺對象一樣，都是由四大元素構成的，並且都受愛與憎的支配。因此，它們是相通的，它們都可以向外流射出精細的物質流，兩股物質流在透過感覺器官的孔道時彼此相遇，互相溝通，由此便產生了各種感覺。

▌名人事典▐

1、恩培多克勒酷愛自由，反對任何一種統治。據記載，人們曾要他當國王，但被他拒絕了。他寧願過一種簡單的生活，也不願當一個統治

者。他作為民主派政治家的形象，在歷史上一直受到讚頌。據說在阿克拉加斯和後來羅馬共和國的元老院前，都曾建立過恩培多克勒的雕像。

2、恩培多克勒是大概在西元前 435 年流亡時期，死於伯羅奔尼撒的。相傳他是跳入埃特拿火山口而自殺的，不過這並沒有什麼確切的根據。

▌歷史評說▌

在古希臘早期哲學的發展過程中，恩培多克勒具有承前啟後的歷史地位。他將以往的哲學成果綜合為一個系統，綜合中有創新，繼承中有發展。他透過對物質始基的多元化探討，將素樸的唯物論推進到一個嶄新的階段。對後來的哲學，尤其是亞里斯多德哲學產生了很大的影響。

雪萊（Percy Bysshe Shelley）曾說，古希臘史是哲學家、詩人、立法者的歷史，後來的歷史則變成了國王、教士、政治家、金融家的歷史。他不只是在緬懷昔日精神的榮耀，而且是在嘆息後世人性的改變。最早的哲學家是一些愛智慧而不愛王國、權力和金錢的人，由其可以理解恩培多克勒拒絕王位的原因。自從人類進入成年，並且像成年人那樣講求實利，這樣的靈魂是愈來愈難以產生和存在了。

▌主要著作年譜▌

01. 前 5 世紀後半葉　《淨化》：向大眾布道的宗教詩，反映了恩培多克勒的早期思想

02. 前 5 世紀後半葉　《論自然》：探索自然奧祕的哲理詩，反映恩培多克勒成熟時期思想

● 第一位百科全書式的學者 —— 德謨克利特

「人們在祈禱中請求神賜給他們健康，卻不知道他們自己是健康的主人。」

—— 德謨克利特

▌人生傳略▐

德謨克利特（Democritus，約西元前 460 ～ 361 年）是古希臘偉大的唯物主義哲學家。他精通物理學、倫理學、數學、醫學、藝術等等，也考察過天文、地理、氣象、編過曆法等等，是亞里斯多德以前唯一的、百科全書式的卓越學者。他出生於希臘本土東北端的阿伯德拉。生卒年月難以斷定，古代文獻關於他的壽命有種種說法：90 歲，95 歲，100 歲，109 歲。可以斷定的是，他必定享有罕見的高壽。

德謨克利特漫長的一生，橫跨兩個世紀，經歷了奴隸主民主制由盛轉衰，而科學精神一直勃興的時代。他的童年時期，正值希波戰爭結束，雅典為首的希臘盟邦澈底粉碎了波斯帝國的大舉入侵。伯利克里斯（Pericles）登上歷史舞臺，古希臘進入黃金時代。那種政治革新、經濟繁榮、文化昌盛的生動局面，那種百家爭鳴的科學探討精神，造就流芳百世的一代文明。德謨克利特深深感受並熱誠擁護這種民主和科學的時代精神，從中汲取思想的泉源。

德謨克利特的父親在本地相當有資產和地位。據說在希波戰爭中，波斯王率軍經過時，受到這位富豪的款待，就留下了一些有學問的僧侶和星相家給他作為報答。小德謨克利特心智聰慧，以這些東方高級知識人士為啟蒙老師，學習天文和神學。他年少好學，醉心於研究學問，據

說他占了家中花園裡一間小屋，成天面壁苦讀。一天，他父親宰了一頭供獻祭的牛放到他附近，他竟很久沒有察覺。他毫無紈褲氣息，冷漠財富，孜孜於探求科學真理。當有限的書本不能滿足自身的求知慾時，他便決定走向廣闊的世界，尋求更多的知識。

當時正好要分家，他的兩個兄弟算計到他急需現金以供外出遊歷，就劃出最少的一份現金，他果真只要這一份，全都花在學術旅行上。他遊歷之廣，當時只有歷史學家希羅多德（Herodotus）可相比。他自稱：「在我同輩的人當中，我漫遊了地球的絕大部分，探索了最遙遠的東西，看見了最多的土地和國家，聽見了最多的、有學問之人的講演。」東方之行是他廣博知識的重要來源之一。遠遊歸來，一貧如洗，他只得靠其兄弟維持生活。但他已富有科學知識，料事如神，在當地十分有名氣。

德謨克利特畢生是一位學者、不重名望的謙謙君子，沒有直接參與過政治鬥爭。他性情平和，為人善良，堅忍剛毅，處世達觀開朗。他在年邁花甲之前訪問過雅典，並不急於為人所知。那時蘇格拉底（Socrates）已名噪一時，而他在雅典卻默默無聞，他認識蘇格拉底，蘇格拉底卻不認識他。但在他的母邦阿伯德拉，他的學術已為他確立了不朽的名聲。秉性謙遜善良的德謨克利特認為，死亡不過是返歸自然，他高壽之年，從容安詳地離開了人世。他所在的城邦為他舉行了隆重的葬禮。

主要思想及著作

德謨克利特是勤於著述的多產作家，其卷冊之多，內容之廣，在當時是無與倫比的。據古代學者敘述，他的原著文筆優美，邏輯嚴密，非常有說服力。可惜，他的原著基本都已遺失了。只能從別人的著作中轉述的殘篇裡，了解他的主要思想。

德謨克利特的主要思想，就是他的原子論。他認為，原子是一種不可見的、不可再分的物質粒子。原子的基本屬性是「充實性」，沒有空隙，不可毀滅。一切事物都是由原子和虛空構成的。原子在虛空中不斷地運動，就像日光中所見的灰塵那樣，向四面八方運動。它們互相碰撞形成漩渦，這種漩渦運動就是一切事物形成的原因，而這種漩渦運動就是「必然性」。

▌名人事典▌

1、據說，德謨克利特料事如神。盛暑割麥，他勸大家立即停止，先去收藏已割下的麥子，有人看到天氣晴朗便沒有停下。未幾，果然來了暴雨，不聽信他的人大受損失。他還觀察星相，預言橄欖收成和油價昂貴。凡此種種，使他的同胞們十分驚訝，在生產和工商經營上收益良多，齊聲讚揚他是「聖賢」，甚至是配神的榮譽之人。

2、據說西醫之父希波克拉底（Hippocrates）曾去拜訪過德謨克利特，見他坐在一棵大樹下，周圍堆著解剖的動物軀體。他款待希波克拉底，吩咐人取來奶，檢查一番後，說這是剛生了第一胎的那隻黑羊的奶，客人十分驚異，欽佩他觀察之細。

3、據記載，他知道當地的法律不允許耗盡祖產的人在本土上接受葬禮，他又不願那些妒忌者、告發者藉此擺布他，就在人們面前誦讀他的著作，結果人們不僅答應了給他豐厚的報酬，還替他立了銅像。

▌歷史評說▌

德謨克利特綜合早期希臘各派哲學和科學知識，並加以系統化，建立了西方哲學史上第一個較為嚴整的自然哲學體系，把古希臘唯物主義推向高峰，也開啟了以他和柏拉圖、亞里斯多德為里程碑的哲學思想系

統化的新階段。他在西方哲學史上占有崇高的地位，他的理論所涉及的一些自然哲學意義的重要問題，至今仍由科學家們在探討，從而開拓科學前進的道路。英國科學史家丹皮爾將德謨克利特和牛頓相提並論，說他們都是「人類中傑出的天才」。

在艱難中創業，在萬馬齊喑時吶喊，在時代的舞臺上叱吒風雲，這是一種追求。

在淡泊中堅持，在天下沸沸揚揚時沉默，在名利場外甘於寂寞和清貧，這也是一種追求。

追求未必總是顯示進取的姿態，德謨克利特顯然屬於後者。

● 為真理而獻身的聖人 —— 蘇格拉底

「我只知道一件事情，那就是我什麼也不知道。」

—— 蘇格拉底

▌人生傳略▌

蘇格拉底（西元前 469 ～ 399 年）是古希臘著名哲學家，他出生於雅典一個普通公民的家庭，據說他的父親是一個石匠，母親是助產婆。他早年繼承父業，從事雕刻石像的工作，後來研究哲學。

蘇格拉底是雅典的名人，他那獨特的生活方式以及怪異的性格，過人的才智和他那對雅典人來說顯得離奇的見解，都可能是他出名的原因。蘇格拉底從來就不是雅典人審美標準上的那種儀表堂堂的男子漢，據說他的長相極醜，大扁臉，突眼睛，朝天鼻，嘴巴奇大無比而且嘴唇特厚。而他又經常說到美之類的東西，這甚至使他的學生不禁向他提

問：「你如何說明自己的美呢？」這位哲學家不無自嘲地給出了這樣的回答：「實用的才是美的。」一般人的鼻孔朝下，因而只能聞到自下而上的氣味，而他的鼻子則可以在更廣闊的範圍內嗅出氣味；至於那大嘴巴、厚嘴唇，則無疑能夠使他的吻比一般人來得更有力而且接觸面更大。他唯一覺得不太方便的就是他大得「超出了自己希望」的肚皮，因而時時不顧別人的驚訝靠跳舞來減肥。

他一年四季總是穿著一件不換的大裙子，光著腳滿街與人辯論，而且幾乎不洗澡。他身體奇好，且具有非凡的耐力，即使是在北方的嚴寒中打仗時，也是穿著那件單衣，光著腳在冰面上行走自如。據說他很少喝酒，一旦喝起來，誰也不是他的對手；沒有人見他醉過。每當他進餐時，飢餓感總是他最好的佐料；任何飲料對他來說都是可口的，因為他從來不在不渴的時候喝水。只要一想到什麼難解的問題，那場面就更是令人驚異：人們見過他在一個地方連續站了 24 小時一動也沒動。

蘇格拉底的婚姻生活開始得相當晚，大約四十七、八歲時才結婚，此後生了三個兒子。到他死時大兒子不過二十歲左右，最小的甚至還抱在懷裡。傳說他的夫人脾氣相當暴躁，時常愛發火，甚至引起他的弟子不滿。但是她愛蘇格拉底，甚至看到他在 70 歲以後死去，還不免傷心。對於何以找這樣一個妻子，蘇格拉底給出了這樣的理由：「我要和各種人打交道，若是能忍受她的壞脾氣，在與別人的交談中，就不會有什麼事讓我不快了。」蘇格拉底本人不會承認他是一個教師，因為他不會承認自己有任何職業。他常常在公共場合演講，凡是願聽的人都可以聽，而且不收任何報酬。與他接近的人與其叫做學生，不如叫做朋友，這些人以他為軸心構成了一個小圈子，在一起自由地討論問題。這個圈子中的許多人，後來成為著名人物，如柏拉圖、色諾芬尼、斐多（Phaedo of Elis）等等。

在雅典恢復奴隸主民主制後，蘇格拉底被控以藐視傳統宗教、引進新神、敗壞青年和反對民主等罪名判處死刑，於西元前 399 年飲鴆而死。對蘇格拉底的審判來得突然並且難以理解。雅典的民主制甚至允許人們攻擊她的最高執政官，即使是伯利克里斯那樣的人物，也要親自上法庭申述自己的清白，可雅典人卻是如此容不得哲學家，在民主制剛剛恢復不久，就處死了為他們帶來永久光榮的蘇格拉底。

▌主要思想及著作▐

蘇格拉底沒有寫過什麼著作，他的學說主要是透過學生的有關記載流傳下來的。蘇格拉底的哲學思想，主要展現在以下幾個方面：

（一）心靈的轉向

蘇格拉底以前的哲學都注重對自然的研究，從蘇格拉底開始這種研究發生了轉向，把哲學從研究自然轉向研究自我，即後來人們所說的，將哲學從天上拉回人間。他發現追求自我的途徑，是與追求真知識分不開的。他指出，當時許多自認為最有知識的人，實際上並沒有真正的知識，他們的知識都是經不起詰難和討論的；而蘇格拉底之所以能比他們強，不是因為他有知識，而是因為他承認自己無知識，「我只知道一件事情，那就是我什麼也不知道。」這段自述的哲學意義在於：他認為對自然真理的追求是無窮無盡的；感覺世界常變，因而得來的知識也是不確定的。蘇格拉底要追求一種不變的、確定的、永恆的真理，這就不能求諸外界自然，而要返求於己研究自我。從蘇格拉底開始，自我與自然明顯地區別開來；人不再僅僅是自然的一部分，而是和自然不同的另一種獨立的實體。

（二）靈魂不滅說

蘇格拉底認為，事物的產生和滅亡，不過是某種東西的聚合和分散，而靈魂是不會生滅的。它永恆存在，是一種精神性的實體。

（三）精神助產術

蘇格拉底承認他本來沒有知識，而他又要教授別人知識。這個矛盾，他是這樣解決的：這些知識並不是他灌輸給人的，而是人們原來已經具有的，不過被某種東西矇蔽了，自己還不知道。蘇格拉底像一個「助產婆」，幫助別人產生知識。他以詰問的方式揭露對方提出的各種命題、學說的矛盾，以動搖對方論證的基礎，使對方認識到自己的無知，從而去尋求真正的知識。

▍名人事典▍

西元前 399 年春末的一個黃昏，被雅典法庭判處死刑的蘇格拉底，利用他最後的日子和朋友們談了一天的話，所剩的時間已經不多了。朋友們開始考慮該如何埋葬這位哲學家。「我們將如何埋葬你呢？」克里多問。蘇格拉底不失以往的風度回答說：「隨便好了，只要你們抬得動我，不讓我滑到地上就行。」說完他就走到另一間屋子去洗澡，出來時，妻子和三個兒子來與他做最後的訣別。在獄吏帶著毒藥進來之前，他就把這母子四人打發走了。

獄吏走進昏暗的牢房後，遞上了那杯毒藥，蘇格拉底接過杯子，灑了一點作為對神的獻祭，就一口氣喝了下去。身邊的朋友因為想到失去這樣一位父親般的人不禁痛哭起來。「朋友們，你們怎麼能這樣？」蘇格拉底顯得有些不痛快，「我之所以不讓女人待在這裡，就是害怕如此的喧囂。我一向對你們說，人應當平靜地了結他的一生。」毒藥開始發作，

獄吏幫他躺下，用一塊布蒙上他的臉。然而他突然把布揭開，有如想起什麼大事般對克里多說了他一生最後一句話：「克里多，我還欠阿斯萊庇尤斯一隻公雞，你別忘了幫我送一下。」就這樣，被稱為哲學化身的蘇格拉底，又輕輕動彈了一下自己的身體，安然地死去了。當人們揭開他的布時，發現他的眼睛還是睜著的。

▌歷史評說▌

蘇格拉底使哲學脫離了早期的素樸狀態，進入更加成熟的階段；他將早期希臘哲學家們格言式的思想提到了哲學的高度；他以邏輯辯論的方式啟發思想、揭露矛盾，以辯證思維的方法深入到事物的本質。這一切對哲學思維的發展都有非常大的貢獻，其思想為柏拉圖直接繼承，對後世影響十分深遠。

如果一切為了活著，活著就是一切，人豈不和動物沒有區別？而人畢竟與動物不同，也許關鍵在於，這作為目的的活與動物並不相同。人要求有意義地活著，意義是人類生存的必要條件。蘇格拉底是西方哲學史上第一個為自己的思想而殉難的哲人，他以自己的生命詮釋了人生的意義。

● 一代宗師，千古哲人 —— 柏拉圖

「吾愛吾師，吾更愛真理。」

—— 柏拉圖

▌人生傳略▌

柏拉圖（西元前 427 年～ 347 年）是古希臘著名哲學家。他出身於雅典的名門貴族。父親阿里斯頓據說是阿提剋最後一個王的後裔，母親

是雅典奴隸主民主制的創始人梭倫的後代。出身於這樣一個貴族世系、家庭經濟富裕的柏拉圖，在少年時代就表現出他聰穎的稟賦和多方面的才能。

令柏拉圖的興趣轉向哲學的一個重要契機，是他與蘇格拉底的結識。柏拉圖的舅父及堂舅父都與蘇格拉底有密切地交往，另一方面，喜愛與各種人交談哲學，並視此為自身天職的蘇格拉底，也不會沒有機會認識這位才華橫溢的雅典青年。柏拉圖開始傾心於思考蘇格拉底的哲學，使他邁出了轉向哲學的決定性一步。

蘇格拉底被判處死刑時，柏拉圖悲憤欲絕。他像遭到一場大病襲擊一樣，突然臥病不起，這使得他失去了趕赴監獄與蘇格拉底訣別的機會。這次打擊讓他也像蘇格拉底其他的學生和摯友一樣，離開雅典，僑居墨加拉。其時，柏拉圖 28 歲。從這時起直到他 40 歲返回雅典，經歷了 12 年。這 12 年是柏拉圖遊學各地，在哲學上博採各家，迅速成長的重要時期。

對柏拉圖的一生有深遠影響的，是他與敘拉古僭主狄奧尼西奧斯一世（Dionysius I of Syracuse）及其姻弟狄翁（Dion of Syracuse）的交往，以及他的三次敘拉古之行。狄奧尼西奧斯是一位在軍事、政治上躊躇滿志的君主。他結識和接待柏拉圖，在相當程度上是附庸風雅，以博取禮賢下士的虛名。狄翁當時是一位年剛二十、天資聰穎的青年。他仰慕柏拉圖，希望他能讓敘拉古的政治和文化得到改善。

雖然狄翁的姊姊是狄奧尼西奧斯的妻子，而且狄奧尼西奧斯還把自己的女兒嫁給狄翁，但是，狄翁的開明政治主張和對宮廷奢侈習氣的厭惡，使他在宮廷中不受歡迎。柏拉圖與狄翁之間的親密友誼，已然令狄奧尼西奧斯不快，加之柏拉圖的直言不諱，經常發表刺耳的言論，這

樣，衝突就在所難免。在一次爭吵中，狄奧尼西奧斯勃然大怒，要將柏拉圖處死。後經人勸解，改為將其賣為奴隸。在他被作為奴隸在市場出售時，他的朋友兼學生安尼克里斯付了贖金，使他重獲自由返回雅典。

可是，奇特的機遇竟然讓 20 年後的柏拉圖，暫時放下在雅典學園的學術工作，又作了二訪敘拉古之行。促成的因素是狄奧尼西奧斯一世死了，他的兒子小狄奧尼西奧斯（Dionysius II of Syracuse）繼承了統治權。在狄翁和小狄奧尼西奧斯的歡迎下，60 歲高齡的柏拉圖又萌發了新的希望：試圖教導這位年輕的統治者，以期能實現他的「哲學王」之理想。但是結果令他大失所望，因為小狄奧尼西奧斯是受弄臣包圍、沉溺聲色的碌碌小人。他不但對柏拉圖的學問無心領教，而且對他舅父與柏拉圖的友誼深為忌妒。結果是在柏拉圖到達後的四個月之後，這位小僭主就把狄翁放逐出西西里，柏拉圖也陷入十分危險的境地，後經人斡旋才讓他在兩年後得以平安返回雅典。

不過事情並未就此了結。被放逐的狄翁客居雅典，成了柏拉圖「學園」中學術活動的積極參與者。然而小狄奧尼西奧斯仍然和柏拉圖糾纏不休，一再邀請柏拉圖再去敘拉古，還表示考慮召回狄翁。柏拉圖基於調解小狄奧尼西奧斯與狄翁關係的願望，於西元前 361 年第三次訪問了敘拉古。但是，小狄奧尼西奧斯故技重施，一面敷衍柏拉圖，一面變本加厲沒收了狄翁的全部財產，並迫使他的妻子改嫁。

柏拉圖再一次陷入險境，後經多方營救才得以脫身，於次年返回雅典。柏拉圖的一生經歷了許多曲折，然而在他漫長一生的最後幾年，一定是相當快樂的。桃李滿天下，他的學生們的成功，令他到處受人尊敬。他安居在學園裡，學生愛他正如他愛學生一樣：他既是他們的哲學家和嚮導，又是他們的朋友。

他的一個學生，面臨結婚這個大喜事，邀請他去吃喜酒。柏拉圖年屆八十，也光臨了，並高興地加入歡樂的人群。隨著良辰在歡笑中飛逝，這位老哲學家退到屋中安靜的一角，坐在椅子上小睡。第二天早上，宴席散了，疲倦的狂歡者走過來喚醒他。他們發現那個晚上，他已安詳地、恬靜地從小睡進入長眠了，後來全雅典人送他到墓地。

主要思想及著作

柏拉圖的著作甚多，並都被儲存下來了。主要有：《蘇格拉底的申辯》（*Apology*）、《斐多篇》（*Phaedo*）、《美諾篇》（*Meno*）、《國家篇》、《蒂邁歐篇》（*Timaeus*）、《巴門尼德篇》、《智者篇》、《法律篇》（*Laws*）等等。透過對柏拉圖著作的分析，可以看出他的哲學思想發展，大體上分為三個時期：早期，主要局限於蘇格拉底哲學的思想範圍內，也摻有自己的不成熟思想；中期，發展蘇格拉底的哲學思想建成了理念論體系；晚期，補充和修正以前的哲學思想。

（一）理念論

柏拉圖認為，我們感官所感知的一切具體事物，都是變化不定的，因而是不真實的。所以，由這些具體事物所構成的感性世界，也是不真實的、虛幻的。只有理念才是永恆不變的，它是具體事物的本原，具體事物都是模仿理念而產生的。

（二）知識論

柏拉圖認為，真正的知識必須是確實可靠的，這種知識不能以我們感官所接觸到的可見世界為對象，因為這個世界是變動不居的，是不真實的。只有以永遠不變的、真實存在的理念世界為對象，才能獲得真正的知識。

柏拉圖相信靈魂不死和靈魂轉世，認為知識是靈魂所固有的，只是當它和肉體結合時，由於肉體的玷汙，使之把已有的知識忘記了。人們後天的學習，就是對這種固有知識的回憶。如同一個人看見了亡友的七絃琴，便可以想起亡友來一樣。

（三）理想國

柏拉圖理想國的理論核心是：依靠至慧、至善的「哲學王」，利用以善為統率的理念階梯的哲學知識來統治國家。擁有智慧的人才能治理好國家，統治者的智慧不在於工匠、木匠、或農民的知識，因為他們的知識只偏重於某一方面，然而統治國家卻需要關於全體的知識。因此，「除非是哲學家們當上了王，或者是現今的君主像哲學家一樣研究哲學，集權力和智慧於一身，讓現在那些只知政治不知哲學，或只知哲學不知政治的庸才走開，否則國家是永無寧日的」。他還把人分為三等：治理政事的監護者；保衛國家的軍人；供養全國物質需求的勞動者。這三部分人處於上下等級的關係中，彼此合作，不能分離，不能互易其位。他還有一系列的關於各種制度的主張，描繪出他的理想國圖畫。

▌名人事典▌

1、柏拉圖的原名叫阿里斯托克勒，這是襲用他祖父的名字。據說他的體育教師對於這位在操場上搏擊馳騁的少年，其健壯的身體和寬廣的額頭有著深刻的印象，因此，送給他一個綽號「柏拉圖」（希臘語中寬闊、壯偉之意）。後來，它竟變成了他的正式名字。

2、柏拉圖與蘇格拉底結識時，年已 61 歲的蘇格拉底熱情地擁抱了這位 20 歲的追隨者。一則流傳的軼事說，在柏拉圖來拜會並執弟子之禮的前一天晚上，蘇格拉底夢見一隻小天鵝端立在他膝上，迅速長滿了

羽毛，在一聲清脆的長鳴之後，展翅向遠方飛去。在第二天會見後，蘇格拉底認為夢中的那隻天鵝就是柏拉圖。另外一則美麗的傳說是：正當柏拉圖為了獲獎而以他的悲劇參賽時，他在賽會上聽到了蘇格拉底的講演，於是，他就把這部悲劇和其他詩作都投入火中，付之一炬。

▌歷史評說▌

用柏拉圖自己的話說，他「充分地汲取大自然的養料和靈氣，品嘗了人生的美酒和辛酸，思索了人生的真諦和宇宙的奧祕，最後為人類奉獻出一份寶貴的精神碩果」。他所建立的學園，撫育出西方哲學舞臺上不少風流人物，對人類的思想發展產生了巨大影響。他本人的思想，更如甘泉一般滋養了後世的無數思想家。

柏拉圖知道自己的理想國就實施範圍來說，不是完全能行得通的。他承認自己描繪了一個難以達到的理想。他同時說，將我們期望的這些影像描繪出來仍然是有價值的。做人的意義就在於他能想像出一個更好的世界來，並且至少要它的一部分變成現實。人是一種創造理想的動物，人在創造理想中完善自身。

▌主要著作年譜▌

01. 前 5 世紀中後期　《申辯篇》：柏拉圖早期對話

02. 前 5 世紀中後期　《克里託篇》：柏拉圖早期對話

03. 前 5 世紀中後期　《拉凱斯篇》：柏拉圖早期對話

04. 前 5 世紀中後期　《呂西斯篇》：柏拉圖早期對話

05. 前 5 世紀中後期　《卡爾米德篇》：柏拉圖早期對話

06. 前 5 世紀中後期　《歐緒弗洛篇》：柏拉圖早期對話

07. 前 5 世紀中後期　《大希庇亞篇》：柏拉圖早期對話

08. 前 5 世紀中後期　《小希庇亞篇》：柏拉圖早期對話

09. 前 5 世紀中後期　《普羅泰戈拉篇》：柏拉圖早期對話

10. 前 5 世紀中後期　《高爾吉亞篇》：柏拉圖早期對話

11. 前 5 世紀中後期　《伊安篇》：柏拉圖早期對話

12. 前 5 世紀中後期　《歐緒德謨篇》：柏拉圖中期對話，反映了他的「理念論」思想

13. 前 5 世紀末至前 4 世紀初　《美涅克塞努篇》（*Menexenus*）：由柏拉圖記載的蘇格拉底哲學語錄集

14. 前 5 世紀末至前 4 世紀初　《克拉底魯篇》：柏拉圖中期對話

15. 前 5 世紀末至前 4 世紀初　《美諾篇》：柏拉圖對話

16. 前 5 世紀末至前 4 世紀初　《斐多篇》：柏拉圖中期對話

17. 前 5 世紀末至前 4 世紀初　《會飲篇》：柏拉圖中期對話

18. 前 5 世紀末至前 4 世紀初　《國家篇》：柏拉圖中期對話

19. 前 5 世紀末至前 4 世紀初　《斐德羅篇》：柏拉圖中期對話

20. 前 4 世紀上半葉　《巴門尼德篇》：柏拉圖後期對話

21. 前 4 世紀上半葉　《泰阿泰德篇》：柏拉圖後期對話

22. 前 4 世紀上半葉　《智者篇》：柏拉圖後期對話

23. 前 4 世紀上半葉　《政治家篇》：柏拉圖後期對話

24. 前 4 世紀上半葉　《斐萊布篇》：柏拉圖後期對話

25. 前 4 世紀上半葉　《蒂邁歐篇》：柏拉圖後期對話

26. 前 4 世紀上半葉　《克里底亞篇》：柏拉圖後期對話

27. 前 4 世紀上半葉　《法篇》：柏拉圖後期對話

● 博大精深，承前啟後 —— 亞里斯多德

「我們因為幸福自身而選擇幸福，心目中絕沒有任何其他的東西了；
而我們之所以選擇光榮、快感和理智……是因為我們相信，我們將透過
它們得到幸福。」

—— 亞里斯多德

▌人生傳略▐

亞里斯多德（西元前 384 ～ 322 年）是古希臘哲學的集大成者。西
元前 384 年，亞里斯多德出生在雅典以北約兩百英哩的一個馬其頓城市
斯塔吉拉。他父親是馬其頓國王亞歷山大（Alexander the Great）的祖父
阿敏塔的朋友和御醫。亞里斯多德本人似乎也曾經是醫師大聯合會的會
員。他是在醫學的氛圍中被撫養長大的，得到了一切機會和鼓勵，培
養他對科學的嚮往。他接受的訓練，從一開始就要讓他成為科學的奠
基人。

關於他的青年時期，眾說紛紜。有一種說法認為他生活放蕩不羈，
揮霍掉他的祖產後，便參軍去了，以免挨餓，後來又回到斯塔吉拉行
醫，30 歲時他才去雅典投在柏拉圖門下學哲學。另一種比較嚴肅的說法
認為，他 18 歲去了雅典，並受教於那位大師，但是即使在這種比較可信
的敘述中，也充分反映出一個魯莽剛烈、不同一般的青年，生活得行色
匆匆。讓讀者感到安慰的是：在兩種說法中，我們這位哲學家終於在柏
拉圖「學園」幽靜的樹叢中安頓下來了。他在柏拉圖門下學了 8 年或者
20 年，這讓他的思想中滲透著柏拉圖的精神。

西元前 343 年，馬其頓王腓力二世（Philip II of Macedon）詔請亞里

斯多德去培拉宮裡當教師，教他的兒子亞歷山大。當時權力最大的君主環顧四周，找一個最了不起的老師，居然選中了亞里斯多德當世界未來主人的家庭教師，這就說明我們這位哲學家的聲名有多顯赫了。

亞里斯多德來到時，亞歷山大還是個 13 歲的、粗野狂放的年輕人，熱情奔放，瘋瘋癲癲，幾乎像發酒瘋一般。他愛好馴服難以馴養的馬匹，並以此為樂。這位哲學家想冷卻這座火山正冒出來的火焰，卻收效不大。亞歷山大在寫給亞里斯多德的一封信中道：「就我來說，我寧願醉心於認識什麼是善，而不是擴大權力和疆土。」但是這或許只不過是皇家青年的恭維話而已。

這個熱誠學習哲學的後生，骨子裡卻是野蠻粗獷的公主與奔放不羈的國王所生的兒子，理性的約束不免太脆弱了，控制不住這些祖傳的激情。兩年以後，亞歷山大離開哲學登上皇位，馳騁世界去了。歷史聽任我們可以信不信由己，據說亞歷山大那種統一天下的熱情，其威武雄壯的力量，有一些來源於他的老師 —— 這位思想史上集大成的思想家。又說，征服混亂而獲得秩序，在政治領域由弟子完成，在哲學領域則由大師完成，這只是一個崇高計畫的不同方面而已 —— 兩個極其了不起的馬其頓人，統一了兩個混亂不堪的世界（一個現實世界，一個精神世界。）。

即使在虎視眈眈如雅典那樣的城市裡，王中之王的老師要找幾個學生也是不難的。53 歲那一年，亞里斯多德創立了一間學校，叫呂克昂，投奔他來的學生之多，顯得必需訂出複雜的章程來維持秩序。學生們自己定出規則，並且每十天選出一個代表來管理校務。但是我們不必以為這是一個紀律森嚴的地方，相反，從流傳下來的圖畫來看，許多學者跟這位大師一起吃飯，他們還和他在人行道上蹓躂，邊走邊求教。

西元前 323 年 7 月，亞歷山大突然病死於巴比倫，年僅 33 歲。這時的亞歷山大已經是橫跨歐、亞、非大帝國的大帝，太陽神的兒子，不再是人而是個神。消息傳來，雅典反馬其頓活動已不可遏止。亞里斯多德身為一個外鄉人，不僅工作不得安寧，生命也在危險中，一個致命的罪名正在羅織著，說亞里斯多德「不敬神明」。這一罪名曾毒死過蘇格拉底，其實，它可以加給任何一個精神新領域的開拓者。於是，亞里斯多德在同年底離開雅典，獨自一人隱居在母親所遺留的老屋裡，完全退回自身之內，自己對自己絮語著，漫步在無限奧祕神話般的世界裡，享受忘我的幸福時刻。後來他生了病，死於次年秋季，享年 63 歲。

亞里斯多德的遺囑被全文保留下來，傳記作家們從這裡看到他作為理性化身的另一面，他是一個孝敬的兒子，深情的丈夫，慈愛的父親，誠摯的兄長，真實的朋友，寬厚的主人。

▌主要思想及著作▐

亞里斯多德的著作數以百計。古時候有的作家相信他寫了四百卷，也有人說是一千卷。留傳下來的只是一部分，可是這實際上也是一座圖書館了 —— 可以想見其思想的整體規模有多大、多壯觀。其中，比較嚴格的哲學著作，也是他哲學思想的代表作有《倫理學》、《政治學》（*Politics*）和《形而上學》。曾有人說亞里斯多德著作中的錯誤和謬論，比過去任何哲學家都要多，這是毫不足怪的，畢竟他的理論所涉及的方面與所取得的成就，也超過以往及以後很長時間裡的所有哲學家。

（一）創立邏輯

亞里斯多德的第一個大功勞是，他幾乎沒有先驅，全憑自己苦苦思索，竟創立了一門新科學 —— 邏輯學。簡單地說，邏輯的意思就是正確

思維的技術和方法。它是各門科學、各門技術的學問或方法，甚至音樂也蘊含著邏輯。它之所以是科學，是因為在相當程度上，正確思維的過程可以簡化成定律，並教給一般的任何人；它之所以是技術，是因為熟練了它，能使思想在無意識中具有精確性，就好像引導鋼琴家的手指，在鍵盤上毫不費力地彈奏出和諧的音樂來一樣。沒有比邏輯更枯燥乏味的，但也沒有比邏輯更重要的知識了。

亞里斯多德對哲學的貢獻最具特色、最有獨創精神的東西就是他的三段論學說。三段論是一套三個命題的式子，其中第三個命題，是由前兩個命題中為人所公認的真理得出來的。例如，人是有理性的動物，而蘇格拉底是人，所以蘇格拉底是有理性的動物。顯然三段論與其說是發現真理的手段，不如說是闡明思想的手段。

（二）自然哲學

亞里斯多德把宇宙分為地上和天上兩部分。認為地上的一切事物都是由水、土、火、氣四種基本元素構成的。四種元素各具有兩種相反的運動方向：向心的方向和離心的方向。任何一個事物，都是四種元素按不同比例混合而成的。他把天體視為由第五種元素 ——「以太」構成的。以太是最精純、最完美的，是不生不滅的元素，所以天體是恆常的、神聖的地方。亞里斯多德還提出了地球是宇宙的中心理論。

（三）形而上學和上帝的性質

亞里斯多德根據人製造對象的過程，提出了四種原因，並用這四種原因來解釋自然界的運動變化。這四種原因是：質料因、形式因、動力因和目的因。所謂質料因是指事物的「最初基質」；形式因指形式結構；動力因是指引起一具體事物的變化者或製造者；目的因是指一具體事物

產生是為了什麼目的。他根據自然物的生長過程，把動力因、目的因和形式因合在一起，稱為形式。亞里斯多德認為，一切個體事物的構成都可歸結為「形式」與「質料」的結合。質料是沒有任何性質的、不確定的東西，是任何的可能性，它在未與形式結合形成個別事物以前，還不具有現實性。只有當它與形式結合起來，形式賦予它一定的性質時，才能成為現實。

亞里斯多德承認上帝的存在，「上帝驅使世界，宛如愛的對象驅使愛人一樣」。祂是萬事萬物運動的最後原因，祂與其說是一個人，不如說是磁力。然而亞里斯多德又自相矛盾，把上帝描繪成是具有自我意識的精神。祂沒有慾望，沒有意志，沒有目的，絕對完美，唯一的職能就是思考萬事萬物的本質。

（四）心理學和藝術的性質

亞里斯多德有時像個宿命論者，他說：「我們不能直接憑意願改變目前的狀況。」可是他接著的論述又反對起宿命論來，認為只要現在挑選好陶冶我們的環境，我們就能選擇將來的命運。就這一意義而言，我們是自由的（意志自由）。他也認為靈魂是永生不滅的。他認為，藝術創造來源於造型衝動和渴求表達感情。藝術的形式本質上是模擬實在，模擬自然。

（五）倫理學和幸福的性質

亞里斯多德的倫理學實在是很簡單的，他一開始便坦言，生命的目的不是為了善而善，而是為了幸福。「因為我們為幸福自身而選擇幸福，心目中絕沒有任何更多的東西，而我們之所以選擇光榮、快感和理智……是因為我們相信，自己將會透過它們而感到幸福。」雖然外界的

財富與友誼是幸福所必需的，幸福的要素卻仍在於我們內在的東西，在於完備的知識與心靈的純淨。幸福源自理性。

（六）政治學

1、在亞里斯多德看來，極大多數人是天生的笨蛋和懶漢，在任何制度下這些人都將沉到底，這些人在政治上必定受統治。懂得運用思想而有預見性的人，天生就是要當君王的人，只能憑體力幹活的人天生就是奴隸。

2、他認為，女人之於男人猶如奴隸之於主人、體力勞動者之於腦力勞動者、野蠻人之於希臘人。她們在發展的階梯上處於較低階段，男人天生優越，女人天生卑劣，因此，男人統治女人是必然而合理的，這一原則還應推廣到全人類。他認為健康比愛情重要得多，因此要制定法律，規定結婚生子的年齡和人口增長率。教育也應由國家掌管。

3、理想的政府形式，應是一切政治權力集中於最優秀的那個人手中。對於這樣的人來說，法律不是一種限制而是一種工具：「對於具有卓越才能的人來說，不存在法律問題 —— 他們自己就是法律。」任何人想為他們制定法律難免荒謬可笑，他們也許會反問你，正如寓言中，獸類會議上兔子開始大發議論要求大家平等時，獅子對兔子說：「你們的利爪在哪裡呢？」。

▋名人事典▋

1、亞里斯多德在柏拉圖學園的那些歲月，是極其美妙和愉快的。一個才氣橫溢的弟子由一個出類拔萃的老師領著，在哲學的園地裡漫步，像是一對希臘戀人。只不過，他們兩人都是天才。盡人皆知，天才與天才彼此相處，和諧之情宛若炸藥之於火焰。他們的年齡差距幾乎有半個世紀，為了相互了解就要跨越年齡的代溝，消除心靈的矛盾，那真是難

能可貴。柏拉圖看出了從野蠻北方來的這位陌生新弟子的偉大之處，曾稱他是學園裡的菁英 —— 甚至是智慧的化身。

亞里斯多德很捨得大把花錢收集書本（當時無印刷，都是原稿），收集之豐成一圖書館，創立了圖書分類原則，也是他的許多學術貢獻之一。所以柏拉圖稱亞里斯多德的家是「書齋」，似乎是極其誠懇的稱讚。但是以往也有流言蜚語，說這位大師的用意，在隱晦曲折而辛辣有力地挖苦亞里斯多德的書呆子習氣。

到了柏拉圖晚年，似乎曾出現過一次比較確實可信的爭吵。我們這位雄心勃勃的青年，因為愛好和熱愛哲學而反對他精神上的父親，並開始風言風語地說，智慧是不會與柏拉圖同歸於盡的。而這位垂垂老矣的聖人則說，他的弟子是一頭吸乾母乳就踢娘的小駒子。儘管有人否認這些傳說，但是我們可以認為無風不起浪，現在仍然煙霧瀰漫的地方，過去想必冒過火焰。

2、據說亞里斯多德曾在雅典創立過一個雄辯學校，與伊索克拉底（Isocrates，雅典著名雄辯家、教育家）分庭抗禮。這個學校中有過一個富家子弟赫米亞斯，他很快就當上了一個城邦的獨裁君主。登上這樣的高位以後，他便請亞里斯多德到他的朝廷去。西元前 344 年，他為了報答老師過去的恩澤，將一個妹妹許配給亞里斯多德。有人會覺得這只是希臘人的餽贈，但歷史學家使我們相信，亞里斯多德儘管才高八斗，也跟太太過得十分幸福愉快，遺囑裡提到她時還極其纏綿悱惻。

▌歷史評說▌

亞里斯多德是古希臘哲學的集大成者。他的著作，在中世紀歐洲基督教會中，有和《聖經》（*Bible*）同等的權威。他對歐洲哲學和科學的發

展有著不可磨滅的影響，黑格爾說：「假如有人真想從事哲學工作，那就沒有什麼比講述亞里斯多德這件事更值得去做了。」

亞里斯多德十分重視觀察，他一生做過無數次實驗，同時，他很擅長收集數據，加以分類，在各個領域都用他的範疇編制目錄。這使他一方面掌握大量數據，另一方面思路清晰，是他建立如此龐大的體系、取得如此巨大成就的重要原因。

▌主要著作年譜▌

01. 前 4 世紀中期　《會飲篇》：亞里斯多德早期著作，對話體裁

02. 前 4 世紀中期　《智者篇》：亞里斯多德早期著作，對話體裁

03. 前 4 世紀中期　《歐德謨篇》：亞里斯多德早期著作，對話體裁

04. 前 4 世紀中期　《哲學勸學篇》：亞里斯多德早期著作，對話體裁

05. 前 4 世紀中期　《論財富》：亞里斯多德早期著作，對話體裁

06. 前 4 世紀中期　《論教育》：亞里斯多德早期著作，對話體裁

07. 前 4 世紀中期　《論血緣相通》：亞里斯多德早期著作，對話體裁

08. 前 4 世紀中期　《論詩人》：亞里斯多德早期著作，對話體裁

09. 前 4 世紀中期　《亞歷山大》：亞里斯多德早期著作，對話體裁

10. 前 4 世紀中期　《論哲學》：亞里斯多德早期著作，對話體裁

11. 前 4 世紀中期　《論正義》：亞里斯多德早期著作，對話體裁

12. 前 4 世紀下半葉　《工具論》（*Organon*）：亞里斯多德邏輯學著作，包括〈範疇篇〉、〈解釋篇〉、〈前分析篇〉、〈後分析篇〉、〈論辯篇〉、〈辯謬篇〉

13. 前 4 世紀下半葉　《論問題》：亞里斯多德邏輯學著作

14. 前 4 世紀下半葉　《論對立》：亞里斯多德邏輯學著作

15. 前 4 世紀下半葉　　《劃分》：亞里斯多德邏輯學著作

16. 前 4 世紀下半葉　　《範疇》：亞里斯多德邏輯學著作

17. 前 4 世紀下半葉　　《論善》：亞里斯多德哲學著作

18. 前 4 世紀下半葉　　《論理念》：亞里斯多德哲學著作

19. 前 4 世紀下半葉　　《論畢達哥拉斯學派》：亞里斯多德哲學著作

20. 前 4 世紀下半葉　　《論阿爾基塔斯》：亞里斯多德哲學著作

21. 前 4 世紀下半葉　　《論德謨克利特》：亞里斯多德哲學著作

22. 前 4 世紀下半葉　　《物理學》（*Physics*）：亞里斯多德自然哲學著作

23. 前 4 世紀下半葉　　《論天》：亞里斯多德自然哲學著作

24. 前 4 世紀下半葉　　《論生滅》（*On Generation and Corruption*）：亞里斯多德自然哲學著作

25. 前 4 世紀下半葉　　《氣象學》：亞里斯多德自然科學著作

26. 前 4 世紀下半葉　　《動物志》（*History of Animals*）：亞里斯多德自然科學著作

27. 前 4 世紀下半葉　　《動物的生殖》：亞里斯多德自然科學著作

28. 前 4 世紀下半葉　　《動物的構造》：亞里斯多德自然科學著作

29. 前 4 世紀下半葉　　《論靈魂》：亞里斯多德自然科學著作

30. 前 4 世紀下半葉　　《形而上學》：亞里斯多德形而上學著作

31. 前 4 世紀下半葉　　《尼各馬科倫理學》：亞里斯多德倫理學著作

32. 前 4 世紀下半葉　　《大倫理學》：亞里斯多德倫理學著作

33. 前 4 世紀下半葉　　《歐德謨倫理學》：亞里斯多德倫理學著作

34. 前 4 世紀下半葉　　《政治學》：亞里斯多德政治學著作

35. 前 4 世紀下半葉　　《詩學》（*Poetics*）：亞里斯多德美學著作

36. 前 4 世紀下半葉　　《修辭學》（*Rhetoric*）：亞里斯多德修辭學著作

● 在理性中尋求永恆的幸福 —— 伊壁鳩魯

「藥物如果不能醫治人體的疾病，就沒有任何用處，同樣，哲學如果不能驅除精神的疾病，也就沒有任何用處。」

—— 伊壁鳩魯

▌人生傳略▌

伊壁鳩魯（Epicurus，西元前 341 ～ 271 年），古希臘哲學家，生於薩摩斯。他的父親是教師，母親是巫婆，這在當時是很普通的職業。在雅典城邦裡，這樣的自由民主家庭，其地位並不是最低下的。然而，在那些抱有偏見的、貴族出身的哲學家看來，這種家庭不可能培養出真正的哲學家。然而哲學作為時代精神的反映，並不嫌貧愛富，伊壁鳩魯以其卓越的思想，在哲學史上牢固地占據了一席之地。

小伊壁鳩魯是個早熟的兒童，14 歲時已經對哲學產生了興趣，自學了許多哲學著作。他在學習中善於獨立思考，發現問題，不受前人觀點的束縛。他大膽地對一些名家的學說提出責難，即使對教過自己的哲學家也不留情面。

按照雅典城邦的法規，青年人在取得公民權以前，必須接受兩年軍事訓練。由於這一原因，伊壁鳩魯在 18 歲那年前往雅典。兩年的軍事生活結束後，正值佩狄卡斯攻占薩摩斯島之際，伊壁鳩魯一家逃到小亞細亞的科羅封，在那裡謀生。伊壁鳩魯得知後，也前往那裡與家人匯合。以後 10 年的生活是相當平靜的，寧靜的生活給了他充裕的時間，使他有機會系統思考前人的思想，為提出自己的學說做了充分的準備。

西元前 311 年，伊壁鳩魯來到列斯堡島的米特林城邦創辦了一所學

校，開始傳授他自己的哲學學說。六年後，他將學校遷往希臘哲學中心 —— 雅典，正式打出了伊壁鳩魯學派的旗號，時年 36 歲。伊壁鳩魯學校附近有一座花園，因此，他的學校被人稱做「伊壁鳩魯的花園」，他的學生則被叫做「來自花園的哲學家」。伊壁鳩魯請人在花園的大門上刻上了這樣的題詞：「客人，你在這裡將會生活得很好，這裡將給予你幸福，最高的善。」至此，伊壁鳩魯建立了他的哲學大本營。就在這裡，他對形形色色的思想敵人展開批判，完成了自己的哲學體系，直至去世。

在共同的信仰支配下，伊壁鳩魯的學校形成了一個特殊的團體。學生們和老師居住在一起，過著非常簡樸的生活。他們團結友愛，用自己的行動實踐著老師的倫理學說。

伊壁鳩魯的一生是言行一致的榜樣。他個人的行為舉止與他的倫理思想是吻合的。他勇敢地承受住生活的困難和不幸，孜孜不倦地工作著。他身體很差，好多年不能離開圈椅站立，但他不談病痛，也不向人傾訴痛苦，總是談論他喜愛的對象 —— 自然、事物的本性。

西元前 271 年伊壁鳩魯身患腎結石，病痛持續發作了兩個星期，後來還是病逝了，終年 70 歲。

主要思想及著作

據說伊壁鳩魯的著作總量達 300 卷，超過以往任何作家，這些著作絕大多數已經遺失，流傳至今的只有幾封書信和少量殘篇。

（一）原子論

伊壁鳩魯在三方面補充和修正了德謨克利特的原子論：（1）德謨克利特指出原子形狀不同，但沒有說明這種不同的原因。伊壁鳩魯認為，各種原子都由「微小的部分」組成，這些「微小的部分」形狀上的差

別，是原子在形狀上不同的原因。（2）德謨克利特只承認原子有體積和形狀，伊壁鳩魯加上了第三種性質 —— 重量。（3）德謨克利特將原子的運動描述為「任意移動」，伊壁鳩魯則認為，原子在虛空中必然向下以相等的速度運動。運動中會產生偏斜，引起原子間的碰撞、組合、凝聚，其結果就形成了世界。

（二）快樂學說

伊壁鳩魯認為，避苦求樂是人的本性，幸福和歡樂是人生的目的。為了達到這個目的，就要追求現時的身體健康和靈魂的安寧。快樂無疑包括肉體的快樂和精神的快樂，而精神的快樂具有更大的價值和意義。人世間，快樂與痛苦相伴相隨，為了獲得持久的快樂，必須承受眼前的痛苦。精神的痛苦甚於肉體的痛苦，因此，肉體的痛苦更應該忍受。

▌名人事典▐

1、伊壁鳩魯是一個勇於冒犯權威的人。據說，羅德島的哲學家普拉克西芬尼、提奧斯的哲學家瑙西芬尼，都曾向伊壁鳩魯傳授過哲學，但他們的觀點都不合他的口味。他曾用辛辣尖銳的語言與瑙西芬尼論戰，甚至罵瑙西芬尼是「軟體動物」、「水母」、「粗鄙的騙子」、「懶婆娘」，把瑙西芬尼氣得要發瘋。這件事的真相已無從查考，不過從中可以看出，伊壁鳩魯的哲學見解與瑙西芬尼有嚴重分歧。

2、他自知將不久於人世時，仍惦念著自己的學生和遠方的朋友。他寫下遺囑把自己的全部財產交給學校。儘管當時有不准解放奴隸的禁令，他仍在遺囑中解放了四個奴隸。他在寫給友人的信中說：「在這幸福的、我生命的最後一天，我要告訴你，苦難……並沒有力盡而止步，它們還在照舊進行。可是一回想起我們先前的談論，精神的歡樂就足以抵

抗這種苦難。」寫完遺囑和書信以後，他洗了一個熱水澡，喝下一盅純酒。對圍在身旁的學生說：「再見了，我的朋友們，謹記我教授的真理吧！」說完以後，他瞑目而逝。

▌歷史評說▌

伊壁鳩魯是古希臘晚期傑出的唯物主義哲學家，伊壁鳩魯學派的創始人。他繼承了古希臘唯物主義哲學的傳統，把古代原子論發展到頂峰。

伊壁鳩魯身體很差，多年來一直受病痛的折磨。他始終以頑強的忍耐力忍受著痛苦，不放棄尋求精神上的快樂。一個人有這樣的精神，他怎麼能不成為令人景仰的人呢？

中世紀羅馬帝國

● 以理性論證宗教 —— 奧古斯丁

「精神與肉體的結合方式，乃是人所不能理解的，然而這就是人生。」

—— 奧古斯丁

▌人生傳略▌

奧古斯丁（Augustine of Hippo，西元 354 ～ 430 年），著名的經院哲學家，出生北非努米底亞（現突尼西亞）地區的一個內地小城塔格斯特。父親是一個市民異教徒，母親則是虔誠的基督教徒，這使奧古斯丁自幼便受到基督教的薰陶，但按當時的慣例，不為兒童施洗入教。他相當頑皮，喜歡荷馬史詩中的故事，卻厭煩希臘文。約 11 歲時奧古斯丁離家到附近的另一座城市馬道拉讀了 4 年書，在那裡奠定了拉丁文法和文學的基礎，同時也把幼時所受的基督教影響丟到了腦後。16 歲時，父親去世，同年，他去迦太基城學習修辭學，也從此開始了他縱情聲色的放蕩生活。同時，他對哲學發生了濃厚的興趣，一直思考著哲學問題。

西元 386 年，奧古斯丁 31 歲。自 16 歲開始的放蕩生活使他內心痛苦，不斷尋找精神上的出路，卻始終無法解脫，感到十分空虛。這時，他聽到了西塞羅的哲學演講，重新燃起在哲學中尋求真理的渴望。經過

一個時期後，他感到要從墮落的生活中重新站起來，不能靠哲學，而要靠神學，這樣，他最終皈依了基督教，前後經歷了 15 個春秋。這段曲折的精神歷程，深深印在奧古斯丁心中。十餘年後，約 43 ～ 47 歲間，他回顧自己前半生走過的道路，加以解剖，構成了他的名著《懺悔錄》（*Confessions*）的前八卷。

奧古斯丁的前半生是在內心思想激烈鬥爭中度過的，後半生 34 年，則是在帝國與教會的憂患中度過的。政局的混亂與基督教內各種教派的鬥爭使他憂心忡忡。西元 430 年初夏，汪達爾人侵入北非，包圍希波城不久，奧古斯丁便在圍城中去世了。

▌主要思想及著作▐

奧古斯丁的代表作《懺悔錄》約寫成於 397 ～ 401 年間，他就任主教後不久。此書並不是他的自傳，而是他的哲學思想錄。其中有豐富的思想，但並不是系統邏輯地構成一個體系，又在相當程度上，與他的宗教思想和宗教經驗結合在一起。因此後代的讀者各從不同的角度看待它、評價它。就內容說，《懺悔錄》前半部是對生平重大事件的回顧，後半部是一些重要的思想片段，反映了奧古斯丁自稱他一生所追求的「認識上帝，認識自我」。

1、對世界整體的認識和態度。奧古斯丁認為，神創造了物質，又用物質創造了世界和人。始終堅持對物質世界的肯定，是他的一個基本思想。

2、「神究竟是什麼？」、「我究竟是什麼？」本來是基督教只許信不許問的問題，奧古斯丁卻將其提出，而且承認無法回答，即便談得滔滔不絕，還和未說一樣。他肯定人生的意義，「在一個注定死亡的活人身上……生命的力量是多麼偉大！」。

3、有限的「我」怎樣尋求無限的「神」？奧古斯丁主張把感官的經驗歸入內心的自我，去與神際遇。

4、道德的核心是認識自己。把道德與認識自己結合，這是奧古斯丁所稱「基督教蘇格拉底主義」的中心思想。

▋名人事典▋

奧古斯丁由米蘭主教施洗，正式加入基督教，懷著新生的喜悅，準備和母親啟程返回北非故鄉。然而就在候船的時候，母親因熱病去世了，這使奧古斯丁此後長久處於憂傷之中。奧古斯丁後來回憶，在母親病倒前幾天，母子兩人憑窗遠眺，恬適地談話，母親鼓勵他：「忘記背後，努力面前。」奧古斯丁告訴母親，他從自己生活的轉變中，深深體會到肉體感官的享受，不論一時如何快樂，都不如去探求古聖賢們所享受的永生生命，融入古往今來的萬有之源，彷彿過去、現在、未來都在這真慧之中。母親為兒子的新生感到由衷的喜悅，覺得自己一生再無所求，可以安然去世了。

▋歷史評說▋

奧古斯丁是羅馬帝國晚期，在北非基督教會中繼承古希臘思想、為基督教奠定神學思想基礎的第一位基督教哲學家。他是教父時期最後一位思想代表，又是西歐中世紀的第一位思想家，他的思想在 5 ～ 13 世紀的基督教會內，一直占統治地位，甚至此後，仍在西方思想史上擁有重要影響，無論研究西方思想、文化還是文學，更不要說宗教，都必然要涉及他。

可以說奧古斯丁的一生都在追問，「神究竟是什麼？」、「我究竟是什麼？」……人生的意義是什麼？個體因為追問而迷惑，世界卻因為追問而清晰。人類就是在不停地追問中走向進步的。

▌主要著作年譜▌

01. 4 世紀後半葉　《論秩序》：神學著作，經院哲學的重要著作

02. 4 世紀後半葉　《論靈魂的量》：經院哲學的重要著作

03. 4 世紀後半葉　《獨語錄》：經院哲學的重要著作

04. 4 世紀後半葉　《論自由意志》（*On Free Choice of the Will*）：經院哲學的重要著作

05. 4 世紀後半葉　《論真宗教》：經院哲學的重要著作

06. 4 世紀後半葉　《論美和適宜》：美學專著

07. 4 世紀後半葉　《論音樂》：美學專著

08. 西元 401 年　《懺悔錄》：奧古斯丁的代表作，也是經院哲學的奠基之作

09. 5 世紀初　《論三位一體》：經院哲學的重要著作

10. 5 世紀初　《上帝之城》（*The City of God*）：經院哲學的重要著作

11. 5 世紀初　《教義手冊》：經院哲學的重要著作

12. 5 世紀初　《論基督教教義》：神學著作

13. 5 世紀初　《論靈魂及其起源》：經院哲學的重要著作

14. 5 世紀初　《反學院懷疑派》：神學著作，為教派鬥爭而作

15. 5 世紀初　《論靈魂不朽》：經院哲學的重要著作

16. 5 世紀初　《基督教會的道德與摩尼教會的道德》：神學著作，也是經院哲學的重要著作

17. 5 世紀初　《反摩尼教》：為宗教鬥爭而作的神學著作

18. 5 世紀初　《導師篇》：神學著作

19. 5 世紀初　《羅馬人書注釋》：神學著作

20. 5 世紀初　《加拉太書注釋》：神學著作

● 為上帝奉獻畢生的虔誠 —— 托馬斯‧阿奎那

> 「沉思的生活是最至高無上、最幸福快樂的生活。」
>
> —— 托馬斯‧阿奎那

▌人生傳略▌

托馬斯‧阿奎那（Thomas Aquinas，西元 1224 ～ 1274 年）出生於義大利南部的洛卡西卡城堡，父親是伯爵，領地在阿奎那。當時歐洲的習慣，人們只有一個受洗的聖名，為彼此區別，就註明他出生何處，貴族就以領地為標誌，因此托馬斯‧阿奎那的意思就是：阿奎那領地的托馬斯。托馬斯的父母希望他將來進入教會工作，這是當時許多貴族子弟發跡的道路。因此，在他 5 歲時便被送到古老的卡西諾修道院，在那裡學習了 9 年。西元 1239 年，國王驅逐僧侶，托馬斯也回到家裡。同年秋，進入成立不久的拿坡里大學，當時他才 14 歲。在拿坡里有一座多米尼克修會的修道院，托馬斯羨慕修道僧的生活，於 24 歲時加入了該修會。

西元 1245 年，托馬斯離開義大利故鄉，前往巴黎學習神學，後又到科隆，學習到西元 1252 年。這 7 年，對青年托馬斯產生了決定性作用。西元 1252 年，托馬斯被修會派回巴黎繼續學習，西元 1256 年獲得博士學位，取得在神學院任教授的資格，西元 1257 年被教宗派為巴黎大學神學教授。從此，托馬斯開始了他後半生 17 年的執教、著述生涯。屢經坎坷，倍受排擠。

西元 1274 年，教宗額我略十世（Pope Gregory X）在里昂召開宗教會議，要托馬斯參加。托馬斯在途中病倒，3 月 7 日去世，年僅 49 歲。

托馬斯一生意志堅強，工作勤奮。他推崇人生最高尚的目標是追求

智慧，也確實身體力行，以致有關他的軼事描寫他在全神貫注想問題時，對周圍的事物置若罔聞。他一生的最後幾年十分孤寂，過著隱居的生活，卻仍不免遭嫉恨，甚至傳說他是被拿坡里王派人毒死的。即使死後他也長期是一名有爭議的人物。

主要思想及著作

托馬斯的著作很多，集中反映了他哲學思想的代表作有《亞里斯多德著作注釋》、《神學大全》（*Summa Theologica*）、《反異教大全》等。他利用亞里斯多德的哲學和邏輯方法，來論證基督教的教義和教理，構造了龐大的經院哲學體系。這個體系被稱為基督教的亞里斯多德主義或托馬斯主義，他的著作後來成為基督教發展史上的經典文獻。

（一）溫和的唯實論

托馬斯繼承了亞里斯多德的形式質料說，認為事物都是由形式和質料構成的。質料不能離開形式而存在，形式卻可以離開質料而存在。一般性的形式有三種存在方式：（1）原始的形式存在於上帝的理性中；（2）個別事物的形式存在於個別事物中；（3）作為從個別事物中抽象而形成的概念，存在於人的理智中。

（二）關於上帝存在的證明

他提出證明上帝存在有五種方法：（1）根據事物運動變化的經驗事實，證明上帝的存在。上帝是運動的第一推動者；（2）根據動力因證明上帝的存在。事物存在的第一原因，就是上帝的存在；（3）根據對可能性和必然性的考察，證明上帝的存在。凡是偶然性的東西，其中必然有必然性的東西存在著，而一切必然性的原因，乃是由於上帝的存在；（4）

根據事物真實性的等級，證明上帝的存在。上帝的存在是使事物具有完美性的原因；（5）根據目的因證明上帝存在。一切事物的存在都是有目的的，而要達到目的必然要有一個智慧者的正確指揮，這就是上帝。

（三）靈魂不死和神學唯心主義認識論

托馬斯認為，人也是由形式和質料構成的。靈魂是形式，肉體是質料。靈魂具有實體性，是永恆不滅的。人對外物的認識首先透過感覺，然後經過能動的、理智的、抽象的以掌握上帝所賦予的事物本質。理智是靈魂的一種認知能力，來自上帝的「理性之光」。

（四）社會倫理、政治觀點

托馬斯認為，道德的基礎存在於人性之中。人性中有三種自然傾向：自然的欲求；感性的慾望；理性和意志。最後一種是人所特有的，它追求的目標是最高的善，也就是上帝愛即意志，是各種道德的形式，人類美德的中心就是愛。在政治觀點上，他利用亞里斯多德的形式質料說，為封建等級制度和教會神權統治做論證，主張君權神授。

▌名人事典▐

托馬斯的家庭希望他將來在教會中爬上高級神職，為此希望他重返卡西諾修道院。多米尼克修會的會長卻看中了這名青年，想讓他脫離家庭的羈絆，為此，於西元 1224 年將托馬斯帶往義大利北部，隨後再把他送往巴黎大學。但事機不密，被托馬斯家裡知道了，派他的兩個哥哥在半路上把他劫回，在家裡幽禁了一年。托馬斯的意志非常堅決，一定要參加多米尼克修會，並到巴黎去讀書，家中無奈，只好同意。

▌歷史評說▌

托馬斯·阿奎那是歐洲中世紀經院哲學家中最負盛名的一位。在近代歐洲曾有人稱他是人類的「解放者」，因為他使哲學和理性，從長期依附於基督教神學和信仰的地位得到獨立，甚至有人將他看作是笛卡兒（René Descartes）的先驅。羅馬公教會又尊他為「聖徒」，以表彰他對教會的貢獻。

托馬斯的一生並不如意。他出身貴族家庭，所選擇的道路遭到家庭的反對。他的思想不斷受到來自各個方面的攻擊，因而不得不常常捲入論戰。不過托馬斯始終堅守信仰，執著於對智慧的追求。這種精神也是古今中外的許多名人所共同具有的，也可以說是一種成功的特質吧！

▌主要著作年譜▌

01. 西元 1252 年　《〈箴言四書〉注疏》：阿奎那的第一部主要作品，洋洋一百餘萬言，是他畢生著作的八分之一

02. 西元 1255 年　《論自然原則》：經院哲學的重要著作

03. 西元 1256 年　《斥阿威羅伊學派論理智的統一性》：阿奎那奉羅馬教宗之命所撰的神學論文

04. 西元 1259 ～ 1264 年　《反異教大全》：阿奎那的代表作，經院哲學非常重要的文獻

05. 西元 1265 ～ 1266 年　《〈神名論〉疏證》：神學著作

06. 西元 1265 ～ 1273 年　《神學大全》（未完成）：阿奎那的代表作，經院哲學非常重要的文獻

07. 西元 1270 年　《論世界的永恆性》：經院哲學的重要著作

08. 西元 1270 年　《論自然的祕密執行》：經院哲學的重要著作

09. 西元 1270 年　　《論要素的綜合》：經院哲學的重要著作

10. 西元 1271 年　　《斥奧古斯丁派的宇宙永恆性》：為宗教鬥爭而作的
　　神學著作

11. 西元 1271 年　　《論內心的運動》：經院哲學的重要著作

12. 西元 1273 年　　《斥阿威羅派的理智唯一性》：為教派鬥爭而作的重
　　要神學及經院哲學著作

文藝復興時期

▎義大利▎

● 失敗的政治家，傑出的思想家 —— 庫薩的尼各老

「越有知識的人，越了解自己的無知。因此，越是深深懂得自己的無知，便越有知識。」

—— 庫薩的尼各老

▎人生傳略▎

庫薩的尼各老（Nicholas of Cusa，西元 1401 ～ 1464 年）是文藝復興時期最重要的思想家之一。要了解他，首先要看一看這個歐洲發展史上的重要時代。

經過近 9 個世紀的教會統治下的中世紀時期，到了 15 世紀，教會的權威和地位有所下降。同時，在思想文化領域，從義大利興起一股學習古希臘文化的熱潮，這一時期被稱為文藝復興時期。文藝復興前期並不是後代人所想像的太平盛世，那時農業衰退、戰爭瘟疫、社會動盪、農民起義；國王與教會又聯合又衝突；各種思潮紛繁複雜。這是一個新時代誕生前的陣痛時期，庫薩的尼各老便是出生在這樣一個時代。

西元 1401 年，尼各老出生於萊茵河中游莫賽河上的小城庫薩，後來在德國，庫薩的尼各老被通稱為庫薩努斯。他的父親擁有自己的葡萄園，是一個生意興隆的釀酒商兼船主，對兒子卻十分凶暴，以致庫薩努

斯自 12 歲便離開了家庭，過著獨立的生活。西元 1416 年庫薩努斯在海德堡大學讀書，西元 1417 年，又轉往義大利北部的帕杜阿大學學習法律，在那裡他深受文藝復興思想的影響，並對哲學和自然科學產生濃厚的興趣。西元 1423 年，他在帕杜阿大學獲得教會法博士學位。然後他又回德國，讀三年神學後，入教會當了神父，由此開始了他的教會生涯。

西元 1426 年，庫薩努斯在教宗派駐德國特使奧西尼紅衣主教手下，從事法律事務工作。從此，他看到了教會內部的種種政治鬥爭，漸漸地在現實中感到理想、信念的破滅。在這種幻滅中又投入教會的政治活動中。西元 1448 年，庫薩努斯經過十年不斷活動，終於爭取到西元 1447 ～ 1448 年德國皇帝與教宗簽定維也納協定，支持教宗。庫薩努斯因此被擢升為紅衣主教，也由此捲入更加激烈的政治鬥爭中，不斷地受排擠、攻擊，甚至陷害，他一度企圖退出教會卻遭拒絕。

庫薩努斯後半生謀求教會內部改革，也一再遭到失敗，受到來自各方面的反對。他的一生除了促成德皇與教宗簽定協定以外，沒有一件事情達到了目的。他內心痛苦，不僅因為想做的做不到，更由於不想做的卻不得不做。他無法擺脫這種勾心鬥角的政治生活。

對教廷的幻滅感，讓他晚年轉到學術方面去，潛心研究他一直感興趣的哲學和各種自然科學，直至西元 1464 年去世。

▌主要思想及著作▌

庫薩努斯的代表作是他的《關於無知的學問》。他認為，所謂知識，就是有學識的無知。人的天性要追求真理，但人永遠也達不到完全的真理。因為真理是無限的，人的頭腦卻無法達到無限。

1、庫薩努斯認為，說上帝創造萬物，和說上帝即是萬物是一回事，

從而肯定上帝自身就是萬物的存在。上帝在萬物中，萬物在上帝中，這是一種泛神論的觀點。

2、他還提出宇宙是無限的觀點。同時認為，地球不是宇宙的中心，也不是靜止不動的。

3、在認識論上，他把認識分為三個階段：感性認識、知性認識和理性認識。人們透過感覺得到關於個別事物的印象，又透過知性加以分析，最後由理性把感性和知性統一起來，從而獲得關於事物的知識。可是，他在進一步說明理性時，就把神學觀點引進了認識論，認為理性中有一種神祕的直觀能力，能達到使人透過忘我的沉醉狀態，讓靈魂與上帝連通。

4、庫薩努斯的思想中包含著一定的辯證法思想。他認為具體事物都是運動變化的。一切事物都是由對立的雙方構成的，並且對立的雙方在一定的條件下，能達到一致或轉化。

▌名人事典▌

西元 1457 年，庫薩努斯前往因斯布魯克與大公爵談判，回來的途中遇到一些劍客，庫薩努斯公開指控大公爵企圖謀害他。隨後又利用這件事攻擊大公爵。西元 1458 年，他移居羅馬。在羅馬成為教廷最高官員，位置僅在教宗之下。他還不放棄與大公爵的鬥爭。西元 1460 年，他回布魯克教區巡視，事先採取各種安全措施，以防遭到暗害。而大公爵索性派軍隊包圍了他所住的城堡，庫薩努斯只得屈膝投降，並在大公爵要他接受的文件上簽字，在教會和奧地利關係的每一個問題上，都作出了讓步。

消息傳到羅馬教廷立即引起抗議，庫薩努斯還為大公爵辯護。然而

他一踏上義大利土地後，又立即宣告，是被迫在文件上簽字的。這是庫薩努斯一生事業中最丟臉的一幕，他自己也知道，而他又極力想從這個打擊中，重新建立起心理上的平衡。在寫給一個主教的信中道：「……當時，我不知道自己的錯誤，但是現在我看到了，因為我為此受到了懲罰。你可以祝賀我，因為神用這種小小的磨練，使我們看到自己的缺陷。」

▌歷史評說▌

庫薩的尼各老是歐洲 14 ～ 15 世紀，由中世紀轉變到近代的過度時期的重要思想家。他在當時的歷史條件下，提出了一些新的哲學思想。他的學說對布魯諾（Giordano Bruno）等人產生了直接影響。他的認識論和辯證法對康德（Immanuel Kant）、謝林（Friedrich Wilhelm Joseph Schelling）、黑格爾都有啟發。

學者往往偏執自信，不擅長行政，一踏入政治，便是厄運的到來。但有這樣的自知之明相當不容易，能下決心擺脫就更不容易。從庫薩的尼各老的政治生涯中我們發現，他既不是革命英雄，也不是殉道者，既不是聖徒，也不是賢人，只是一個第二流的政治庸人（儘管他留下了許多光輝思想）。這也從反面給我們以啟發 —— 當一個人的思想向前看而行動向後看時，若他的思想是真誠的，就要付出痛苦的代價。

▌主要著作年譜▌

01. 西元 1433 年　《公教會的和諧》：文藝復興時期的重要著作

02. 西元 1440 年　《關於無知的學問》：尼各老的代表作，提出了他的
　　　　　　　　　「博學就是認識到自己的無知」的名言

03. 西元 1440 年　《知識僅是猜測》：反映尼各老思想的重要著作

● 寧為玉碎，不為瓦全 —— 布魯諾

「火並不能把我征服，未來的世紀會了解我，知道我的價值！」

—— 布魯諾

▌人生傳略▌

布魯諾（西元 1548 ～ 1600 年）生於義大利南部的一個古老小鎮諾拉。他的父親是一名破產了的小貴族，曾在那不勒斯總督的軍隊裡服役，當過某騎兵團的旗手，後來攜妻子在諾拉定居務農。

布魯諾的故鄉物產豐富、景色迷人。西面是一望無際的大海，東面是一抹綠油油的平原。南面，在地平線的盡處，便是時而平靜、時而森嚴可怕的維蘇威火山。諾拉地區，火山的活動到處可見，溫泉、硫磺泉、瓦斯、熔岩流舉目皆是。後來，布魯諾稱火為萬物的實體，認為火的種子能產生生命，大概也有這方面的原因。

孩提時代的布魯諾喜歡觀看夜空，富於想像。一次他看到一個火球（流星）擦天飛逝，便覺得這是另一個世界派出的信使。此外，劃破夜空的閃電、平原上的日出等天象，都曾在他腦海裡引起無限的遐想。

布魯諾可以說是從觀察大自然開始學習的。他很小就從觀察自然中懂得了視差的道理，他喜歡站在契卡拉山坡，眺望雲霧繚繞的維蘇威火山，覺得它森嚴可怕，在它的山坡上，不要說鮮花，就連一根草也看不見。一次他和爸爸去遠足，當他們逼近火山時，景色大異，原來這裡也有葡萄園和鮮花。回頭再看那鮮花似錦的契卡拉，也消失在遠方的雲霧中了。父親告訴他，首先要懷疑，然後要進一步認識距離能改變事物的外貌。這一觀點後來在他的學說中有所表現。

布魯諾長年流落異鄉，對故土十分眷戀。他後來把自己的哲學叫做「諾拉哲學」，足見他對故鄉的深厚感情。布魯諾 10 歲時從寂靜的山村來到熱鬧繁華的那不勒斯，他先是在一所人文主義學校讀了幾年世俗課程，其間看了許多自然科學方面的書籍，聽過一些哲學講座。布魯諾家境貧寒，上不起大學，為了求知，他選擇進入修道院。求知若渴的布魯諾天真地以為，當僧侶和作學問可以並行不悖。

西元 1565 年，他進入多米尼克修道院。該院的圖書館，是歐洲藏書最多的圖書館之一。布魯諾勤奮好學，充分利用了身旁這個藏書豐富的圖書館，閱讀了大量書籍。十年寒窗，累積了豐富的知識。後來在激烈的學術論戰中，在大學的講堂上，在著書立說的斗室內，這些知識都發揮了重要作用。

西元 1566 年，布魯諾還只有 18 歲時，便開始反對崇拜聖像了。他言行一致，入修道院才一年，便把聖者像從僧房裡扔了出去，從而受到當局的第一次譴責。十年的修道院生活，令他看清了僧侶的淫蕩與偽善。對哲學與科學的鑽研，讓他用批判的眼光重新看待各種傳統觀念。於是扔掉袈裟，踏上流亡的道路。西元 1579 年，布魯諾被日內瓦大學錄用。由於他宣講的反神學理論被視為異端而被捕入獄，獲釋後逃往法國。此後，他一直過著流亡的生活，也一直宣講著自己的理論。不過他最終沒有逃出羅馬宗教裁判所的魔掌，而被投入監獄。

八年的監獄生活，無論是嚴刑拷打還是威逼利誘，都未能改變布魯諾的初衷。天主教會用盡辦法仍不能使他屈服。西元 1600 年 2 月 17 日凌晨兩點，羅馬鐘樓上悲壯的鐘聲劃破夜空，傳進千家萬戶，這是執行火刑的訊號。通往鮮花廣場的道路上擠滿了人群，一束束火把照亮了黎明前的黑暗，布魯諾被帶到火刑場上。他直到生命的最後一刻也沒有屈服。

▐主要思想及著作▐

反映布魯諾思想的主要哲學著作有《論原因、本原和統一》、《論無限性、宇宙和諸世界》、《論單子、數和形狀》、《論三種極小限度》，他發展了哥白尼（Nicolaus Copernicus）的太陽中心說，論述了宇宙無限性和宇宙具有無數太陽系的思想。

（一）泛神論的唯物主義自然觀

布魯諾認為，哲學研究的第一步就是懷疑。「誰想研究哲學，就應當首先全面懷疑」，這是布魯諾哲學研究的出發點和方法論原則。他以泛神論的觀點否定基督教的上帝。（1）在他看來，自然界不是別的，就是萬物中的神。整個宇宙是物質性的，無限的，它存在的原因就在於其自身，而不可能有存在於宇宙之外的原因。（2）布魯諾在說明世界萬物的結構時，提出了「單子」學說。認為單子是組成萬物的最基本元素，是自身能動的，是無因自成而不可毀滅的萬物的基本部分。

（二）辯證法思想

布魯諾特別強調對立面一致的思想。他認為自然界運動、發展的本質是「對立面的一致」。倘若人們仔細思索一番，就會看到，消滅無非是產生，產生無非是消滅；愛就是恨，恨就是愛。

（三）認識論

他認為，感覺能認識自然界的部分真理，它常給我們以假象，就如月亮反射太陽光，卻讓我們感覺它自身發光一樣。真理絕不存在於感覺中，只有理性才能揭示事物的內部連繫，使我們認識事物的本質。

▋名人事典▋

1、布魯諾有驚人的記憶力。據他的同時代人波爾塔記載：他能背誦上千首詩能倒背、正背、從中間背。聽了演講者的演講或詩人的朗誦，他能輕鬆地複述出來。由於這種緣故，他成了多米尼克僧團的明珠，並被引見給羅馬教宗。

2、布魯諾入修道院後的一天，他和幾個見習修道士拿詩人阿里奧斯托（Ludovico Ariosto）的一本詩集猜著玩，想預卜一下各自未來的命運。布魯諾隨便一翻竟翻到這麼一行：「一切法律、一切信仰的仇敵……」結果弄得大家惶恐不安，不歡而散。沒想到這句詩，竟真的預言了布魯諾以後的生活歷程。

▋歷史評說▋

布魯諾的哲學是文藝復興時期新哲學發展的最高成就，是向近代哲學邁進的象徵。他的思想中孕育著以後諸多思想的萌芽。對後來的哲學發展有著重要作用。他的認識論對唯理論哲學影響很大。他的泛神論是史賓諾沙（Baruch Spinoza）思想的來源。他的關於單子的學說為萊布尼茲（Gottfried Wilhelm Leibniz）所繼承。狄德羅以及德國古典哲學的許多思想家，都吸取了他的思想。

人的生命是有限的，人的精神卻能夠不朽。人的偉大就在於，他能以有限的生命追求不朽。布魯諾為真理奉獻自己的生命，也實現了他的不朽。四百年過去了，敵人的屍骨早已化作糞土，而布魯諾的英名卻永遠活在一切正直的人們心中。

▌主要著作年譜▐

01. 西元 1582 年　《論理念的影子》：敘述了諾拉哲學的基本觀點，還有些論及記憶術和邏輯改革的內容，是布魯諾的第一批著作之一

02. 西元 1584 年　《聖灰星期三的晚餐》：闡述了布魯諾的宇宙論觀點

03. 西元 1584 年　《論原因、本原與太一》：布魯諾主要哲學論著，系統敘述了諾拉哲學、批判了經院哲學的亞里斯多德主義

04. 西元 1584 年　《論無限、宇宙與眾世界》：進一步發展了他的天文學觀點

05. 西元 1584 年　《驅逐趾高氣揚的野獸》：論證了他的道德、體系，宣明他的社會政治理想，為人類理性的解放做出了貢獻

06. 西元 1585 年　《飛馬的祕密，附齊林尼克的驢子》：清算了神學家們的「神聖驢性」，辛辣尖刻、直言不諱地諷刺與批判宗教世界觀

07. 西元 1585 年　《論英雄的熱情》：是對迫害的高傲回答，同時歌頌了人類認識的無限性

08. 西元 1588 年　《告別演說》：忠於自己哲學原則的演講

09. 西元 1588 年　《反對當代數學家和哲學家的 160 條論綱》：反對亞里斯多德哲學和經院哲學觀點的重要著作

10. 西元 1590 年　《論單子、數和形》：布魯諾哲學三部曲之一

11. 西元 1590 年　《論不可度量者與不可數者》：布魯諾哲學三部曲之一

12. 西元 1590 年　《論三種最小和度》：布魯諾哲學三部曲之一

● 歷盡磨難，矢志不渝 —— 康帕內拉

> 「無止境的願望使我永遠苦惱，我越認識得多就越知道得少。」
>
> —— 康帕內拉

▌人生傳略▌

托馬索・康帕內拉（西元 1568 年～ 1639 年），是 16 世紀末 17 世紀初義大利文藝復興時期著名的哲學家，和早期空想社會主義者之一。

西元 1568 年 9 月 5 日，康帕內拉出生於義大利南部卡拉布里亞省提羅城附近，斯拉諾村的一個貧窮鞋匠家庭。他的童年時代生活非常困苦，僅靠父親的微薄收入全家難以餬口，更無力供他進學校讀書。康帕內拉沒有受過學校的系統教育，只是在童年的時候，有幸遇到一位樂於教他讀書識字的多米尼克神父，並在其指導下接受最初的教育。他一生始終懷著感激之情，銘記著這位啟蒙老師的恩惠，而老師也非常賞識他的天賦和求知精神。

早在少年時代，康帕內拉就才華橫溢。他酷愛文學，13 歲時已能寫詩創作，後來創作多種題材的十四行詩，達到很高的成就。西元 1582 年，他入多米尼克修道院當修士。最初他曾把這裡的環境看作是完善和美好的，但不久他就對這裡的一切感到失望了。為了尋找出路，獲取知識，他便利用修道院的藏書，把全部精力都用在學習上。透過勤奮刻苦地學習，終於成為一位知識淵博、視野廣闊、才思敏捷的飽學之士。

康帕內拉不僅廣泛涉獵諸家的著作，而且還積極參加當時的神學和哲學的辯論。17 歲時就在一次辯論會上，以充滿異教氣味的話語震驚四座。從此開始了他反對長期統治修道院的神學權威和經院哲學的戰鬥歷

程，並屢遭迫害。他的一生先後繫獄達 33 年之久，坐過 50 所牢房，受過 7 次極其嚴酷的刑訊，但他始終堅貞不屈，頑強鬥爭。

　　長期的監獄生活，嚴重地損害了他的身體，各種殘酷的刑罰弄得他遍體鱗傷，水牢和地牢奪去了他的健康，死亡隨時威脅著他的生命。不過他始終忍受著，在極其艱苦的條件下，以驚人的堅強毅力，祕密從事著述活動，寫出了有關哲學、政治、歷史、文學和自然科學等方面的著作，為人類留下寶貴的精神財富。

　　康帕內拉在法國憂心如焚地度過了自己的晚年。西元 1639 年，他的舊患腎臟病逐漸惡化，生命垂危。5 月 21 日凌晨 4 時，在黎明的曙光即將到來的時候，這位時代的巨人便與世長辭了，終年 71 歲。

▍主要思想及著作▍

　　康帕內拉的代表作是他的《感官實證的哲學》、《哲學總論》和《太陽城》（*The City of the Sun*）。

　　1、他指出，人們要直接研究自然，不要靠書本。一切哲學知識都以感覺為基礎，一切較高級的認知，無非是各種形式的感覺。同時，他又認為自然是上帝的顯現，信仰是認知的一種形式，是神學得以產生的泉源。

　　2、康帕內拉在他的《太陽城》中，創製了一個社會主義的國家學說，同柏拉圖的《理想國》相仿。在一個文明的國家、一個太陽城裡，知識統率權力，人人平等，除去按知識劃分以外，沒有階級差別。哲學家是統治者，教育是普及和強迫的，訓練學生適應各種職業。

▍名人事典▍

　　1、西元 1599 年 11 月，康帕內拉被押送到那不勒斯的努奧沃城堡監獄。這時，他考慮的不是個人的苦難和安危，而是在西班牙統治下的祖

國人民和義大利的未來命運。正是這種理想，使他承受住了一切考驗，每次被提審時，他都斷然否認敵人所加的「罪狀」。於是，他被拋進了一個被稱為「鱷魚坑」的臭泥潭裡，用鎖鏈緊緊鎖住，使其不能動。這裡鐵門緊閉，一片漆黑，臭味熏天，寒氣襲人。法庭自信康帕內拉定會屈服，可是他沒有。獄吏驚訝地把他看作是「怪物」：他竟然能在「鱷魚坑」裡整整堅持七個晝夜！

2、西元 1601 年 6 月 4 日，一場更加殘忍的刑訊開始了。康帕內拉被剝掉衣服，光著身子被綁在拷問架上，再用滑車吊到尖木樁上面，讓刑具上的尖木越來越深地扎入他的身體，血管被扎破了，鮮血直流。這次刑訊整整進行了 36 個小時，最終康帕內拉失去了知覺，看上去簡直像一具慘不忍睹的、血跡斑斑的屍體。但他仍然沒有屈服，沒有說出敵人要他承認的半個字。當他醒過來的時候，一種勝利的自豪感浮現在他的腦海：儘管受到如此殘酷的刑訊折磨，可是我還活著，還能思考，而一個人能夠思考，那真是太幸福了！

▌歷史評說▐

康帕內拉身為一名哲學家，他的哲學思想是在反對經院哲學的鬥爭中，在 16 世紀義大利著名哲學家帕特里齊（Franciscus Patricius）、特萊肖的思想影響下形成的。作為歐洲文藝復興時期傑出的思想家，作為義大利反對西班牙統治的愛國主義戰士，作為近代空想社會主義的奠基人，其思想對後世影響深遠，康帕內拉的某些論證，對笛卡兒的哲學產生了很重要的作用。

康帕內拉的一生，就是一首悲壯的詩篇。他以一顆赤誠的愛國之心，鋼鐵般的意志和不屈不撓的精神，為真理、正義、自由和解放而戰鬥到最後一息，使自己的生命火花閃耀出奪目的光彩。

▌主要著作年譜▐

01. 西元 1591 年　《感官哲學》：康帕內拉第一部論戰性的哲學著作。嚴厲駁斥了馬爾塔對特萊肖的種種非難

02. 西元 1591 年　《論物的意義》：哲學著作

03. 西元 1601 年　《太陽城》：是社會主義思想發展史上具有重大歷史意義的光輝文獻，構思了理想社會的模型

04. 西元 1601 年　《偉大的結論》：哲學著作

05. 西元 1603 年　《形而上學》：闡述其哲學框架、體系、基本原理

06. 西元 1609 年　《論最好的國家》：《太陽城》的續篇，構思理想社會的模型

07. 西元 1610 年　《醫學》：醫學著作

08. 西元 1610 年　《辯證法》：哲學著作

09. 西元 1610 年　《雄辯術》：哲學著作

10. 西元 1610 年　《詩學》：美學著作

11. 西元 1610 年　《唯理論哲學》：哲學著作

12. 西元 1610 年　《論伽利略的四篇文章》：反映康帕內拉思想觀點的重要著作

▌英國▌

● 生有涯而知也無涯 —— 培根

「知識就是力量。」

—— 培根

▌人生傳略▌

法蘭西斯·培根（Francis Bacon，西元 1561 ～ 1626 年），英國 17 世紀著名思想家。西元 1561 年 1 月 22 日，培根出生於倫敦臨河街約克府的一個新貴族家庭。培根的祖父曾為伯利·聖·愛德蒙斯大寺院的僧侶擔任管家。由於他的關係，培根的父親尼古拉·培根才得以以俗家的身分進入劍橋大學，並參與政治活動。尼古拉·培根在培根降生前幾年，已經當上了伊莉莎白女王（Elizabeth I）的掌璽大臣，歷時 20 年，他以幹練、中庸、清廉著稱。培根的母親安尼是尼古拉的第二個妻子，生有法蘭西斯和他哥哥安東尼。

安尼的父親安東尼·科克爵士，曾是英王愛德華六世（Edward VI）的文學神學教授，安尼夫人家學淵源，嫻熟希臘文、拉丁文，博學多才，自為兒子的啟蒙老師。她是加爾文教派的教徒，熱心宗教改革事業。安德遜評論安尼時說：「她在神學上是個加爾文主義者，在性癖上是個清教徒，在氣質上是個『狂熱者』，在學問上是接受各種學派的哲學、

179

神學學說的思想家……是當代政治鬥爭中較為公正的觀察員。」培根就是在這樣一位母親的撫育下成長的，在教育、宗教信仰等方面，都受到她不少影響。

培根經過語言、聖經、神學等教育後，於西元 1573 年 13 歲時進入劍橋大學三一學院。培根的導師是當時十分有名氣的三一學院院長懷特姬夫特博士，後來的坎特伯雷大主教。培根對所學的各門課程，都表現出超乎尋常的才智和獨立思考的精神。他閱讀了大量書籍，並萌發了科學、哲學必須為人類生活實踐服務的思想信念，這一信念支配著他畢生的學術活動。

在劍橋大學讀了 3 年，培根在許多學科獲得了「精通和勤奮」的讚譽。西元 1576 年，培根作為英國駐法大使的隨員來到法國。西元 1579 年，尼古拉·培根突然病故，培根奔父喪回國。據說，尼古拉相當寵愛這個小兒子，並計劃特別儲蓄一大筆款項，準備購置可觀的田產，作為培根日後贍養之資。可是尼古拉的突然逝世，使這個計畫告吹，培根所繼承的僅是父親遺產的 1/5。培根的經濟一下陷於窮困之中，自此，他一直處於負債的境地。當然，後來的一些負債，並不完全是由於生活困難，而是與他生性奢華，經濟上不能量入為出的毛病有關。

培根回國後，一面研習法律，一面到處謀職。西元 1582 年，培根 21 歲透過考試成為正式律師。西元 1589 年培根 28 歲，成為星法院（當時的英國民事法院）的出缺後書記。然而，這個薪俸不低、年收入達 1,600 鎊的職位，卻一直到 20 年後才出缺，他到西元 1618 年才繼任。因此，在當時，對於他的經濟收益仍然毫無補益。對此培根常常打趣地說，這彷彿他人的田產接壤著自己的房子，雖然能改善他的視野，卻不能充滿他的穀倉。這期間培根已懷有改革人類知識的大志，他把經驗觀察、事

實依據、實踐效果引入認識論。這是一個偉大的抱負，是日後他提出「科學的偉大復興」的重要目標，是他為之奮鬥一生的哲學志向。

此後，培根在整個都鐸王朝結束以前，多次上書求職都未獲成功。只在西元 1596 年受命為女王的私人特別法律顧問。直到伊莉莎白去世，其姪子蘇格蘭王詹姆士六世（James VI and I）即位數年後，他在仕途上終於青雲直上。西元 1607 年，培根被委任為副檢察長；西元 1613 年，他獲得了嚮往已久的檢察長職位。3 年後，繼任掌璽大臣。西元 1618 年，官階的最後一級，培根也終於升上去了，成為英格蘭的大法官，同年又授封為維魯蘭男爵，西元 1620 年又授封為聖阿本斯子爵。至此，培根達到了他仕途的顛峰。與此同時，他從未間斷、始終熱愛的哲學與科學研究工作，有大量的著述問世，包括他影響哲學歷史發展的《新工具論》（Novum Organum）。西元 1621 年，培根以受賄罪被控免職，以後，他雖曾努力尋求政治職位，卻未獲成功。

不過，培根不愧為一個哲學家，他很快從「身敗名裂」的沉重打擊中振作起來，在他的政治生涯結束後的五個月，就完成了被後人稱為「近代史學著作里程碑」的《亨利七世的治理史》（History of the Reign of King Henry VII）。之後，他又有許多政治歷史以及哲學、科學等方面的著作問世。

西元 1626 年 3 月底，春寒料峭的一天，培根坐車到倫敦北郊海蓋特。據曾當過培根祕書的霍布斯說，當時地上的積雪，讓培根突然產生一個念頭，雪和鹽可否同樣有防腐作用？於是他決定立即做冷凍防腐的實驗。他拿來一隻除去內臟的雞，在其雞腔內塞滿雪。突然，培根感到一陣寒戰，他著涼了，無法回到自己的寓所，只好到阿倫德爾伯爵在海蓋特的家。主人不在家，僕人們熱情地接待了他，把他安置在宅內最好

的一張床上，可是這張床近一年未曾使用，因此床的潮溼和冰涼，可能都加重了他的病情。

不過，培根並沒有意識到病情的嚴重性，還清醒地寫了一封感謝信給主人阿倫德爾伯爵，興奮地告訴伯爵，他的冷凍母雞試驗大獲成功。他還風趣地把自己為科學真理而冒風寒的舉動，與老普林尼（Pliny the Elder）要在維蘇威火山附近觀看它爆發的決心相比。他寫道：「我有著類似老普林尼的命運，由於企圖要做關於維蘇威火山的實驗，而喪失了自己的生命。」這個比喻太巧合了。培根終因支氣管炎窒息了，於西元1626 年 4 月 9 日逝世，終年 65 歲。

▋主要思想及著作▋

培根的代表作是他的《新工具論》，這本書的宗旨，就是要替人類開闢一條與以往完全不同的道路，以便人的心靈能在事物的本性上，行使它所固有的權威。書中批判傳統哲學脫離實際、脫離自然；揭露了妨礙人們獲得真理性認識的幾種心理障礙和虛妄觀念；指出了舊邏輯方法的局限；提出了用科學的歸納法取代盛行的思辨推理方法。《新工具論》是近代具有重大影響的邏輯學、哲學著作，它奠定了近代歸納學說的基礎，它闡發的經驗認識論原則，開近代唯物主義經驗論的先河。

（一）四假相說與經驗歸納法

培根認為，哲學之所以貧瘠了這麼久，是因為它缺少一種使自己肥沃的新方法，一些錯誤的觀念和思想，盤踞在人們的思想中，必須加以清除。他把這些錯誤觀念歸類為四種假相：種族假相（根源於整個人類的天性，而普遍發生的認知錯誤）；洞穴假相（每個人根據自己的癖好、偏見觀察事物，猶如坐井觀天，歪曲事物的真相。）；市場假相（人們

在交往中使用虛構的或含混不清的語詞、概念，而造成的思想混亂和偏見）；劇場假相（由於盲目崇拜權威、迷信傳統所造成的偏見）。

只有除去這些假相，以經驗歸納的正確方法，才能獲得真理性的認識。「真正經驗的方法，是點起蠟燭，」（假設）「然後用蠟燭來照亮道路，」（安排實驗並劃定其範圍）「它從經過整理和分類的經驗出發，而不是從雜亂無章的經驗出發，由此抽象出原理，然後再從確立的原理引出新的實驗。」

（二）科學的烏托邦

培根夢想著改造科學一番後，再來以科學改造社會秩序，從而建立一個以科學家和科學思想為主導的理想世界。這個世界在他的著作《新大西島》中作了簡要的描述。

▌名人事典▐

1、培根童年即表現出超常的智慧，據說有一次女王伊莉莎白問他的年紀，他雖然還是個孩子，卻聰明地答道：「我比女王的幸福朝代還少兩歲。」。

2、培根在國會和法庭上的辯才是非常著名的。與他同時代的著名劇作家、詩人班‧強生（Ben Jonson），對他的辯才曾有生動的描述：「沒有第二個人比他說得更清楚、持重而有感動力了，他的資料比什麼人都豐富，他的內容比什麼人都充實，他演說的每一個部分，緊相連貫，無懈可擊。聽他演說的人，不能偶然頭向外看，否則就要遺漏相當部分的意思了。凡他演說的地方，都用演講詞控制了聽眾，此時沒有其他的努力可以轉移聽眾的注意力，聽他演講的人，都有一種擔心，恐怕他的演說即將要宣告結束。」。

3、培根在臨去世時，還念念不忘科學的發展事業。他在遺囑中指明除把部分遺產留給他的管家僕人外，還規定了一個總數，作為大學設定一個自然哲學、一個科學講座的基金，以及 25 個名額的學生獎學金。不過，實際上培根在去世時，他的負債總數已達 22,371 鎊，而他的財產猜想的價值僅為 7,000 鎊。因此，大學實際上並未獲得這筆捐贈。

‖歷史評說‖

培根在他的遺囑中說：「我的靈魂將歸還上帝，我的軀體將殁於黃土，我的名字將傳之後世，並揚名海外。」的確，培根身為「英國唯物主義和整個現代實驗科學的真正始祖」，他的名字不僅在他的祖國，而且在世界文化史、科學史、哲學史上，都是永垂史冊的。

培根跑遍了一塊又一塊田野，把他思想的種子撒入了每門學科的土壤中。而歸根究柢，培根愛的是哲學而非科學。只有哲學能給哪怕是紛亂而悲傷的生活，以一種由悟性而來的莊重寧靜。所以培根說：「學問能戰勝或減輕對死和逆境的恐懼。」此一先哲的名言給我們以人生的啟示。

‖主要著作年譜‖

01. 西元 1597 年　《論說文集》：討論了人生問題，提煉概括了深刻的人生哲理

02. 西元 1603 年　《關於自然解釋的序言》：培根唯一一篇帶有自傳色彩的文章，謳歌了科學的發明創造者

03. 西元 1603 年　《論時代勇敢的產兒》：以長者對生徒講話的形式寫成。主旨是要使人的認識，從溝通人與自然的關係、到恢復人對自然的統治出發

04. 西元 1604 年 　《論事物的本性》：自然哲學著作

05. 西元 1604 年 　《論人類的知識》：討論了新型的自然史問題

06. 西元 1605 年 　《學術的進展》（*The Advancement of Learning*）：培根關於知識論的著作

07. 西元 1607 年 　《幾種想法和幾條結論》：《新工具論》的主要內容之一

08. 西元 1608 年 　《各家哲學的批判》：《新工具論》的主要內容之一

09. 西元 1608 年 　《古人的智慧》：以寓言形式闡述思想

10. 西元 1620 年 　《偉大的復興》（未完成）：培根代表作，以《新工具論》為主體

11. 西元 1620 年 　《新工具論》：對近代有重大影響的邏輯學、哲學著作。以箴言的形式寫成，提出了科學歸納法代替盛行的思辨推理方法，奠定了近代歸納學說的基礎，開近代唯物主義經驗論的先河

12. 西元 1621 年 　《亨利七世的治理史》：被後人稱為「近代史學著作里程碑」的、富有哲學意味的史學著作

13. 西元 1623 年 　《新大西島》：描述烏托邦的作品

14. 西元 1623 年 　《論學術的進展與價值》：探索科學復興之途徑的著作

15. 西元 1625 年 　《林木集》：自然史的材料匯合集

● 在平凡中鑄就不朽 —— 霍布斯

> 「人就是機器。」

—— 霍布斯

▌人生傳略▌

　　湯瑪斯‧霍布斯（Thomas Hobbes，西元 1588 ～ 1679 年）是英國資產階級革命時代最傑出的思想家之一，西元 1588 年 4 月 5 日出生於英國南部維特夏的維斯堡鎮。他的母親是一個普通自耕農家庭的女兒，父親是當地的鄉村教師，性格粗暴又愚蠢無知。霍布斯出生後不久，他便在一次和同事的爭鬥後遠遁他鄉，從此杳無音信。霍布斯早年的撫養和教育，都是由他的教父資助的，4 歲時被送到當地的教會小學讀書，後又轉到私立學校上學。

　　西元 1603 年，不到 15 歲的霍布斯就以優異的成績，進入牛津大學麥克多倫學院學文科。西元 1608 年，霍布斯大學畢業後，留校講授了一年邏輯學。隨後，他受聘為卡文迪許男爵的兒子當家庭教師。從此，他便和這個貴族家庭建立了終生的連繫。不久，卡文迪許被封為德文郡伯爵。霍布斯側身於這個顯貴家族，使他找到了可靠的保護人和事業上的贊助者。他有了更多的空閒時間來研究學問，有出入第一流圖書館的權利，有接近社會名流和學者的便利條件，並有出國旅行考察的機會。

　　霍布斯終身未婚。他一生的大部分時間是在卡文迪許家族裡度過的。西元 1679 年冬，卡文迪許家遷居，霍布斯同行，經過旅途顛簸，到家後就臥床不起了。同年 12 月 4 日，將近 92 歲的老哲學家離開了人世，死後葬在附近教堂的簡樸墓地裡。

▌主要思想及著作▐

西元 1642 ～ 1646 年，霍布斯寫成了重要論著《論物體》，系統地闡述了他的機械唯物主義自然觀。霍布斯把這本書看成他的體系的第一部分，認為該書所闡述的原理，是他整個哲學體系的基礎。而他的體系的第二部分是《論人》，這本書談到他的視覺理論和心理學的一些問題。至此，霍布斯完成自己構想了 30 年的整個哲學體系。他在另一部代表作《利維坦》（*Leviathan*）中主要闡述了他的國家學說。

霍布斯認為，哲學的任務就是研究物體。而物體有兩種：自然物體與人工物體。前者是指自然界存在的自然物體，後者指人們根據契約建立起來的國家。而人是最完全的自然物體，又是人工物體的要素。因此，他的哲學體系主要是由自然哲學、人學、公民哲學組成的。

（一）自然哲學 —— 「論物體」

霍布斯為物體下了一個十分明確、完整的定義：「物體是不依賴於我們思想的東西，與空間的某個部分相合或具有同樣的廣延。」他認為世界上唯一真實存在的東西是物體，宇宙就是物體的總和。人的思維與思維著的物質是分不開的，「不能設想沒有思想者的思想」。同時，一切物體都是運動變化的，這種運動是由於外力的推動。

（二）人學 —— 認識論和方法論

霍布斯認為，人的認識起源於並主要來自於感覺，由感性經驗而達到理性推理從而獲得知識，理性僅造成對經驗材料加工的作用。在方法論上，霍布斯受到笛卡兒的影響，重視幾何學所運用的演繹法。

（三）公民哲學 —— 關於社會和國家的學說

霍布斯是近代社會契約論的創始人。他認為，在國家產生以前，人類處於「自然狀態」，生而平等。但是，由於人受慾望的本性支配，都為儲存自己而不惜損害別人的利益。為了避免這種惡果，更好地儲存自己，人們才彼此訂立契約組成國家。

▌名人事典▌

1、霍布斯結交的好友中有英國著名的大哲學家培根。培根晚年受貶後退隱鄉間，從事著述。大約在西元 1621 ～ 1625 年間，霍布斯當過培根的祕書。兩人經常在花園裡散步。霍布斯總是拿著紙和筆，隨時記錄下培根不時迸發出來的新思想火花。培根常說，他特別喜歡霍布斯記錄他的思想，因為比起其他人來說，霍布斯更能領會他的思想，他也更能明白霍布斯記下來的東西。霍布斯還幫培根把他的某些作品翻譯成拉丁文。兩人的交往，讓霍布斯受到了培根哲學思想的薰陶。

2、霍布斯晚年的威望主要在國外。凡是訪問英國的外國傑出學者，總要去拜望這位老人，對他表示敬意。在當時還沒有哪一個英國人，能享有霍布斯這樣高的威望。

▌歷史評說▌

霍布斯是英國 17 世紀偉大的政治家和思想家。他的學說，概括了當時自然科學發展的最新成果，展現了文藝復興以來新社會思潮的人本主義精神，反映了英國資產階級和新貴族的反封建進步要求，在反對封建主義和宗教神學的鬥爭中產生了正面的歷史作用，對後來的英國和歐洲的哲學和社會政治學的發展，有很大的影響。

　　霍布斯一生的生活可以算是較平凡的，沒有貴族的出身，沒有騰達的仕途，也沒有多少金錢財產，甚至沒有什麼坎坷的經歷。就是在這樣的平凡中，他鑄就了自己不朽的思想。生活原不一定要**轟轟**烈烈，平淡中也可以實現永恆。

▌主要著作年譜▌

01. 西元 1637 年　《法律要旨》：表明其政治理論概略的小冊子

02. 西元 1642 年　《論公民》：闡述了政治學說

03. 西元 1644 年　《光學論文》：自然科學論文

04. 西元 1644 年　《論機械運動與客觀物體》：自然科學論文

05. 西元 1651 年　《利維坦》：英文通俗讀物，闡述其政治學說

06. 西元 1654 年　《論物體》：霍布斯哲學體系的基礎，闡明其機械唯物主義自然觀

07. 西元 1658 年　《論人》：論及視覺理論與心理學問題之作

08. 西元 1666 年　《異端懲罰史》：調查了懲治異端的法律根據

09.《哲學家和英國習慣法學者的對話》：闡述其思想的對話體文章

10.《宗教史》：揭露教會侵犯世俗權力的罪惡行徑之作

11. 西元 1672 年　《自傳》：以拉丁文悲歌體寫成的自傳

12. 西元 1675 年　譯《奧德賽》（*Odyssey*）：譯著

13. 西元 1676 年　譯《伊利亞特》（*Iliad*）：譯著

14. 西元 1678 年　《生理學研究》：霍布斯生平最後一部著作

● 謙和風雅，文如其人 —— 洛克

> 「德行的範例，福音書中已有；罪惡的範例，還是沒有為好；必死的
> 範例，所在皆是。」

—— 洛克

▋人生傳略▋

約翰·洛克（John Locke，西元 1632 ～ 1704 年）是 17 世紀英國卓越的哲學家和政治思想家，西元 1632 年 8 月 29 日，洛克誕生在英格蘭南部薩莫塞特郡林格通城一個清教徒家庭。父親老約翰·洛克（父子同名）與其母艾格麗·凱妮結婚時，凱妮已經 35 歲，比其丈夫大 9 歲之多。洛克在學生時代是公認的好學生，一直有在領獎學金，並於西元 1656 年 2 月獲文學學士學位，又於西元 1658 年 6 月獲文學碩士學位。

大學畢業之後，洛克留校（牛津大學）從事教學和研究。除繼續學習亞里斯多德的邏輯學和形而上學之外，日益擴大自己的研究領域，如歷史、天文學、自然哲學。在教學方面，洛克講授過希臘文、修辭學，並於西元 1664 年擔任過道德哲學的學監。從西元 1657 年起，他就開始從事在當時頗為時髦的醫學和實驗科學的研究，廣泛結交新興科學的代表人物。醫學研究的實踐和近代實驗科學的薰染，對洛克唯物主義世界觀的形成，產生了決定性作用。在這方面影響最大的，首推羅伯特·波以耳（Robert Boyle）。

波以耳是近代化學和物理學的奠基人之一，他在研究中強調經驗觀察的意義，力圖把數學與實驗科學結合起來，對自然現象作出定量的說明。西元 1654 ～ 1668 年，波以耳住在牛津，洛克與他結為深交，並利

用波以耳的實驗室，從事化學實驗和氣象研究。洛克的思想深受波以耳的影響。

西元 1668 年 11 月 23 日，洛克被英國皇家學會接納為會員，並榮任「實驗考察指導委員會」的十一位委員之一。西元 1675 年，他獲得醫學學士學位，並得到獎學金。他雖因致力於政治活動和學術研究，而未公開掛牌行醫，但在私人朋友圈內，他的醫術是得到讚許的。西元 1667 年，他結交了當時英國最負盛名的醫生希頓漢姆，並與他合作從事醫學研究。希頓漢姆注重經驗和觀察的方法，對他也有相當大的影響。他後來還與牛頓長期交往，彼此通信討論科學、哲學和神學問題。

洛克哲學思想的發展，除了實驗科學的影響之外，還受惠於笛卡兒哲學對他的啟發。當他對牛津大學所教授的傳統經院哲學大感失望時，是笛卡兒的哲學著作使他恢復了對哲學的興趣，他的哲學思想也吸取了笛卡兒思想中的許多因素。

西元 1667 年，洛克因為醫好了阿希萊勛爵久治無效的怪病，挽救了他的生命，並贏得了這位貴族的信任和友誼。阿希萊勛爵於是聘洛克去倫敦當他的家庭醫生和祕書。從此，洛克就跟在勛爵的後面，舉步走進 17 世紀後半期英國政治漩渦的中心。經歷了幾度沉浮，於西元 1700 年辭去一切職務，遷居奧提斯，住在友人家中，終其餘年。

西元 1704 年 10 月 28 日，約翰·洛克與世長辭，享年 73 歲。

▌主要思想及著作▐

洛克的代表作是他的《人類理解論》（*An Essay Concerning Human Understanding*），書中探討了人類理智慧力本身的性質和限度問題，成為唯物主義發展史上的重要著作。

（一）一切知識來源於經驗

洛克反對天賦觀念的學說，認為人們的知識都來源於感覺經驗，觀念起源於外物的性質或能力對我們感官的作用。他把觀念分為簡單觀念和複雜觀念，簡單觀念是原始的觀念，是構成一切知識的基本材料。人心憑它自身的能力，將這些簡單觀念加以組合、比較和抽象，構成一切複雜觀念。

（二）對知識的分析

（1）在知識的性質和等級問題上，洛克把知識分為三個等級，即直觀的、證明的和感性的。他認為直觀知識是人類認識能力所得到的、最清楚可靠的知識，而感性的知識是最低等級的知識。（2）在關於知識的範圍和界限問題上，洛克透過對人類理智慧力的考察，認為我們既不可能得到關於物體的科學，也不可能得到有精神和神靈的科學。因為這些都是超越人類理智慧力之外的，是人無法認識的。（3）洛克不僅肯定數學和道德學知識有必然性，而且認為只有它們才是實在的知識，才有可能成為科學。

▌名人事典▐

洛克的墓碑上銘刻著他死前用拉丁文撰寫的碑文，全文如下：

約翰·洛克長眠於此。你們如要問他何許人也，回答是：他是滿足於小康命運的人，他是受過訓練的學者，專心追求過真理的人。對此，你們可以從他的著作中得知。他的著作，比之碑文上令人生疑的頌揚之詞，將更為忠實可信地告訴你們，有關他的其他一切評說。他的德行，即使有一些，既不足以說明他的聲望，也不配當你們的典範。就讓他的罪惡隨他一起埋葬吧！德行的先例，福音書中已經有了；罪惡的範例仍以沒有為好；必死的範例，所在皆是。他生於西元 1632 年 8 月 29 日，死於西元 1704 年 10 月 28 日。這塊本身即將蝕滅的墓碑，就是一個證明。

▌歷史評說▐

　　洛克是英國資產階級革命完成時期的著名哲學家。他詳盡地論證了培根、霍布斯的唯物主義經驗論的原則，建立了西歐哲學史上第一個較完整的認識論體系，成為唯物主義經驗論哲學的集大成者。他的思想不僅為柏克萊（George Berkeley）、休謨（David Hume）的哲學提供了條件，而且，對後來哲學的發展有重大影響。

　　洛克的一生有許多深交摯友，不論是波以耳、牛頓這樣大名鼎鼎的人物，還是沒有名氣的一般學者，洛克都以誠相待，並從他們身上汲取知識的養料。這使他從中受益匪淺。人是群居性的動物，這決定了人不能沒有朋友。真正的朋友不僅能解除生活中的寂寞，更是你前進時的拐杖，摔倒時的扶手，是喜悅的分享者，也是痛苦的分擔者。有朋友，人生才更美好。

▌主要著作年譜▐

01. 西元 1683 年　《教育漫話》（*Some Thoughts Concerning Education*）：討論教育問題的書信

02. 西元 1685 ～ 1686 年　《論宗教寬容的書信》：洛克寫給荷蘭神學家林波克的長信

03. 西元 1690 年　《人類理解論》：洛克代表作，闡述了其主要哲學思想

04. 西元 1690 年　《政府論》：系統闡述了其自由主義的政治思想的重要著作

05. 西元 1695 年　《基督教的合理性》：力圖將基督教建立在理性的基礎上，為他的宗教寬容論提供理論根據

● 在虛無的世界中感知存在 ── 柏克萊

「存在即是被感知。」

── 柏克萊

▌人生傳略▐

喬治·柏克萊（西元 1685 ～ 1753 年），英國近代哲學家，西元 1685 年 3 月 12 日生於愛爾蘭基爾肯尼郡。柏克萊的父親是一名港口稅務員，母親則是釀酒商的女兒。他們一生養育了 7 個兒女，孩子們都受到良好的教育。兩位老人活了將近 90 歲，死於同一個星期，葬於同一個墓穴。

柏克萊自幼聰慧好學，善於思考，在學校的文件中記錄著柏克萊入學時，被破格編入第二級學習（該校最低的一級是第五級）。西元 1706 年，15 歲的柏克萊進入都柏林三一學院。他才學出眾，富於幻想，其思想行為常被同學視為怪癖奇人。他的大學生活期間，正面臨著內外激烈的思想碰撞。都柏林三一學院的學術思想相當活躍，學術團體在校內外廣泛展開，科學研究受到鼓勵。一切傳統觀念正面臨著挑戰，代之而起的新思想正在覺醒。柏克萊深受這種環境的影響，思想活躍，勤於鑽研。

西元 1705 年，柏克萊被授予文學學士學位。他心懷大志，力爭當上大學研究員，不過學院研究員數目有限，只有當職位空缺時才能產生候選人，柏克萊全力以赴，準備補缺選拔，並繼續構思和探索他的「哲學假設」。西元 1707 年，他獲得文學碩士學位，並當選為初級研究員。此後數年他擔任過圖書管理員、講師、學監等各種職務。擔任研究員的頭幾年，是他思辨能力發揮的高峰，也是他寫作的黃金時代，一些重要著

作都是在此期間完成的。

　　西元 1709 年，柏克萊被任命為都柏林教區的牧師。西元 1721 年 9月，他重返三一學院，獲文學博士、神學博士學位，並就任高級研究員。西元 1724 年，被授命為俸給優厚的德利教區的教長。西元 1726 年，他曾計劃在美洲創辦一所大學，並獲得了英國議院批准的撥款。可是撥款遲遲未能兌現，柏克萊在捐款人的壓力下，只得先於西元 1728 年 9 月攜新婚妻子啟程赴美。他的妻子安尼是愛爾蘭一位高等法官的女兒，他們共生有七個兒女，其中有三個夭折。後來，建學校的計畫落空，柏克萊離美返英。

　　西元 1734 年 5 月，柏克萊被任命為愛爾蘭克羅因教區主教，此後一直擔任此職。隨著年歲增長，柏克萊的健康每況愈下，加之喪子亡友的打擊，他終於在西元 1751 年決定提出辭去主教職務，可是未獲准。英王喬治二世聲稱（George II）：柏克萊可以到他要去的任何地方生活，但他到死還得是一個主教。然而柏克萊還是退隱並離開克羅因去了倫敦。西元 1753 年 1 月 14 日晚，柏克萊與妻兒一起坐在居室的躺椅上，沒有任何預兆和痛苦，突然平靜地去世，享年 68 歲。

主要思想及著作

　　西元 1710 年 5 月，柏克萊最重要的哲學著作《人類知識原理》在都柏林出版。這部著作只是全書的第一部分，計畫中還有其他兩部分。第二部分的手稿在他旅遊義大利時丟失了，此後，他沒有再重寫，因此現在傳世的只有這第一部分了。這部著作儘管開始遭到冷落，後來卻異軍突起，超過了當時所有其他書籍的成功。當時僅印了兩版，柏克萊死後至少出了六種版本，還不包括再版、翻譯版和選集版。

（一）存在就是被感知

柏克萊認為，我們的觀念並不是外界事物印入感官而產生的，相反，事物倒是「感覺觀念的集合」。例如，某種顏色、滋味、氣味、形象和硬度，如果常在一起出現，我們便會把這些觀念當作一個單獨的事物來看待，並用蘋果的名稱來表示它。那麼，觀念從哪裡來呢？又如何存在？柏克萊認為，它來自於人的心靈，並存在於人的心靈中。於是他提出了「存在就是被感知」的命題。只有感知到的事物，我們才能確定其存在。

（二）物質是虛無

基於「存在就是被感知」的命題，柏克萊否認物質的客觀實在性。他認為事物本身是不確定的，其大小、形狀、運動等，都會隨著感覺的變化而變化，這種變化多端的東西當然不具有實在性。因此他說：「物質就是虛無。」

▌名人事典▌

西元 1734 年 5 月，柏克萊被任命為愛爾蘭克羅因教區主教。該區位於愛爾蘭南部，是一個相當貧困落後的地區，柏克萊全家在那裡居住了 18 年之久。在此期間，主教的實踐活動是多方面的。他竭力改變愛爾蘭的落後面貌，主張經濟獨立，實行自給自足，提倡發展工業和農業。他親自創辦紡織學校，建立手工業工場，著力開拓耕作。

為了促進科學技術的發展，他長途跋涉，攀崇山峻嶺，入幽深洞穴進行實地考察，並大力鼓勵創造發明，凡在科學研究和日常技藝取得成就者，均頒發獎勵，並授予以自己命名的「希臘金質獎章」。柏克萊目睹愛爾蘭人遭受貧病交加，瘟疫猖獗的侵襲，長期從事醫學、藥物學、物

理和化學的實驗活動，並製造出一種能減輕病痛、解救人們生命的、價廉簡易的藥物。

▌歷史評說▌

柏克萊是英國經驗論的轉捩點，他把洛克的經驗論澈底化，將唯物主義經驗論發展為唯心主義經驗論，而且帶有濃厚的神祕主義色彩。他不僅為休謨的懷疑論提供了條件，而且對後來的哲學發展有重大影響。如實證主義、馬赫主義、實用主義、邏輯實證主義等，都淵源於柏克萊哲學。

浩渺宇宙間，任何一個生靈的降生都是偶然的，離去卻是必然的。一個人與另一個人的相遇總是千載一瞬，分別卻是萬劫不復。當我們的生命不存在的時候，我們怎麼會知道還存在著什麼？甚至是否還有什麼存在？柏克萊的思想看似荒謬，卻蘊含著多麼悲涼而深刻的人生體悟。

▌主要著作年譜▌

01. 西元 1707 年　《算術》：關於數學的文章

02. 西元 1707 年　《數學雜論》：關於數學的論文

03. 西元 1707 ～ 1708 年　《哲學論稿》：反映柏克萊思想的重要手稿

04. 西元 1709 年　《視覺新論》：柏克萊第一部名作，闡述了其「非物質主義」思想

05. 西元 1710 年　《人類知識原理》：柏克萊最重要的哲學著作

06. 西元 1711 年　《論消極服從》：是他在三一學院教堂幾次講道的彙集

07. 西元 1721 年　《論如何防止大英帝國的毀滅》：是一篇充滿道德說教的道德論文

08. 西元 1732 年　《渺小的哲學家》：反對自然神論和自由思想的哲
　　　　　　　　　　學著作

09. 西元 1733 年　《視覺論辯釋》：概括《視覺新論》，並答辯詰難者

10. 西元 1734 年　《分析學家》：數學哲學著作

11. 西元 1735 年　《為數學中的自由思想申辯》：數學哲學著作

12. 西元 1735 年　《提問者》：經濟學著作

13. 西元 1744 年　《西利斯》：論述焦油水的性質，作用及其製作

14. 西元 1752 年　《雜論集》：柏克萊最後一部著作

● 在懷疑中尋找不可懷疑的真理 —— 休謨

「印象先於感覺。」

—— 休謨

▌人生傳略▌

　　大衛・休謨（西元 1711～1776 年）於西元 1711 年儒略曆 4 月 26 日，出生在蘇格蘭愛丁堡郡的奈因微爾斯。他是家中最小的孩子，還有一個哥哥和一個姊姊。休謨系出名門，但到休謨時家境已衰落。他的父親是一名律師，母親是蘇格蘭最高民事法院院長的女兒。在英國資產階級革命的動盪年代，休謨一家始終站在革命一邊，反對斯圖亞特王朝的任何企圖。休謨兩歲喪父，由母親撫養長大。據說他從家庭教師和母親那裡得到早期教育。他從小性情文靜，喜歡思考，常常冥思苦想一些有關善惡的道德問題。

　　西元 1722 年，休謨入愛丁堡大學讀法律，他天資聰慧，學習刻苦，

因而成績優異。西元 1725 年，休謨因家庭原因輟學回家，沒能獲得學位。此後他專心自學，直到西元 1734 年。這期間，他的人生志向發生了重要變化，這決定了他一生的發展。最初休謨致力於法律和文學，他的家人也希望他能在法律方面有所成就，可是後來他發現自己的真正興趣在哲學方面，於是將研究的方向轉向了哲學。

休謨的一生曾經經過商，當過家庭教師、祕書、圖書館的管理員，但所有這些工作都，是為他所熱愛的哲學研究創造條件，事實上只有哲學才是他一生真正的事業。他不斷有著作問世，名氣也越來越大。

西元 1775 年春，休謨患腸胃病，病勢日漸嚴重，經朋友勸說，他決定去倫敦旅行。離開前，他寫下了《自傳》，在《自傳》中，他這樣描述自己的性格：「平和而能自制，坦白而又和藹，愉快而善與人親近，最不易發生仇恨，而且一切感情都是非常中和的。」他沒有說自己為什麼終生未娶，不過有證據證明他確實有過幾次戀愛。寫《自傳》時，休謨自知死之將至，卻仍精神矍鑠、談笑風生，一如往常。他自稱最愛文學，當他看到自己的名聲漸起，感到雖死無憾。

西元 1776 年 8 月 25 日，休謨在「聖·大衛」街的家中逝世。

▌主要思想及著作▐

休謨的第一部哲學著作《人性論》（*A Treatise of Human Nature*）也是他的代表作。這部著作是他多年哲學思想的結晶，他的經驗論和不可知論的觀點，在這部書中得到了完整而充分地展現。他還從人性哲學的基本原則出發，廣泛探討了倫理、審美、政府起源和社會發展等方面的許多問題。儘管他後來的著作對《人性論》中的觀點有許多補充、刪略和修改，但他的理論基調，是在這部著作中確定下來的。

休謨的理論是澈底的經驗論，同時也是懷疑論。他認為，人的一切認識都來自於感覺經驗，對於經驗不到的東西，我們應該存疑。除了「我存在」這件事是毋庸置疑的之外，一切都是可懷疑的。在此基礎上，他否認因果連繫，認為事物之間所發生的連繫都是偶然的，沒有必然性。將這種懷疑論應用於宗教領域，必然引起對上帝存在的懷疑，於是，休謨對宗教持批判態度。

▌名人事典▌

1、西元 1766 年，盧梭（Jean-Jacques Rousseau）在法國受到政治迫害，不得不到英國避難，休謨為之妥善安排，並伴他同行。他欽佩盧梭的才學，對他深懷敬意，認為他比之蘇格拉底有過之而無不及。但盧梭因和其他法國哲學家不和，對休謨也有了猜忌，總認為休謨和那些哲學家合夥迫害他。到英國不久，盧梭就挑起糾紛。休謨雖幾番勸撫仍無濟於事，後來盧梭憤然返法。

2、西元 1771 年，休謨回到愛丁堡另闢新居。新居所在的街道未命名，一位和休謨要好的女孩戲謔地在他家門前釘上寫有「聖‧大衛」的牌子，於是人們照此稱呼，相沿成習。後經官方批准，正式定名這條街為「聖‧大衛」街。

▌歷史評說▌

休謨是西方最重要的哲學家之一，他是近代英國經驗論的完成者。他的思想啟發過康德（Immanuel Kant），有力地推動批判哲學的形成。他的學說對現代西方哲學的發展產生了深刻的影響，成為各種實證主義、實用主義和實在論派的理論來源。儘管休謨一生的主要興趣和學術成就是在哲學方面，不過他在歷史、經濟學、倫理學、美學等方面，也

都作出了令人矚目的貢獻。

在未知的時候，我們懷疑；在懷疑時，我們才更有可能進步。懷疑其實正是一種追求真理的精神，不畏權威、不迷信盲從的精神。

▌主要著作年譜▌

01. 西元 1739 年　《人性論》：這部著作是休謨多年思考的結晶，他的經驗論和不可知論在書中得到了完整而充分的表述

02. 西元 1741 年　《倫理和政治文集》：休謨文集

03. 西元 1748 年　《人類理解研究》：據《人性論》第一卷改寫的論文集

04. 西元 1748 年　《倫理和政治論文三篇》：倫理學與政治思想的論文

05. 西元 1749 年　《道德原則研究》（*An Enquiry Concerning the Principles of Morals*）：《人性論》的第二卷，休謨最滿意的著作

06. 西元 1752 年　《政治論》：文集，反映了其政治思想

07. 西元 1754 ～ 1761 年　《英格蘭史》（*The History of England*）：歷史學著作

08. 西元 1757 年　《論文四篇》：文集，包括《宗教自然史》、《論感情》、《論悲劇》、《論幾何學的形而上學原理》

09. 西元 1775 年　《自傳》：休謨自傳

10. 西元 1779 年　《自然宗教對話集》：批判傳統宗教的著作，休謨死後由其姪子發表

法國

● 沉思宇宙，省悟人生 ── 笛卡兒

「我思故我在。」

── 笛卡兒

人生傳略

勒內‧笛卡兒（西元 1596 ～ 1650 年），17 世紀法國哲學家，西方近代哲學的創始人之一。西元 1596 年 3 月 31 日，笛卡兒生於巴黎南方土倫省的拉‧愛伊城，是貴族家庭的後裔。他的先輩多是神學博士、教會柱石，其父是不列丹議院（一省的高級法院）的成員，母親在生下他不久就病逝了。

笛卡兒生下來就身體孱弱，他的啟蒙教育是在家裡接受的，直到 10 歲才入學校讀書。西元 1612 年笛卡兒 16 歲，入波埃頓大學學法律，四年之後，他以優異的成績獲得博士學位而畢業。他是學校裡的高才生，本來可以留校任教，不過他覺得在這個籠子裡待夠了，應該出去吸點新鮮空氣。他沒有去當教師，也沒有走他父親的老路去當法官，而是去周遊各地，吸取廣博的知識。

笛卡兒自幼就好學深思，並一直保持著思考的習慣。他喜歡躺在床上思考問題，尤其是在早晨似睡將醒的時候，是他沉思的最佳時間，這

也是他最討厭被打擾的時候。因此，笛卡兒每天都起得很晚。據說，他的不少傑出思想，都是在床上半夢半醒時孕育的。波埃頓大學有出早操的規定，學生每天都要早起出操，這令笛卡兒十分苦惱。後來，由於他成績優異，校長特批他可以不出早操，從此他每天早晨都可以在宿舍裡睡懶覺了。

西元 1618 年，笛卡兒去荷蘭當志願兵，由此獲得了免費遊歷的機會，直到西元 1622 年才回到巴黎。然後他又到歐洲各地去旅行，進行學術訪問。他感到荷蘭的自由環境相當適合自己的學術工作，於是定居在那裡，一住就是 20 年，完成了他的主要哲學和科學著作，其間也搬過幾次家，基本上過的是隱居生活，只有在西元 1644 年回過一次法國。他研究的領域涉及哲學、法學、醫學、力學、數學、光學、氣象學、天文學、音樂等等，十分廣泛。

笛卡兒一生過著獨身生活，好像教士一樣。不過他並非禁慾主義者，也有過情人，只是沒有結婚。他曾和他的一名女僕同居，西元 1635 年她為他生了一個女兒，取名弗蘭西，笛卡兒愛若掌上明珠，可惜 5 歲就夭折了，這使笛卡兒終身抱恨。

西元 1649 年，笛卡兒離開荷蘭去了瑞典，正是這次出行，最終讓他送了命。

離開荷蘭的主觀原因是由於人事上的困難，有種種問題不好解決，最好一走了之，萬事大吉。客觀原因是有一位好君主，瑞典女王克里斯蒂娜（Christina, Queen of Sweden）一心要當哲學王，為此要向一位當代的柏拉圖學習哲學。笛卡兒被當成了當代的柏拉圖。女王雖然禮賢下士，卻無法登門求教。她託法國駐瑞典大使介紹，要禮聘笛卡兒到她的宮廷任教，單獨教她一個人。笛卡兒經過考慮，決定接受。女王非常重

視，為了表示隆重歡迎，派了一艘軍艦開到荷蘭迎接。西元 1649 年 10
月，笛卡兒到了斯德哥爾摩。

笛卡兒有睡早覺的習慣，而女王偏偏喜歡早起。她五點鐘就要上
課，說她政務繁忙，別的時間都沒工夫，而且最好天天上課，考慮到哲學
家的困難，才改為每週三次。另一個困難是瑞典奇寒，而法國和荷蘭的氣
候都相當溫和，笛卡兒到來時又適值冬季，這使他很不適應當地的氣候，
加上他向來體弱，不久就覺得精神不振了。到了第二年 2 月突然病倒，發
燒，呼吸困難，大概是得了肺炎，御醫也束手無策。2 月 11 日，哲學家
壽終正寢。女王為老師莊嚴地舉辦了後事，派人將靈柩送回法國。

▌主要思想及著作▐

西元 1641 年，笛卡兒發表了《形上學的沉思》（*Meditations on First
Philosophy*），比較詳細地論證了他已經提出的觀點，並且附有事前向
當時著名哲學家們徵求來的詰難，以及他自己對這些詰難的辯駁。西元
1644 年，他發表了系統著作《哲學原理》，這部書不僅包括他已經發表
的思想，而且論述了他的物理學理論。西元 1649 年，他最後發表了心理
學著作《論心靈的感情》。這三部書集中反映了笛卡兒的哲學思想體系，
成為哲學史上的重要文獻。

1、笛卡兒認為「我」可以懷疑一切，但有一件事卻是無可懷疑的，
即「我懷疑」本身。我懷疑也就是我思想，那就必然有一個思想的我，
即「思想者」，於是，他提出「我思故我在」的著名命題。人以思想確立
自身的存在。

2、在認識論方面，笛卡兒強調理性認識的可靠性，認為它是天賦
的，而透過感官從外面得來的感性認識，常常是混亂的錯覺。

3、笛卡兒的「物理學」是他哲學中的重要部分。他認為，物質是廣延的東西，不能思想。整個物質世界是無限的，並且處於運動中。機械運動是運動的唯一形式，整個宇宙就是一架大機器，動物也是機器。

▌名人事典▌

笛卡兒有沉思的習慣，尤其是躺在床上、半夢半醒的時候。他待在軍隊時的一天晚上，浮想聯翩地上了床，夜裡一連做了三個夢：首先夢見一群鬼怪向他撲來，夾著一股旋風，眼前一幅群魔亂舞的景象，嚇得他一身大汗；接著又夢見一聲巨響彷彿驚雷一般，把他喚醒；然後夢見面前擺著一本詩集，書頁翻開，上面寫著：「我今生要走哪條路？」

醒來時記得清清楚楚，他覺得這三個夢啟示了自己的使命：第一個夢意味著邪說橫行，自己身處其間十分危險；第二個夢意味著一旦猛醒就絕不回頭；第三個夢意味著自己必須走出一條正確的新路，建立一個全新的、數學式的科學體系。他十分興奮，覺得天將降大任於他，自己必須完成使命。他甚至向聖母發下宏願：一旦達到目的，就到羅託雷聖母院去還願。

▌歷史評說▌

笛卡兒的學說有廣泛的影響。他的「我思故我在」強調認識中的主體性，直接啟發了康德，成為德國古典哲學的主題，推動了辯證法的發展。此外，史賓諾沙、馬勒伯朗士（Nicolas Malebranche）以及十八世紀法國唯物主義，都受到笛卡兒思想的很大影響。

人以思想確立自身的存在。是啊！沒有思想的人豈不無異於行屍走肉？沒有思想的人生又有何價值？所以，蘇格拉底在幾千年前就嚴正地警告我們 —— 未經省察的人生沒有價值！

▌主要著作年譜▌

01. 西元 1628 年　《指導心靈的規則》（*Rules for the Direction of the Mind*）：討論科學研究方法的小冊子

02. 西元 1633 年　《論世界》：說明自然現象的物理學著作

03. 西元 1637 年　《談談方法》（*Discourse on the Method*）：以自傳體裁說明了他的研究經過和全部學說的基本內容，文章淺顯而優美動人

04. 西元 1641 年　《形上學的沉思》：哲學史上的名作，闡述了笛卡兒的主要思想

05. 西元 1644 年　《哲學原理》：笛卡兒的代表作，彙集了他的全部學說

06. 西元 1649 年　《心靈情感論》：研究心靈的各種情感與物理的連繫

● 嚴於律己，寬以待人 —— 伽桑狄

「讓我們習慣於按照事物的本來面目說明事物吧！」

—— 伽桑狄

▌人生傳略▌

　　皮埃爾・伽桑狄（Pierre Gassendi，西元 1592 ～ 1655 年），於西元 1592 年 1 月 22 日出生在法國普羅旺斯省迪尼城附近的一個農民家庭裡。他富有天賦，4 歲時就能閱讀課文，8 歲時進迪尼教會學校。畢業後在家裡帶了兩年，於西元 1609 年又入埃克斯大學繼續學業。埃克斯為普羅旺省首府，「風和日麗，遍布橄欖林」，伽桑狄在那裡學習神學和哲學。

他聰慧好學，精神早熟，深得師長的器重。一位教授曾評論說：「我不知道，年輕的伽桑狄是我的學生還是我的老師。」學業結束後，他在迪尼任修辭學教師，3 年後即西元 1614 年獲亞維農神學院神學博士學位，並在 25 歲時當了迪尼大教堂的神父，同年又被任命為埃克斯大學哲學講師。因其年輕，埃克斯大學的同事們稱他為「沒有鬍子的哲學教授」。在那裡，他度過了六年的教學生涯。

青年時代的伽桑狄是亞里斯多德哲學的信徒。後來逐漸感覺到它虛弱無力，不能服人，在失望之餘對其做了嚴肅而大膽的批評。西元 1625 年，伽桑狄來到了巴黎。伽桑狄性格開朗、對人謙遜、嚴於責己，所以他善於結友。在巴黎期間，他結識了神學家和自然科學家麥爾塞納，透過麥爾塞納又結識了笛卡兒以及其他許多學者。後來，他還結識了霍布斯、伽利略。他和他們處在友好的交往和頻繁的書信往來之中，思想也受到他們的影響。

伽桑狄不僅潛心於哲學研究和思考，他一生中還經常不斷地做物理實驗和天文觀察的紀錄，潛心於物理學和天文學的研究，並取得了卓越的成就。西元 1645 年，53 歲的伽桑狄被任命為法蘭西皇家學院的數學教授，並正式遷居巴黎，同年 11 月 23 日開始講授天文學概論。聽他講授的有各種年齡的人，其中還有當時著名的學者。西元 1647 年，伽桑狄得了嚴重的肺病，於是又返回故鄉迪尼居住，直到西元 1653 年。

他在晚年的這段時期裡，系統地研究和闡述了伊壁鳩魯哲學。瑞典女王克里斯蒂娜在西元 1650 年笛卡兒去世後，曾向伽桑狄發出邀請，但他謝絕前往斯德哥爾摩。西元 1653 年，伽桑狄在家鄉為寫作付出了極大的心血和精力，又為當時流行的熱病所傳染，身體十分虛弱。這時，他渴望重新回到巴黎，卻不幸在回巴黎的途中，再次為熱病所襲擊，13 次

放血，最終還是醫治無效，斷送了生命。西元 1655 年 10 月 24 日午後 3 時，伽桑狄與世長辭，時年 63 歲。

▌主要思想及著作▌

伽桑狄的哲學代表作是他的《對笛卡兒〈沉思〉的詰難》和《伊壁鳩魯哲學體系》，他透過對笛卡兒思想的批判，晚期對伊壁鳩魯哲學的研究，建立了自己的思想框架。

1、在哲學上，伽桑狄恢復了伊壁鳩魯的原子論，認為世界萬物都是由原子和虛空構成的，就連人的靈魂，也是由精神的原子構成的。原子的基本特性是大小、形狀和重量。虛空是原子存在和運動的場所。原子運動的根本原因是重量。由於原子本身運動而相互碰撞和結合，就形成了千差萬別的事物，而運動就是機械運動。

2、他反對笛卡兒的「我思故我在」命題。他認為，我的存在透過感覺就可以直截了當地得到證明。他也反對笛卡兒的天賦觀念論，認為人的一切觀念都是後天透過感覺經驗獲得的，全部的觀念都是外來的。「天生的瞎子心裡沒有任何顏色的觀念」，只有經過感官的感知才能獲得觀念。

▌名人事典▌

伽桑狄在英國時結識了霍布斯，彼此在學術上經常進行緊密的對話和熱烈的討論，友誼日益加深，以至西元 1640 年後，伽桑狄在巴黎還不斷與他來往。霍布斯也把伽桑狄引為自己的知己，在他晚年臥病不起時，麥爾塞納應邀到他那裡，他在病榻上首先要求麥爾塞納告訴他何時能會見伽桑狄。

西元 1631 年，伽桑狄在故鄉履行迪尼大教堂首席神父職責的同時，一方面思考和醞釀與經院哲學相對立的、自己的哲學學說，另一方面著

重研究了天文學。他每天清晨 4 點起床，工作孜孜不倦。簡便的早餐、和來訪者交談、散一會步之後又開始工作，除午餐外，一直持續到晚上 8 點，並經常半夜起來進行天文觀察。

▌歷史評說▌

伽桑狄是法國著名的哲學家和科學家。他對笛卡兒哲學的批判，對當時及以後哲學思想的發展有著重大影響。但由於歷史條件的限制，伽桑狄並沒有真正戰勝笛卡兒。後來的法國十八世紀的一些唯物主義學者，繼承了伽桑狄的思想。

伽桑狄的一生有無數的朋友，尤其是在學術領域中，許多著名的哲學家和科學家都與他過從甚密，這使他有許多與別人相切磋、探討，從而取長補短的機會。一個人的思想常常是在與別人思想的碰撞中，才閃耀出智慧的火花。有時候，益友就是良師。

▌主要著作年譜▌

01. 西元 1624 年　《奇談怪論地反對亞里斯多德派的研究》：伽桑狄第一部哲學著作，批判中世紀經院哲學和亞里斯多德主義

02. 西元 1637 年　《論假太陽》：天文學論文

03. 西元 1637 年　《弗魯德學說批判》：天文學著作

04. 西元 1644 年　《形而上學探討》：論戰性佳作，反駁笛卡兒的「形而上學」

05. 西元 1645 年　《論重物墜落時的加速度》：物理學著作

06. 西元 1645 年　《天文學指南》：天文學著作

07. 西元 1658 年　《哲學體系》：彙集了伽桑狄的主要思想，其中以物理學為主要和基礎部分

● 孱弱的身體，堅強的心靈 —— 馬勒伯朗士

「整個世界就是一系列的因果鏈條。」

—— 馬勒伯朗士

▌人生傳略▌

馬勒伯朗士（西元 1638 ～ 1715 年），西元 1638 年 8 月 5 日生於巴黎。他的父母共育有 10 個孩子，他是最小的一個。馬勒伯朗士家族是一個古老的大家族，出過許多神學家和博學者，還有國會議員、國王祕書、國府參事和總督等。他的父親是蘇黎世紅衣主教內閣的成員，當過財務官，最後死在國王祕書的任上。他的母親出身高貴，是虔誠的天主教徒。

由於出自源遠流長的家族，因而有一種傳統的道德和宗教氣氛，包圍著幼年的馬勒伯朗士。馬勒伯朗士自幼多病，幾乎可以說，他罹患著那個時代所能知道的一切疾病。但是他的父親仍然督促他學習，因為生病的緣故，沒有送他去學校，而是請了一位家庭教師。不過他的學習主要是由知識淵博的母親指導。他的幼年在家中是非常孤獨的，加上周圍有許多屬於教會的家庭成員和女性化的教育，使他的心理變得相當敏感，容易受到傷害。馬勒伯朗士身體虛弱卻聰明異常，所以在家人看來，當教士命運似乎是天意注定的。而馬勒伯朗士本人也似乎非常自然地接受這個命運。

西元 1656 年 10 月，他進了索邦，也就是現在的巴黎大學，開始學習神學。當時的索邦沒有什麼哲學氣氛，相反，卻充滿了各種古老的糾紛、宗派的爭鬥。這讓馬勒伯朗士十分蔑視，並堅定了他愛好平淡生活

及棄世的決心。這時，馬勒伯朗士的父母在一年內相繼去世，這使他與塵世的紐帶完全斷裂，從此以後，完成當教士的使命，似乎就成了他生活的唯一目標。

西元 1664 年，發生了一件對馬勒伯朗士來說非常決定性的事件，這件事改變了他青年時代對一切漠不關心的態度，不僅令他作為哲學家和神學家的特質顯露出來，而且讓他的一生成為一場幾乎從未間斷的論戰。這件事就是發現了笛卡兒。一天，馬勒伯朗士在散步時，突然注目到一本小書上引人注目的名稱：《勒內·笛卡兒論人》。他買下了這本書。儘管這本書並非笛卡兒著作中最有名的，卻仍使馬勒伯朗士激動不已，他的思維機器開始啟動，不斷地設想自己將會怎樣回答笛卡兒提出的那些問題。

從西元 1664 ～ 1669 年，馬勒伯朗士從頭開始學習，並且在數學、力學、物理學、形而上學和道德學方面，都表現出特有的天才。西元 1674 年，馬勒伯朗士發表了他的第一部著作：《真理的探索》，引起轟動，同時也從此捲入了一場曠日持久的論爭。笛卡兒派和反笛卡兒派，各種不同的神學學派都攻擊他，與他辯論，而他的新思想則讓各式各樣的學說都偏離了自己的方向，因為他要把理性和信仰結合起來。

在 40 年的歲月中，馬勒伯朗士坐在他的隱居小屋裡，不顧身體的虛弱，不斷把自己探索的鋒芒深入到當時的一切領域中，並總能引起歐洲知識階層的震動。他是位真正的學者，不光在自然史、生理學和心理學方面知識淵博，而且在幾何學和物理學方面也造詣頗深。西元 1699 年，法蘭西科學院聘他為名譽成員，以表示一種特殊的尊榮，使他的名字能與洛克、萊布尼茲（Gottfried Wilhelm Leibniz）、豐特奈爾（Bernard Le Bovier de Fontenelle）等偉大人物並列。

儘管馬勒伯朗士身體虛弱，又做了那麼多工作，卻仍活到 77 歲的高齡，這主要歸功於他心理的健康。馬勒伯朗士過著一種有節制的生活，保持著心靈平靜的同時，又不使自己的理智活動停息下來。一直到死，他都還在進行著哲學的沉思。西元 1715 年 10 月 13 日，他與世長辭了。

▌主要思想及著作▌

《關於形而上學和宗教的談話》是馬勒伯朗士對自己哲學體系比較系統的闡釋，這本著作讀來不覺艱深，是哲學家思想已經成熟的象徵。他堅信理性和信仰是一致的，反對中世紀經院哲學讓理性服從信仰的思想。

馬勒伯朗士肯定上帝的存在，他認為，上帝既不是像人心那樣的精神，也不是自然界，而是一種超乎物質和精神的絕對存在。上帝在創造世界的同時，也創造了自然界的總規律，整個世界就是一系列因果連鎖的鏈條。例如，我在街上摔了一跤，而摔跤的原因，是由於有一塊石頭絆了我一下，因此，被石頭絆倒是原因，摔跤是結果，然後這個結果又變成原因，從而又產生結果，比如骨折或其他事故。如果沒有被石頭絆倒這個機緣，就沒有這一系列的因果連鎖。

▌名人事典▌

1、馬勒伯朗士喜歡進行科學觀察，尤其喜歡觀察昆蟲。他喜歡不時地與孩子們一起遊戲，以使自己輕鬆一下，保持頭腦清醒。同時，也體驗一下他們天真純潔的天性。

2、馬勒伯朗士成名以後受到各階層的歡迎，不僅因為他聲名顯赫，也因為他的談吐富有魅力。他的《關於基督教的談話》就是應舍伏勒斯公爵之請完成的。他的思想傳播到大學、各修會等處，一些學者變成了他的信徒。他的信徒中還有一些貴族婦女，她們往往聚集在馬勒伯朗士

的姪女德‧瓦葉小姐身邊，她幫馬勒伯朗士管家。他不只在歐洲為人所熟知，就連遠在中國的傳教士們也知道他，他曾應一位在中國的法國傳教士之請，寫了一篇談話。

▌歷史評說▐

馬勒伯朗士的哲學在 17 世紀末 18 世紀初，獲得了極高的聲譽和地位。他的思想對於衝破中世紀經院哲學的束縛，曾產生不可磨滅的進步作用。

馬勒伯朗士的一生因為發現了一本笛卡兒的書，而有了重大轉折。用他自己的話來說，這也可以稱之為一個「機緣」。人的一生，會有很多的機緣，它們通常都是轉瞬即逝的，把握住機緣有時候可以改變一生的命運。

▌主要著作年譜▐

01. 西元 1656 年　《外省通訊》：抨擊教士虛偽、腐敗的文章

02. 西元 1674 ～ 1675 年　《真理的探求》：馬勒伯朗士的第一部哲學著作，闡述了其主要哲學思想

03. 西元 1677 年　《關於謙卑與懺悔的小小沉思》：宗教著作

04. 西元 1680 年　《論自然和神恩》：宗教著作

05. 西元 1683 年　《基督教的沉思》：哲學和宗教著作

06. 西元 1684 年　《關於形而上學和宗教的談話》：哲學著作

07. 西元 1688 年　《關於死亡的談話》：哲學著作

08. 西元 1696 年　《論道德》：倫理學論文

09. 西元 1697 年　《論對上帝的愛》：關於宗教的論文

10. 西元 1709 年　《答阿爾諾》：為自己的體系辯護及反駁對他的不恰當解釋

11. 西元 1714 年　《對前物理運物的反思》：馬勒伯朗士最後一部著作

▌荷蘭▐

● 忠實於自己理想的哲學家 —— 史賓諾沙

「為真理而死難，為真理而生更難。」

—— 文德爾班（評史賓諾沙）

▌人生傳略▐

巴魯赫・史賓諾沙（西元 1632 ～ 1677 年），於西元 1632 年 11 月 24 日生於荷蘭阿姆斯特丹的一個猶太商人家庭。他的祖父是一位受人尊敬的猶太商人，曾在阿姆斯特丹猶太人公會裡擔任重要的職務。他的父親繼承了他祖父的事業，曾多次擔任猶太公會的會長。他的童年主要沉浸在猶太教的傳統教育中，早期教育也是在一所七年制的猶太教會學校裡接受的。

這時期史賓諾沙完全沉浸在猶太的聖法經傳中，猶太神學和哲學裡的深奧問題，吸引了他的全部注意力，這在史賓諾沙思想的發展上，無疑打下了第一個重要基礎。史賓諾沙在學校裡表現出突出的理解才能，曾令學校的老師感到驚異，當地猶太教會的領導人，曾把年輕的史賓諾沙看成是猶太教的希望。但是，史賓諾沙不久就辜負了他們的期望，對猶太神學產生了懷疑。

按照父親的打算，史賓諾沙畢業後應從事商業。早在史賓諾沙 13 歲

時，就幫助父親料理過一些財務工作。西元 1649 年他哥哥去世後，史賓諾沙就接替其兄的工作，正式到商界服務。由於經常出入商界，他結識了一些富有自由思想的年輕商人，他們大多數是基督教徒或門諾教徒，有些人以後就參加了以史賓諾沙為中心的哲學小組，與他保持終生的友誼。

商業經營擴大了史賓諾沙的眼界，讓他接觸到一個有著新關係、新觀念和新感情的新世界。他感到需要擴大自身的知識領域，於是孜孜不倦地學習各種世俗學問和科學知識。正是在這時，他結識了一位對他一生發生最大影響的老師 —— 弗朗索瓦·馮·登·恩登。弗朗索瓦·馮·登·恩登是一位無神論者，曾當過外交官、書商、醫生和教師。史賓諾沙最初在他創辦的學校裡學習拉丁文，也研究了自然科學。透過這位老師，史賓諾沙才接觸了文藝復興時期自然哲學家的著作和笛卡兒的新哲學。

這時，史賓諾沙已對商業財經事務失去興趣，加之商業受挫使他的父親鬱鬱病逝，他便搬進弗朗索瓦·馮·登·恩登學校，專門研究哲學。後來弗朗索瓦·馮·登·恩登在一次反路易十四的革命行動中被捕處死。這位老師的自由思想和革命行動，對史賓諾沙的一生發生了重大影響。這個時期，他的思想受到了兩個學說的有力影響，就是布魯諾的自然哲學和笛卡兒的新哲學。史賓諾沙繼承、批判和改造他們的思想，並融入自己的思想中。

由於史賓諾沙的思想，與猶太教的教義愈加格格不入，他漠視猶太教的教規儀式，拒絕執行其飲食規則，反對其各種思想學說，最終被開除教籍，還因被控告是無神論者而被驅逐出阿姆斯特丹。這時的史賓諾沙幾乎沒有任何生存資本，父親的遺產也被同父異母的姊姊全部拿去，

他就以磨製光學鏡片維持生活。史賓諾沙生性淡泊，對此並不在乎。此後他的生活一直非常艱難，甚至險遭迫害，但他始終執著於哲學研究，經常幾天不出門地埋頭寫作，寫出了一部又一部著作。直到西元 1670年，他的《神學政治論》一書出版，他才聲譽大增，可是這似乎並未替他的生活帶來多大改善。

西元 1677 年，正當他的《政治論》寫到第 11 章時，史賓諾沙不幸被病魔纏住，這是他磨製鏡片吸入過多塵埃所招致的惡果。西元 1677 年 2 月 21 日，史賓諾沙因肺病而過早夭折，一個偉大哲學家的心臟停止了跳動。

▍主要思想及著作▍

史賓諾沙的代表作是他的《倫理學》（*Ethics*），這是一本用幾何學證明方法所寫的哲學著作，他要以此書「提供我們另一種真理的典型」。

（一）倫理學說

史賓諾沙認為，人生最大的幸福不是財富、榮譽和肉體享樂，而是人的心靈和整個自然相一致的認識。因為財富、榮譽和肉體享樂，即使能帶來暫時的快樂，但最終仍會帶來不幸和痛苦。比如有人因富有資財而遭到禍害，有人為了保全名譽而遭受難以忍受的痛苦，有人由於過分縱慾而加速了自己的死亡。因此，財富、榮譽和肉體享樂，是迷亂人心的真正的惡，人們放棄了這些惡，就能獲得真正的善。而要達到道德上的至善境界，就必須認識自然。

（二）實體學說

史賓諾沙認為，所謂「實體」就是統一的、無所不包的整個自然界，也稱之為神。在他看來，實體、自然、神是同一個東西的三個不同名稱而已。

（三）認識學說

　　他對自然界的可知性毫不懷疑，他說：「我們的心靈可以盡量完全地反映自然。」認識的根本任務，在於揭示自然的必然性、規律性，獲得與自然相一致的真知識，並用以指導自己的行動，得到個人的自由和永恆的幸福。史賓諾沙將知識分為三類：感性知識、理性知識和直觀知識。

▌名人事典▌

　　西元 1673 年 2 月，普魯士帕拉廷選帝侯卡爾·路德維希親王，欣賞史賓諾沙的哲學天才，要他當參議，海德堡大學教授布里烏斯寫了一封信給史賓諾沙，聘請他到海德堡大學任哲學教授。史賓諾沙對這一邀請最初非常感興趣，認為這是他能公開講學的好機會，但後來一想到邀請書中說：「你將有充分的自由講授哲學，深信你不會濫用此種自由，以動搖公共信仰的宗教。」他猶豫了六個星期，最後以「我不知道為了避免動搖公共信仰的宗教，我的哲學講授的自由，將被限制在何種範圍」為答覆，婉言拒絕了這一邀請。

▌歷史評說▌

　　史賓諾沙的一生，是為真理和自由奮鬥的一生。在哲學史上，他是將哲學理想和自身的道德事件，緊密結合起來的最突出代表。在他那裡，我們既可以說是「哲學如其人」，也可以說是「人如其哲學」。史賓諾沙可以說是一位真正意義上的哲學家，他的思想對後世的影響是巨大而深遠的，唯物主義者費爾巴哈（Ludwig Feuerbach）以及黑格爾都受到他的影響，萊布尼茲則直接繼承了他的思想。

　　史賓諾沙的天才，首先在於他能兼容並蓄地接受各種哲學思想於自

己的體系中，而又能站在更高的水準上加以綜合，從而完成了自己哲學
體系的創造。具備這種能力的人，才能沿著別人的階梯走向成功。

▌主要著作年譜▌

01. 西元 1660 年　《笛卡兒哲學原理（附形而上學思想）》：彙集他對
    形而上學問題思索的結果

02. 西元 1660 年　《知性改進論》：關於認識論和方法論的著作

03. 西元 1670 年　《神學政治論》（*Tractatus Theologico-Politicus*）：以
    對聖經作科學的歷史解釋，來闡述他的宗教政治觀點

04. 西元 1675 年　《倫理學》：史賓諾沙的代表作，是他一生哲學思想
    的結晶，闡述了他的整個哲學體系

▌德國▐

● 博古通今的全才 —— 萊布尼茲

「最強烈的慾望規定選擇。」

—— 萊布尼茲

▌人生傳略▌

　　哥特弗利德‧威廉‧萊布尼茲（西元 1646 ～ 1716 年），是 17 世紀末 18 世紀初德國最重要的哲學家、數學家，和在許多學科上有卓著成就的科學家，是歷史上少有的幾個最博學的人之一。西元 1646 年 7 月 1 日，萊布尼茲出生於萊比錫一個知識分子家庭，他的父親是萊比錫大學道德哲學教授，曾結過三次婚，他的第三個妻子比他年輕 24 歲，也出身於大學教授家庭，生了一個女兒和最小的兒子，就是哥特弗利德‧威廉‧萊布尼茲。萊布尼茲的母親體弱多病，是名虔誠的基督徒，從小就按宗教的要求教育孩子。

　　萊布尼茲很小的時候，父親就教他識字讀書，並培養他對歷史的興趣。萊布尼茲 6 歲時其父去世，在此之前，他就被送入學校學拉丁文，8 歲便能自讀拉丁文著作，開始閱讀大量的古典書籍，這不僅使他大大增長對拉丁文和古代文化的知識，也為他成為偉大的作家和歷史家打下了基礎，尤其重要的是，培養了他對博學的尊重和一種歷史感，不任意拋

棄傳統。12 歲時，他又開始學習希臘文，沉浸在古希臘歷史家和詩人的著作中。

而到了十三或十四歲時，他開始鑽研邏輯學，這導致後來他畢生追求發明一種「普遍文字」的創造性工作。他想發明一套代表各種基本概念的、普遍適用的文字元號，一切推理過程，都可以化為用這種文字元號來像數學一樣進行演算。這種思想為現代的數理邏輯開了先河，羅素認為他的成績「當初假使發表了，會重要之至。他就會成為數理邏輯的始祖，而這門科學就實際上提早一個半世紀問世」。此外，他後來成為最早提出「充足理由律」的人，與他早從十三四歲開始，就為這方面打下基礎是分不開的。

西元 1661 年，萊布尼茲還未滿 15 歲時，就進了萊比錫大學，成為一名少年大學生。在大學期間，他閱讀許多近代作家的作品，了解了一些近代哲學家、科學家的思想。雖然這時他已對哲學感興趣，讀了不少近代哲學家的書並認真思考，這在形成他的哲學體系的過程中，也是個重要轉折時期。

但他當時主要還是修習法律，想從事法律工作。西元 1666 年，他準備好了法學博士論文，可是萊比錫大學卻以他過於年輕（20 歲）為理由，拒絕授予博士學位，而紐倫堡附近的阿爾特多夫大學，則很快地接受了他的論文，並授予他法學博士學位，還表示要聘他在該校任教。不過他沒有受聘，從此離開了萊比錫。在此之前，他的母親已經去世，而萊布尼茲又終身未婚，因此他以後就一輩子過著沒有家庭的獨身生活。

離開故鄉後，他認識了當時德國最有名望的政治活動家之一 —— 博因堡男爵，從此跟隨著他開始了自己的政治和外交生涯。此後，萊布尼茲不斷地訪問歐洲各地，結識許多著名的哲學家和科學家，他的思想也在很大程度上受到他們的影響。萊布尼茲遠不止是一位哲學家，他的學

術思想和活動，幾乎涉及人所能及的一切領域。除了哲學、數學以及邏輯學、法學等方面外，他也是一位出色的歷史學家。他的博學曾使普魯士國王腓特列大帝讚嘆說，萊布尼茲「本人就是一所科學院」！

　　晚年，由於政治上受冷落，萊布尼茲的處境越來越壞，西元 1716 年 11 月 14 日，鬱鬱而終，終年 70 歲。他身為學術界的一顆燦爛巨星，原本應是德國的驕傲，但他逝世時在德國卻無人理睬，倒是法國科學院為他舉行了悼念活動，由封德內爾致辭讚頌了他的天才。

▌主要思想及著作▐

　　萊布尼茲的哲學雖有內在的體系，卻從未用一部著作來全面闡述自己的體系。他逝世前兩年應人之請，寫的《單子論》（*Monadology*）和《基於理性的自然與神恩的原則》是他哲學思想的濃縮的提綱。而他最初闡述自己成熟思想的著作，是他的《形而上學論》。

（一）單子論

　　萊布尼茲所說的單子，是一種有等級的、不可分的精神實體，是世界的本原。單子是無限多的，且有質的不同，事物就是許多單子的堆積或聚集。單子的產生和消滅，是由上帝決定的。整個世界的和諧，都是由上帝創造和預先安排的。正像一位精巧的鐘錶匠，將兩個鐘錶都造得非常準確一樣，它們之間雖然沒有相互的影響，但報時的響聲卻完全一致，他把這稱之為「預定和諧」。

（二）認識論

　　（1）在認識來源問題上，他堅持天賦原則，認為人的認識不能來源於外部，而只能源自人的心靈，認識是心靈所固有的，是天賦的。（2）

221

他貶低感性認識，認為感性經驗通常是不可靠的，只有經過理性的認識才是可靠的。（3）在真理問題上，萊布尼茲提出真理有推理真理和事實真理兩種。所謂推理真理，就是從那些清楚的天賦觀念出發，運用演繹法推出的真理，它具有必然性和普遍性。所謂事實真理，是指在感性經驗形成的認識基礎上，運用歸納法得到的真理，它不具有必然性，是不可靠的。

▌名人事典▌

萊布尼茲不僅自己從事廣泛的科學研究，還十分重視實際上推動科學事業的發展。柏林科學院就是在他的大力倡導和推動下成立的，並於西元 1700 年擔任了該院的第一任院長。他也曾力圖說服波蘭國王，俄國沙皇彼得大帝（Peter the Great）以及德意志神聖羅馬帝國的皇帝，在德萊斯頓、聖彼得堡和維也納，都建立這樣的科學院，可惜未能實現。

萊布尼茲也相當關心中國，曾從到過中國傳教的教士那裡，了解一些當地的情況，知道一些易經和八卦的內容，興奮地發現八卦和他所發明的、數學上的二進位法有相通之處。他總想把自己的哲學和西方文化也推向中國，據說他也曾寫信給康熙皇帝，建議在北京設立科學院，但這事迄今尚未得到證實。德意志神聖羅馬帝國皇帝雖然沒有實現他建立科學院的建議，不過在西元 1714 年萊布尼茲到維也納時，對他優禮有加，封為帝國的宮廷參議，並賜他男爵的爵位。

▌歷史評說▌

萊布尼茲的單子論在黑格爾的哲學中，得到了完善和發展，他的許多思想，為德國古典哲學家們繼承和發揚。

萊布尼茲的最大特點就是他的博學，他的研究興趣深入了各個學

科、各個領域，它們又相互影響，相互促進。應該說博學是萊布尼茲在學術上取得巨大成就的原因之一。只有廣泛地學習各種知識，才能拓寬視野，擴大知識面。看得遠，才更能看得深。

▌主要著作年譜▌

01. 西元 1664 年　《論個體性原則》：大學畢業論文，闡述了他注重個體實在性的思想

02. 西元 1695 年　《新系統》：是在刊物上發表的若干篇著作

03. 西元 1695 年　《動力論例項》：表達了他的一些主要哲學觀點

04. 西元 1704 年　《人類理智新論》：表達其理性主義立場的重要著作

05. 西元 1714 年　《單子論》：哲學著作

06. 西元 1714 年　《基於理性的自然與神恩的原則》：是其哲學思想的濃縮的提綱

十八世紀

▌ 法國 ▌

● 時代的靈魂，思想的菁英 ── 伏爾泰

「第一個騙子遇上第一個傻瓜，便成了第一個神學家。」

── 伏爾泰

▌人生傳略▌

伏爾泰（Voltaire，西元 1694 ～ 1778 年），是法國十八世紀的啟蒙思想家。原名弗朗索瓦‧馬里‧阿魯埃，西元 1694 年生於巴黎，父親是個過得稱心如意、頗為得志的公證人，母親是有點貴族氣派的婦女。他的機敏、暴躁也許得之於父親；幾分輕率和才智則得之於母親。他來到世上可以說是九死一生，母親在他一出生就謝世了，他生下來十分病弱，連護士也以為他活不了一天。可是她錯了，伏爾泰活了 84 年。但是由於他羸弱的身體，畢生的病痛苦苦折磨著他百折不撓的精神。

伏爾泰十分聰敏，很小的時候就對文學感興趣，據說他 3 歲就能背誦拉封丹（Jean de La Fontaine）的《拉封丹寓言》，12 歲已會作詩。講究實際的父親深深覺得他不會有多大出息，而一位赫赫有名的藝妓，卻在他身上看出了必成大器的跡象，以至她逝世時留給他兩千法郎買書。他早期的教育便是來自這些書籍，還來自一個離經叛道的神父，教他禱告，也同時教他懷疑，這讓他最後養成了什麼也不相信的習慣。他成

了論辯大師：孩子們玩遊戲時，12歲的他已在後面跟權威神學家討論神學。

到了謀生的階段，他選擇了文學，父親大為震怒，「想無益於社會、連累親友、打算餓死的人才走文學這一行」—— 我們可以體會得到，桌子在他聲色俱厲時都發抖了。弗朗索瓦從此走上了文學的道路。他並不是一個安靜、只知勤奮學習的人。他午夜時還挑燈夜讀 —— 也偷用別人的燈油。他喜歡深更半夜飲酒狂歡，試著觸犯戒律。他甚至和一個妓女一見鍾情，寫給她一封封熱情洋溢的情書，末尾總是重複「我一定會愛妳，天長地久」。事實上，他當然沒有像他說得那麼忠貞。

西元1715年，他來到巴黎，時年21歲，風華正茂。當時巴黎混亂不堪。掌權的攝政王為節約開支，賣掉了一半皇家的馬匹，弗朗索瓦卻評論道：「把王朝中濫竽充數的笨蛋裁去一半，不是要明智得多嗎？」他還寫了兩首諷刺詩。攝政王大怒，有一天在公園裡碰見這位青年時對他說：「阿魯埃先生，我打賭能讓你看一些你從來沒見過的東西。」「那是什麼？」「巴士底監獄的內部面貌。」弗朗索瓦第二天就見到了，時年西元1717年4月16日。

在巴士底監獄時，他取了伏爾泰這個筆名，原因不詳。他也是這時開始了自己的創作生涯，在獄中創作了第一部悲劇《俄狄浦斯王》。這部劇後來大獲成功，替他帶來可觀的收入。此後八、九年間，伏爾泰過著雙重生活。一方面，他利用自己的社會關係經營商業，深謀遠慮地累積了一大筆財富。另一方面，繼續過著詩人的生活，贏得了「法蘭西最優秀詩人」的桂冠。西元1725年，他因和一個貴族發生衝突，再次被投入巴士底監獄。一年後，被迫流亡英國。

伏爾泰在英國居住了3年，這期間，他考察了政治制度，研究了洛

克的唯物主義經驗論，學習牛頓的科學成果，形成了自己的哲學觀點。他反對宗教狂熱，宣傳信仰自由。伏爾泰飽學多識、才華橫溢，他一生的成就幾乎遍及人文學科的各個領域。他是通才，但首先是一位哲學家，他的哲學思想是在流亡英國期間確立的。他的第一部哲學和政治思想專著《哲學通信》（*Letters on the English*），便是他在英國的觀感和心得的總結。

從英國回來後，伏爾泰一直過著自由自、在四處漂泊的生活，銀鐺入獄的威脅，迫使他逃亡到偏僻的小城西雷，在他的女友沙特萊侯爵夫人古老的城堡中，尋求安身之地。在那裡，伏爾泰住了 15 年，他的許多哲學和科學專著都是這時寫成的。西元 1749 年，侯爵夫人去世後他才離開那裡。此後他在政治上時起時落，也屢遭迫害，經常處於逃亡之中。同時，他卻因其思想，越來越贏得人民的愛戴。

西元 1778 年，他的劇本《愛雷納》正在劇院上演，他不聽醫生的勸告，堅持到場觀看演出。這個劇本寫得不好。但觀眾奇怪的是，與其說一個八十三歲的人竟寫出一齣不好的戲劇來，不如說他居然什麼戲劇都能寫。他們連聲喝采，對作者表示敬意，聲浪壓倒了演員的臺詞。那天晚上，伏爾泰回到家裡時，幾乎自以為可以安心地死去了。西元 1778 年 5 月 30 日，這位哲學家壽終正寢。

▌主要思想及著作▌

伏爾泰的代表作是他在西元 1734 年出版的《哲學通信》，他繼承了洛克的思想，在書中一方面承認物質世界的客觀性，另一方面又認為上帝是物質運動的最初原因。

（一）經驗論

伏爾泰繼承了洛克的經驗論思想，認為一切觀念都是透過感覺得來。從而反對笛卡兒的天賦觀念論。「誰也不能想像自己在受孕後幾個星期內，就有了一個博學的靈魂，知道許多事情」。他還針對笛卡兒的「我思故我在」，提出了「我是形體，我在思想」的命題，認為物質存在才是第一性的東西。

（二）批判宗教神學

伏爾泰無情地揭露和深刻地批判，作為封建專制制度精神支柱的教會及神學。這種批判幾乎是以謾罵的方式進行的，他指責教會成員是「文明惡棍」、「兩足禽獸」，修道院是流氓的總會，罪惡的淵藪。他特別譴責教會煽動宗教狂熱，挑起宗教戰爭，指出宗教是內戰和罪惡的根源。在他看來，宗教裁判猶如攔路搶劫的強盜，甚至比強盜還厲害，因為強盜只要你的金錢，可宗教裁判所要拿走的，是包括你的思想和生命在內的一切。

但伏爾泰並不是一個無神論者，畢竟人類需要精神的寄託，靈魂的家園。

▌名人事典▌

1、伏爾泰第一次入獄獲釋後，一躍而從監獄登上了舞臺。他的悲劇《俄狄浦斯王》連續上演 45 個夜晚，打破了巴黎上演的紀錄。他年老的父親原是為責備他而來的，坐在包廂裡，每每看到精彩的地方，就嘟囔著說：「這壞蛋，這壞蛋！」以此來掩飾他的高興。詩人封特奈勒在演出後碰見伏爾泰，竭力稱讚地大聲說道：「作為悲劇真他媽的妙不可言！」。

2、伏爾泰成名後，不少貴族覺得這個年輕人除了天才以外，別無其他的名譽地位頭銜，容不得他這樣赫赫有名。有一次，在索利公爵府邸的宴會上，伏爾泰從容不迫、口若懸河、饒有風趣地談了一陣子後，羅杭爵士聲音不低地問道：「那麼大聲說話的那個年輕人是誰呀？」伏爾泰迅速回答，「閣下，他並不是一位大名鼎鼎的人，可是他的名字受人尊敬。」勇於回答爵士的問話本身就是無禮，回答得讓其無可答辯更是大逆不道。於是，這位尊敬的閣下僱了一夥流氓在夜間襲擊伏爾泰，只是提醒他們，「別打頭部，還會出來一些好東西的。」。

第二天，伏爾泰出現在戲院裡，裹著傷，走路一瘸一拐，走進羅杭的包廂裡，向他提出決鬥的挑戰。然後他回家，整天練習擊劍術，但是那位高貴的爵士還不想因為一個區區天才，就匆匆忙忙魂歸天府，或去別的地方。他請求當警察大臣的表兄保護他。於是，伏爾泰又被捕了，發現自己又進了老家巴士底監獄。他幾乎立即獲得了釋放，條件是他要去英國流放。他去了，中途又喬裝渡回海峽來，滿腔憤怒地要為自己報仇。在獲悉自己已經被發現，即將第三次被捕時，他又上了船，安心地在英國待了三年（西元 1726～1729 年）。

3、沙特萊侯爵夫人 28 歲時，伏爾泰已經 40 歲了。她是一位了不起的女人，和令人敬重的莫伯圖、克萊奧學過數學，她譯過牛頓的《原理》（*Philosophiæ Naturalis Principia Mathematica*），並附加了詳盡的注釋，她曾寫了一篇關於火的物理學論文，其在法蘭西科學院頒發的有獎比賽中，得到比伏爾泰還高的名次。總之，她就是那種絕不會私奔的婦女。但是侯爵笨拙如牛，而伏爾泰卻偏偏是那樣富於情趣——她稱他是「一個各方面都極惹人喜歡的傢伙，是法國最優雅、最能為國增光的人物」。

他以熱情洋溢的讚美和仰慕報答她的厚愛，頌揚她是個「偉人，唯

一的錯誤是做了個女人」，他從她身上，才深信兩性的智力生來就是平等的。當時的道德風氣允許一個婦女在自己家裡多養一個情人，只要事情做得適當地尊重人類偽善的面子就行。而她選中的不但是個情人，還是個天才，全世界都會原諒她。在西雷莊園，他們兩人共同進行自然科學研究，一起討論他們都感興趣的學術問題。

▌歷史評說▌

伏爾泰繼承洛克的經驗論並加以發展，影響了後來經驗論思想的發展。身為啟蒙思想家，伏爾泰的思想成為法國資產階級革命的重要思想武器。

伏爾泰的思想是富有戰鬥性的，他本人也是如此。雖然歷經坎坷，卻從未放棄堅守的信念。做什麼事情都是這樣，只有不怕困難，不畏權威，才能實現自己的理想。

▌主要著作年譜▌

01. 西元 1717 年　《俄狄浦斯王》：伏爾泰第一部悲劇
02. 西元 1725 年　《同盟》：史詩，使其贏得「法蘭西最優秀詩人」的桂冠
03. 西元 1730 年　《布魯特》：悲劇
04. 西元 1731 年　《查理十二史》：歷史著作
05. 西元 1732 年　《查伊爾》：悲劇
06. 西元 1734 年　《哲學通信》：哲學代表作，全面論述伏爾泰的哲學和政治思想
07. 西元 1734 ～ 1749 年間　《形而上學論》：哲學著作
08. 西元 1734 ～ 1749 年間　《牛頓哲學原理》：哲學著作

09. 西元 1734～1749 年間　《凱薩之死》：戲劇

10. 西元 1734～1749 年間　《穆罕默德》（*Mahomet*）：戲劇

11. 西元 1734～1749 年間　《放蕩的兒子》：戲劇

12. 西元 1734～1749 年間　《梅洛普》：戲劇

13. 西元 1734～1749 年間　《奧爾良的處女》：長詩

14. 西元 1734～1749 年間　《查第格》：哲理小說

15. 西元 1746 年　《世界真像，或巴布克的幻覺》：伏爾泰第一部小說

16. 西元 1751 年　《路易十四時代》（*The Age of Louis XIV*）：他的重要歷史著作，表達了政治思想

17. 西元 1755～1760 年間　《彼得大帝治下的俄羅斯》：歷史著作

18. 西元 1755～1760 年間　《議會史》：歷史著作

19. 西元 1755～1760 年間　《里斯本的災難》：哲理詩

20. 西元 1755～1760 年間　《老實人》：哲理小說

21. 西元 1755～1760 年間　《天真漢》：哲理小說

22. 西元 1755～1760 年間　《耶諾和高蘭》：哲理小說

23. 西元 1755～1760 年間　《白與黑》：哲理小說

24. 西元 1778 年　《辭世辭》：諷刺詩

25. 西元 1778 年　《伊蘭納》：伏爾泰最後一部悲劇

● 憑赤誠之心，求法的精神 —— 孟德斯鳩

「勇於求知的人絕不至於空閒無事。」

—— 孟德斯鳩

▌人生傳略▌

夏爾·路易·德·塞孔達·孟德斯鳩（Montesquieu，西元 1689 ～ 1755 年），西元 1689 年 1 月 18 日，出生在法國南部吉倫特省的重要城市波爾多附近的一個貴族家庭。他當時不叫孟德斯鳩，而叫夏爾·路易·德·塞孔達。塞孔達家族是一個古老的、出過不少文官武將的貴族家族，而且素以在野黨的反抗情緒聞名。孟德斯鳩的高祖父購買了「孟德斯鳩領地」。他的祖父曾任波爾多法院院長。後來他的伯父繼承了這個可以買賣的世襲職位。他的父親是名軍人，由於不是長子而無權繼承爵位和封地。孟德斯鳩的母親是一位當地貴族的女兒，出嫁時帶來了莊園和封地。她是一位虔誠的教徒，在孟德斯鳩 7 歲時去世。

青年時代的孟德斯鳩雖然受的是天主教教會的古典教育，但從那時起，他便受到了新思潮的影響，對天主教的教條抱有懷疑態度，並且撰寫了為不信仰宗教的思想家辯護的論文。西元 1708 年，孟德斯鳩在波爾多獲得法學學士學位，並在基因議會任律師。西元 1714 年，開始擔任波爾多法院顧問。西元 1715 年，他與一位中校軍官的女兒結婚，這位貴族小姐出嫁時帶來了十萬鎊嫁資，婚後生有一男二女。

西元 1716 年，孟德斯鳩的伯父讓·巴蒂斯特·塞孔達·孟德斯鳩男爵病故。他遵照遺囑繼承了伯父的產業，並承襲了「孟德斯鳩」這個封號。他還繼承了伯父的職位，成為波爾多法院院長。孟德斯鳩對自己的

這種訴訟職務不大感興趣，畢竟他是一位學者，主要的興趣在學術方面。青年時代的孟德斯鳩熱愛自然科學，曾在波爾多科學院宣讀過他的數篇論文。另外，他還研究過哲學、歷史、文學等社會科學。西元 1716 年，27 歲的孟德斯鳩被選為波爾多科學院院士。

西元 1721 年，孟德斯鳩花十年左右醞釀和寫作成的《波斯人信札》（*Persian Letters*），使他成為文壇名士。它不僅是一部優秀的書信體哲理小說，而且是一部出色的散文名作。西元 1728 年，孟德斯鳩經過一番周折之後，終於被選入了法國科學院，獲得院士的榮譽稱號。過了不久，他便開始出國長途旅行，其目的在於實地考察歐洲先進國家的政治經濟狀況和風土人情，增長見識。而最終目的，顯然是在於尋求醫治法國社會弊病的藥方。

西元 1748 年，孟德斯鳩經過 20 年辛勤探索，終於寫成他最重要、影響最大的著作《論法的精神》（*The Spirit of Law*），這本書一出版，就轟動一時，極受歡迎，在短短的兩年內印行了二十二版，並很快被譯成多種文字出版。同時也遭到來自封建勢力的惡毒攻擊，將其列為禁書。

西元 1755 年 2 月 10 日，這位偉大的啟蒙思想家因病在巴黎與世長辭，終年 66 歲。

▌主要思想及著作▐

孟德斯鳩花費二十年心血寫成的《論法的精神》是他的代表作。在這部內容極其豐富的著作中，作者全面地、系統地、明確地闡述了自己的哲學、社會學、法律、經濟和歷史觀點，揭露和批判了封建專制制度。它是孟德斯鳩最重要、影響最大的著作。

（一）對封建專制和宗教的批判

孟德斯鳩認為，封建專制和天主教教會是社會上存在的、各種弊端的根源所在。封建專制的實質，就在於個人任意專制而沒有法制，於是他專門探索法的問題，從而制定了他的社會政治法學理論。

（二）論法

「法」是孟德斯鳩哲學思想的核心範疇。他所說的「法」，是泛指一切事物的客觀普遍必然性、規律性，有時也指法律。任何事物都有自己的法或規律，人類社會也和物質世界一樣，受其本身的規律所支配。他認為，人類最初生活在沒有知識的自然狀態中，為自然法所支配。後來，人類有了知識，就從自然狀態過渡到社會狀態。於是產生了政府，政府為了維持社會秩序，制定了各種法律，保證人的自由平等權利。

（三）論政體

孟德斯鳩認為「一切有權力的人都容易濫用權力」，因此，最佳的政體就是立法、行政、司法三權分立的政體，讓權力在互相牽制中得到平衡。

（四）地理環境決定論

孟德斯鳩認為，一個國家的地理環境對該國的政治制度有決定性影響。因為地理環境決定人的精神狀態，比如，寒帶民族勇敢，而熱帶民族膽小，人的精神狀態直接決定著社會國家制度。

▌名人事典▌

西元 1726 年，孟德斯鳩賣掉了波爾多法院院長的職位，獲得幾十萬鎊的鉅款。他之所以放棄政治生涯，不僅是因為他對訴訟職務不感興

趣，更主要的，還是由於他非常不滿當時法國的封建專制制度，更深深地認識到，法院在王權面前是軟弱無力的。

▌歷史評說▌

孟德斯鳩是法國十八世紀傑出的啟蒙思想家、社會學家，是資產階級國家學說和法學理論的奠基人，是與伏爾泰、盧梭齊名的法國資產階級革命的思想先驅。他的思想成為法國資產階級革命的思想武器。

應該說，孟德斯鳩不是那種天才型的思想家，他用了 20 年時間寫作《論法的精神》。他在西元 1749 年曾經說：「我畢生的精力，耗盡在《論法的精神》一書上。」他的成功就在於其持久鑽研的精神。天才畢竟是少數，身為平凡人，只有具備不平凡的毅力與精神，才能創造不平凡的一生。

▌主要著作年譜▌

01. 西元 1721 年　《波斯人信札》：孟德斯鳩第一部重要著作。是一部優秀的書信體哲理小說，而且是一部出色的散文名作

02. 西元 1724 年　《格尼德神廟》：散文詩

03. 西元 1727 年　《巴弗斯遊記》：散文詩

04. 西元 1734 年　《羅馬盛衰原因論》（*Considerations on the Causes of the Greatness of the Romans and their Decline*）：孟德斯鳩思想成熟時期的重要歷史哲學著作，也是軍事著作

05. 西元 1748 年　《論法的精神》：孟德斯鳩代表作，也是一部劃時代的作品，是亞里斯多德以後第一部綜合性的政治學著作

06. 西元 1783 年　《阿爾薩斯和伊斯曼尼 —— 東方故事》：小說

07. 西元 1783 年　《真正的歷史》：論文

08. 西元 1783 年　《論趣味》：美學論文

● 醫人醫國，救時救世 —— 拉美特利

「感官就是我的哲學家。」

—— 拉美特利

▌人生傳略▌

朱利安・奧弗雷・德・拉美特利（Julien Offray de La Mettrie，西元 1709～1751 年），18 世紀法國著名的唯物主義哲學家和無神論者。西元 1709 年 12 月 25 日，出生於法國西海岸布里坦尼的小城聖・馬洛。其父據說是個船主，雖然有錢，卻不是貴族，因此，強烈盼望兒子將來能躋身上流社會，成為不再忍受各種輕蔑、侮辱和苦惱的人。所以，他不惜花費金錢將兒子送到一些著名學校去受教育。他曾就讀於法國最好的中學和巴黎大學，由於他聰穎好學，深得老師的賞識。

西元 1733 年，拉美特利通過考試，獲得醫學學士學位，數月後，又獲得醫學博士學位。但他深感自己的知識還不夠，遂赴荷蘭萊頓，就學於當時醫學界巨擘赫曼・布爾哈夫（Herman Boerhaave）教授。兩年後，他回到故鄉開始自己的醫學生涯，發表了許多見解獨到的醫學論著，為他贏得了很高的聲望。西元 1742 年曾在巴黎近衛軍團行醫，並於西元 1743、西元 1744、西元 1745 年，三次隨軍服役。

拉美特利不論在平常的日子，還是在行軍、交戰的歲月裡，始終堅持不懈地從事著述。同時，不顧一切地和醫學界中的缺德行為以及無知現象，進行不調和的鬥爭。從西元 1742 年開始，他發表了不少有戰鬥性的作品。

西元 1745 年，他因在《心靈自然史》這一哲學著作中，闡述了唯

物主義和無神論思想，觸怒了統治當局和教會，被免去軍醫職務。那之後，他便逃亡到荷蘭。但在那裡又因發表《人是機器》（*Man a Machine*）一書而遭到僧侶和貴族的攻擊，要處死他。於是，他只好逃亡德國，在那裡他又發表了《人是植物》和《伊壁鳩魯哲學體系》等書。西元 1751 年 11 月 11 日他因食物中毒突然死去，年僅 42 歲。

▎主要思想及著作▎

拉美特利的代表作是他的《心靈自然史》和《人是機器》，闡述了他的唯物主義和無神論思想，也是他作為思想家登上歷史舞臺的見證。

拉美特利的主要思想如下：

1、物質是唯一實體，能自行運動。整個宇宙裡只存在著物質實體，沒有什麼精神性的實體。物質既不能被創造，也不能被消滅，它是永恆的，並處於不停的運動中。運動是物質所固有的屬性，並不存在什麼「第一推動者」，因此，也不存在上帝。

2、人是機器，思維是大腦的屬性。拉美特利發展了笛卡兒的「動物是機器」，提出了「人是機器」。他認為，人和動物都是機器，只不過人的機器比動物的機器多幾個齒輪，多幾條彈簧罷了。人的心靈、精神活動都是依賴於肉體的，是肉體本身的活動和作用。

3、拉美特利認為感覺是認識的唯一來源和基礎，感覺是完全可靠的。

4、他批判宗教神學，認為上帝是不存在的。他還激烈地抨擊基督教的禁慾主義，在他看來，追求快樂和幸福是人的自然天性，禁慾則是違反人性的，給人帶來了無窮的痛苦。他曾說：「宇宙如果不是無神論的宇宙，就是不快樂的宇宙。」。

▌名人事典▌

據說，拉美特利之所以由醫生變成唯物主義哲學家，是因為一次偶然的得病：西元 1744 年，拉美特利在軍隊服役期間，隨軍參加「奧地利王位繼承戰爭」，在弗萊堡戰場上得了一場熱病。他從這次患病中，發現心靈對機體的依賴性，這對他的唯物主義思想的開始形成，產生了決定性作用。當然，這種說法並無事實根據。

▌歷史評說▌

拉美特利在批判宗教神學的鬥爭中，繼承和發展了笛卡兒的一些思想，又受到英國洛克唯物主義經驗論的影響，利用了當時自然科學的新成果，建立起自己的哲學體系。他的思想對法國反封建神學的鬥爭，造成了重要的啟蒙作用。

拉美特利的生前死後，都遭受到來自各方面的攻擊陷害、造謠中傷，多次受到入獄甚至死亡的威脅。可是他從未因此改變自己的觀點，為此，他付出了巨大代價，即便失去了原本優裕的生活，仍然義無反顧，因為他堅信自己是正確的。熱衷於尋求真理並勇於堅持真理的人，必將為世人所銘記。

▌主要著作年譜▌

01. 西元 1735 年　《日耳曼人波爾哈維先生關於性病的體系》：醫學著作

02. 西元 1735 年　《譯者關於這種疾病的起源、性質及治療的學術論文》：醫學論文，附於譯作後

03. 西元 1737 年　《論頭暈》：醫學論文

04. 西元 1739 年　《性病新論》：醫學著作

05. 西元 1743 年　《對實用醫學的看法》：醫學著作

06. 西元 1742 年　《波涅洛帕的工作》：諷刺各類假醫生的鉅著

07. 西元 1745 年　《心靈自然史》：拉美特利第一部哲學著作，代表著他作為哲學家登上歷史舞臺

08. 西元 1746 ～ 1747 年　《馬吉維利醫生的政治》：諷刺性作品

09. 西元 1746 ～ 1747 年　《復仇系》：三幕喜劇

10. 西元 1747 年　《人是機器》：批判宗教黑暗勢力的不朽名著

11. 西元 1748 ～ 1751 年間　《人是植物》：哲學著作

12. 西元 1748 ～ 1751 年間　《談幸福》：哲學著作

13. 西元 1748 ～ 1751 年間　《論發表意見的自由》：哲學著作

14. 西元 1748 ～ 1751 年間　《伊壁鳩魯體系》：哲學著作

15. 西元 1748 ～ 1751 年間　《各派哲學體系簡述》：哲學著作

16. 西元 1748 ～ 1751 年間　《動物比機器更高大》：哲學著作

17. 西元 1748 ～ 1751 年間　《論氣喘疾》：醫學著作

18. 西元 1748 ～ 1751 年間　《論痢疾》：醫學著作

19. 西元 1748 ～ 1751 年間　《長尾巴的小人》：諷刺性作品

● 苦難的一生鑄就不朽的靈魂 —— 盧梭

「大自然塑造了我，然後把模子打碎了。」

—— 盧梭

▌人生傳略▌

尚‧雅克‧盧梭（西元 1712 ～ 1778 年），在回憶自己的身世時憤然寫道：「我沒有高貴的門第和出身，卻得到了另一種我所特有的東西：以不幸著稱於世。」西元 1712 年 6 月 28 日，盧梭誕生於瑞士「日內瓦城市共和國」中一個貧窮的鐘錶匠家庭。不過他的祖籍卻是法國，因此，他對法國有一種特殊的偏愛。盧梭的母親在生下盧梭後不久，便因產後失調去世了。後來，盧梭沉痛地回憶說：「我的出生讓母親付出了生命，我的出生也是我無數不幸中的第一個不幸。」

後來，盧梭由他的姑媽撫養，姑媽常為小盧梭唱美妙動聽的小調和歌曲，盧梭對音樂的愛好就是受她的影響，並終生保持。幼時，盧梭常和父親一起閱讀一些抒情小說和歷史讀物，普魯塔克（Plutarch）的《希臘羅馬名人傳》（*Parallel Lives*）成了他的最愛之作，它萌發了盧梭愛自由、愛民主的思想，形成了他不肯受束縛和奴役的堅強性格。他那嫻熟的閱讀能力和理解能力，使他的思想早熟。

10 歲時，盧梭的父親被誣告行凶而被通緝，被迫流落到異鄉求生。從此，年幼的盧梭就失去了親人的照顧和溫暖的家庭生活。父親出走後，盧梭的舅父成了他的監護人。他被送到一個鄉村牧師家裡學習拉丁文和其他科目。當時，讀書成了他唯一的消遣。12 歲時，又被送到本城的書記官那裡學習承攬訴訟，但他對此感到枯燥無味，難以容忍。書記

官經常辱罵他，最後更以無能的罪名，將他趕出了事務所的大門。

13 歲時，盧梭又被送到一個脾氣粗暴的鐘錶鏤刻師傅家當學徒兼雜役，師傅經常辱罵、懲罰他，發現他偷偷看書就將書焚燒並毒打他，盧梭不堪忍受而逃離了日內瓦。從此，他開始了長期顛沛流離和寄人籬下的生活，從事過各式各樣的低下職業，遭受著種種痛苦。這種飽受世間淒涼的生活，使他對現實的社會關係產生深刻的仇恨。

16 歲時，經一位神父介紹，盧梭認識了華倫夫人，這對他的生活產生了決定性的影響。心地善良的華倫夫人，熱情地接待了這位無依無靠的流浪兒。在華倫夫人的資助下，盧梭的境遇得到了改善。盧梭把在華倫夫人身邊度過的八、九年，看作是他一生最幸福的時光。這讓他有了一個安定的棲息地，得到良好的自學環境，涉獵所藏圖書著作，系統地學習、思考和鑽研範圍廣泛的各類問題，並開始了他的創作。

無母的孩子總是在愛情中尋找母性，在華倫夫人身上盧梭找到了母性，他與華倫夫人的友誼後來轉變為熱烈的愛戀，共同生活了近十年之久。西元 1741 年，當他發現他們的愛情已被另一個男人分享時，盧梭痛苦地離開了她。

西元 1743 年 6 月，進入而立之年的盧梭，經人舉薦赴義大利出任法國駐威尼斯使館祕書。在這期間，他閱讀了從古希臘柏拉圖、亞里斯多德，到近代洛克等人的大量政治學著作，開始關心社會政治問題，並產生了撰寫有關政治制度方面著作的最初思想。後來盧梭因與大使意見不合而辭職，返回巴黎，以教音樂和抄寫樂譜為生。

在巴黎期間，盧梭結識了一個不識字的女僕，兩人情投意合，一起生活了 25 年，生了 5 個孩子，都先後送進了孤兒院。因此社會上非難盧梭，說他是個偽君子，指責他拋棄兒女是一個不可饒恕的罪過。這件事

造成了盧梭終生的痛苦，後來在他的著作中深刻地反省和自責。盧梭在巴黎期間，還與狄德羅、霍爾巴赫（Baron d'Holbach）等著名學者往來，與他們探討學術和政治問題。後來由於思想分歧，盧梭與他們分道揚鑣了。

《愛彌兒》（*Emile, or On Education*）一書的發表，觸怒了封建統治階級和天主教會，給盧梭帶來了巨大的災難。他們緊追不捨地迫害他，在殘酷的迫害下，盧梭的精神受到極大的創傷，近乎失常。在逃亡過程中，他在每封信的結尾都憤激地呼喊：「我無罪啊！」

晚年，盧梭是在孤獨和不幸中度過的。他四面受敵，受到來自教會、法院、王室、權貴以及一些哲學家的譴責和侮辱、中傷、曲解、迫害和攻擊。西元 1778 年 7 月 2 日，盧梭因患大腦浮腫病，孤獨地去世了。10 年後，轟轟烈烈的法國大革命爆發了，盧梭獲得了當之無愧的哀榮，贏得了許多熱烈的崇拜者和擁護者。法國人還為他修了紀念碑，並將其靈柩移葬於巴黎名人公墓。

▍主要思想及著作▍

盧梭的理論名著《論人類不平等的起源和基礎》（*Discourse on Inequality*）是其思想成熟的象徵，表現了他的封建制度叛逆者的戰鬥精神，在西方思想史上占有重要地位。《社會契約論》（*The Social Contract*）是他的政治學代表作，它為未來資產階級民主共和國，設計出一幅比較完整的政治藍圖，是盧梭思想最成熟、最深刻的著作。《愛彌兒》是他經過 20 年思考，用 3 年時間寫成的教育學名著。他提倡服從自然法則、聽任人類身心自由發展的「自然教育」。

盧梭的主要思想包括以下兩個方面：

（一）社會不平等的起源和發展

　　盧梭認為，人本來處於自然狀態中，野蠻人漂泊在森林之中，沒有工農業，沒有語言，沒有住所，沒有私人財產和私有觀念，沒有善惡的道德觀念，沒有戰爭，人們之間毫無連繫，孤獨地生活，這是人類的「黃金時代」。後來進入了文明時代，人有了占有慾，人與人之間有了紛爭，為了自己的利益不惜損害別人。於是出現了私有制，逐漸產生不平等。他認為人類社會不平等的發展，經歷了三個階段：（1）私有制的建立，出現貧富兩極的對立。（2）國家政權的建立，出現統治階級與被統治階級的對立。（3）國家政權首腦變成了專制暴君，出現了主人和奴隸的不平等。

（二）社會契約論

　　盧梭認為，只有透過社會契約建立民主共和國，才能恢復人類自由、平等的天賦權利。契約的建立就是權利的讓渡，人們將自己的權利讓渡給整個國家和社會，而不是某個人。

▌名人事典▌

　　西元 1766 年 1 月，盧梭應英國哲學家休謨的邀請，到倫敦避難，同年 3 月又遷到伍頓。但不久，盧梭舊患受迫害妄想症發作，由於他「病態的敏感」，懷疑休謨等人企圖謀害他的性命，並和休謨發生了衝突。因此，西元 1767 年 5 月，盧梭祕密返回法國。

▌歷史評說▌

　　盧梭是 18 世紀法國富有獨創精神的傑出啟蒙思想家、哲學家、文學家和教育家，是法國大革命和近代歐洲資產階級革命思想的先驅者。他

不僅以其激進的資產階級民主主義政治學說著稱於世,而且還是一位聞名遐邇的世界文化名人。

在歷史上,我們看到有這樣的思想家:他並不想把自己打扮成歷史偉人,但他卻成了真正的歷史偉人。盧梭可以說就是這樣一位開闢了一個新時代、享有盛譽的偉大歷史人物。有時候,平常心和進取心對一個人的成功具有一樣的重要性,甚至有過之而無不及。

▌主要著作年譜▌

01. 西元 1737 年 　《娜爾西斯》:盧梭第一部喜劇

02. 西元 1742 年 　《新記譜法》:關於音樂改革的論文

03. 西元 1749 年 　《論科學和藝術》(*Discourse on the Arts and Sciences*):使盧梭轟動法國文壇的論文

04. 西元 1753 年 　《論法國音樂的通訊》:尖銳批評法國當代音樂之作

05. 西元 1754 年 　《論人類不平等的起源和基礎》:象徵盧梭思想成熟的理論名著,充分表現了他的反封建叛逆精神,在西方思想史上占有重要地位

06. 西元 1754 年 　《論政治經濟學》:經濟學著作

07. 西元 1762 年 　《社會契約論》:盧梭思想最深刻、最成熟的著作,也是世界政治學說史上最著名的古典文獻之一。它對 18 世紀法國資產階級革命產生了正面影響

08. 西元 1762 年 　《新愛洛伊斯》:反映盧梭政治思想的長篇小說

09. 西元 1762 年 　《愛彌兒》:教育學名著

10. 西元 1770 年 　《懺悔錄》(*Confessions*):盧梭自傳

11. 西元 1772 年 　《論波蘭政府》(*Considerations on the Government of Poland*):政治著作

12. 西元 1775 年　《對話錄，或盧梭批判尚‧雅克》：哲學著作
13. 西元 1776 年　《一個孤獨散步者的遐想》（*Reveries of the Solitary Walker*）：盧梭自傳的續篇，後因病而擱筆

● 博學多聞，才華橫溢 —— 狄德羅

「如果說有誰為了『對真理和正義的熱誠』而獻出了整個生命，那麼，狄德羅就是這樣的人。」

—— 恩格斯

‖人生傳略‖

　　德尼‧狄德羅（Denis Diderot，西元 1713 ～ 1784 年），西元 1713 年 10 月，狄德羅誕生在郎格里市一個製作刀具的家庭。在父母生育的七個孩子中，他排行第二。11 歲時，他秉承父母的意旨，進入郎格里天主教耶穌會中學。由於和同學打架鬥毆，他曾被迫停學幾天。恰巧其中一天舉行公開考試、頒發年度獎。這天，他不顧校工用長柄斧阻攔，衝進禮堂，參加了考試，並獲得獎品。性格之倔強，於此可見一斑。

　　西元 1832 年，狄德羅獲得巴黎大學文科碩士學位。學校生活結束後，他開始謀職，父親希望他接受的首先是神職，其次是律師、檢察官和醫生。但是，他不願從事這些行業。父親希望落空，感到非常氣憤，用嚴厲的口吻，簡潔地拒絕了兒子在信中提出的經濟上予以接濟的要求。父子之間矛盾銳化。為了維持生活，狄德羅不得不為傳布天主教的教士撰寫布道稿，還在一個財政官員家裡做過幾個月家庭教師。他博覽群書，閱讀了塔西佗（Tacitus）、托馬斯‧阿奎那、笛卡兒、培根、洛

克、霍布斯和牛頓的著作，特別喜愛伏爾泰的《哲學通信》。

他掌握多種語言文學，精通希臘文、拉丁文、義大利文和英文，在數學方面取得了優異的成績。他對文學非常感興趣，欣賞英國作家史威夫特（Jonathan Swift）和笛福（Daniel Defoe）的作品，口袋裡經常裝著荷馬和維吉爾的著作，並能背誦其中的著名篇章。他富有文學修養，又有哲學基礎，加之在科學、技術上傾注精力，成為一個在學術上全面發展的人。有人說他是亞里斯多德以後出現的、學識最淵博的學者，而且他更具有綜合性的精神。這為他一生中寫出大量的哲學、美學和文學作品，奠定了深厚的基礎。

狄德羅是一名偉大的學者，卻與一般的學者不同。他不是靜坐書齋、沉湎於抽象的思辨，而是投身於現實的社會，接觸形形色色的人，了解他們的生活和思想。他結識了當時許多著名的哲學家，與他們交流思想，參加沙龍中的辯論，探討各種課題。發表自己的意見時，往往透露他敏捷的才思、高超的見地。他也是一個落拓不羈的人，故意捉弄過人，也經歷了一些風流韻事。

西元 1746 年，他開始主編《百科全書》（*Encyclopédie*）或稱《藝術與科學百科辭典》，這部舉世聞名的鉅著長達 28 卷，歷時二十餘年，它簡明扼要，堪稱出版史上的傑作。由於書中有反對封建統治和神學的進步思想，遭到統治者的阻撓，在政府和警察的不斷威脅下，他堅持完成了這部鉅著。西元 1749 年，他因發表宣傳無神論的著作而遭到嚴厲的搜查，並被投入文森監獄，為時三個月。

西元 1784 年，狄德羅結束了他困苦潦倒的坎坷一生，不幸死於中風。

▌主要思想及著作▐

反映狄德羅主要思想的作品，主要有《哲學思想錄》、《對自然的解釋》、《懷疑者漫步》、《論盲人書簡》、《關於物質和運動的哲學原理》以及《美的根源及性質的哲學研究》等。

（一）狄德羅的哲學思想

1、在自然觀方面，狄德羅認為世界是一個大系統，其中存在的只有時間、空間和物質。物質本身具有活力，能自行運動。所有事物都處於相互連繫之中。

2、在認識論方面，狄德羅強調認識首先導源於感覺，感性與理性兩條軌道相輔相成，共同推進人類的認識。

3、在社會歷史觀上，他認為國家起源於契約。任何政體都是要改變的，它的生命跟動物生命一樣，必然趨於死亡。封建專制政體終會消逝，由適合人性的政體取而代之。

（二）美學思想

狄德羅提出了著名的「美在關係」說，他認為美標記著事物的一種共同性質，這個共同的性質就是「關係」。關係是悟性中的一種作用，因為沒有悟性就沒有觀念，也就沒有美。

▌名人事典▐

西元 1749 年，狄德羅印發了他的《論盲人書簡》，直截了當地表述了無神論觀點而被捕入獄。據傳，真正的原因是一位當權的伯爵，認為那篇文章譏諷了他的情婦，冒犯了自己的尊嚴。在監獄中，狄德羅表現出十分樂觀的態度和英勇不屈的精神，不停地進行思考，利用被捕時偶

然裝在口袋裡的、米爾頓（John Milton）的《失樂園》（*Paradise Lost*）的空白處，記錄下他的思想。

西元 1773 年，狄德羅去聖彼得堡，為俄國女皇葉卡捷琳娜二世（Catherine the Great）制定了《俄國大學計畫》。這位女皇無意接受他的改革計畫，卻非常賞識他聰穎的天資和風雅的談吐，以較高的價錢買了狄德羅的藏書，並委任他為保管員，年金為三百皮斯托，此外，還贈送他一座頗為高級的住宅。狄德羅屈居在閣樓 30 年，臨終前兩週才住進了宏偉的房舍。

▌歷史評說▌

狄德羅是西方哲學思想發展史上，承前啟後的卓越唯物主義思想家，「百科全書派」的領袖。他在自然觀、認識論、美學和科學、哲學方面都有所貢獻，開闊了人們的視野，啟迪了人們的思想。狄德羅不僅是哲學家、評論家，還是小說家、戲劇家，一個多才多藝的藝術家，其筆觸、言論滲透著政治思想、嘲諷貴族的封建意識，鞭撻社會的惡習，為創造資產階級意識形態開闢了道路。他和其他啟蒙思想家一起推動著思想和歷史的進步，對十八世紀唯物主義和無神論的發展，作出了卓越的貢獻。

狄德羅之所以在許多領域都有所建樹，不能不歸功於他廣博的知識基礎。廣種才能博收，這是一個顯而易見的道理。

▌主要著作年譜▌

01. 西元 1742 年　譯《希臘史》：譯著
02. 西元 1743 年　譯《醫學通用辭典》：譯著
03. 西元 1745 年　譯《論美德》：譯著
04. 西元 1746 年　《哲學思想錄》：批判宗教神學的理論著作

05. 西元 1747 年　　《懷疑論者的漫步》：批判宗教神學的理論著作

06. 西元 1749 年　　《論盲人書簡》：批判宗教神學的理論著作

07. 西元 1752 年　　《普拉德神父的辯護詞》：批判宗教神學的理論著作

08. 西元 1754 年　　《對自然的解釋》：闡發唯物主義思想的理論著作

09. 西元 1769 年　　《達朗貝的夢》：闡發唯物主義思想的理論著作

10. 西元 1757 年　　《私生子》：狄德羅的戲劇，當時十分聞名

11. 西元 1758 年　　《家長》：戲劇

12. 西元 1772 年　　《〈布甘維爾旅行記〉補篇》：倫理學著作，表達了
　　　　　　　　　　烏托邦思想

13. 西元 1776 年　　主編《百科全書》：流芳百世的鉅著，傳播了進步的
　　　　　　　　　　思想文化

14. 西元 1780 年　　《拉摩的姪兒》：膾炙人口的小說，包含了他的思想

15. 西元 1782 年　　《論克勞笛烏斯和尼祿王朝》：政治學著作

16. 西元 1796 年　　《修女》：小說，文學名著

17. 西元 1796 年　　《宿命論者雅克和他的主人》：小說

● 不慕權威，唯求真理 —— 愛爾維修

「人是環境的產物。」

—— 愛爾維修

▌人生傳略▌

　　克洛德・阿德里安・愛爾維修（Claude Adrien Helvétius，西元 1715
～ 1771 年），西元 1715 年 1 月，愛爾維修出生在巴黎，父親是一位著名

的宮廷御醫。愛爾維修的家庭不僅生活優裕，而且有豐富的藏書，從而使這位未來的哲學家，在童年就能受到良好的家庭教育。青年時期，愛爾維修曾在耶穌會辦的專科學校學習。在學期間他就厭惡神學，酷愛文學和哲學。課外閱讀了大量的唯物主義著作，深受洛克唯物主義經驗論的影響。

西元 1738 年，由於王室的「恩賜」，年輕的愛爾維修擔任政府總稅官的職務，成為年俸高達 30 萬利維爾的富翁。擔任這個職務，使他有機會接觸各階層人物，了解當時法國上層社會營私舞弊的黑暗、腐敗的現實，目睹了第三等級所受的疾苦，和他們對封建王朝、天主教會的不滿和仇恨，那之後他放棄了總稅官的職務，全力獻身於反封建、反宗教神學的鬥爭中，並成為「百科全書派」的中心人物之一。

雖然愛爾維修像其他啟蒙思想家一樣，整個一生實際上都在為資產階級革命廓清道路，但他一直到死，並不明確只有革命才能使法國社會得到死而復生的改造。愛爾維修在戰鬥的憂患中，於西元 1771 年 12 月 26 日與世長辭了。

▌主要思想及著作▌

愛爾維修的代表作是西元 1758 年出版的《論精神》，和他逝世以後（西元 1772 年）出版的《論人的理智慧力和教育》。他從反對封建統治和宗教神學的禁慾主義出發，提出了幸福在於有知識、自私心是社會發展的動因等問題。

愛爾維修從人出發，從人的感受性出發，得出人生而避苦求樂，即人皆有自愛心這個原則。從自愛心出發，愛爾維修又推出，人們在社會中都是為著一定的功利而生活的，從而提出了著名的利益原則。他堅持

自愛，也就是自私的利益原則，認為這是人的本性決定的。但是他反對追求個人的鉅富，主張與公共利益相結合的自私利益。

正是從這個原則出發，他有力地批判了封建專制主義，提出了以他的功利主義原則為基礎的道德、政法、教育等學說。雖然愛爾維修把服從公共利益當作最高的道德原則，不過在他那裡，這個原則並不妨礙人們追求自私的利益。同樣，愛爾維修認為，公共利益是最高的政法原則，可是，這個政法原則又恰恰是保護人們的自私利益的。

▋名人事典▋

伏爾泰不僅是愛爾維修得到教益最大的老師，而且是終生保持親密友誼的朋友。伏爾泰學識廣博，在許多領域都表現出非凡的天才，他的著作深刻地啟發愛爾維修。但是對愛爾維修來說，伏爾泰所給予他的教益卻不限於著作。在愛爾維修準備踏上哲學的征途時，伏爾泰已是蜚聲文壇的著名作家了。身為愛爾維修的良師益友，他無論在文學上還是哲學上，都給予這位御醫的兒子不少幫助，親手教他學會了寫作。

雖然如此，愛爾維修對這位大師卻並不盲從。伏爾泰哲學中的唯物主義思想，以及他那種堅持反對封建專制、反對蒙昧主義的鬥爭精神，愛爾維修是完全接受的。伏爾泰在文壇上開啟的現實主義方向，所謂「要使用鮮明的語言」、「塑造真實的形象」，愛爾維修也十分遵從。然而，伏爾泰哲學所採取的自然神論的形式，以及對神學的種種妥協，卻為愛爾維修所拋棄。事實上，愛爾維修作為真正的思想家，他確實對任何人都不盲從。他向啟蒙運動的先驅者請教，他與同輩的思想家交往，都是為了受到啟發，吸取思想材料，以進行獨立的研究和創作。

▌歷史評說▌

在十八世紀的法國啟蒙思想家中間，愛爾維修占有重要地位。他繼承和發展了洛克的唯物主義經驗論，並把它運用到法國社會生活領域，建立了一套以資產階級功利主義為核心的、較完整的社會倫理學說。像其他啟蒙思想家一樣，愛爾維修憎恨封建專制制度，嚮往美好未來。他以充滿戰士激情和富於創造的筆，批判封建主義、揭露教會的黑暗、探索合理社會的構成。他的一生充分顯示了一個傑出思想家進取、探索、抗爭的光輝歷程，從而為後人留下了寶貴的精神財富。

從愛爾維修的身上，我們首先感受到的是他的不盲從精神。無論是封建統治、宗教神學的權威，還是學術領域的大家、名人，他始終以客觀的眼光批判該批判的，吸取該吸取的，從而形成自己獨立的思想體系。無論是做學問還是做人，只有具備這種不盲從的精神，才能做得更獨立，更有個性，更像我們自己。

▌主要著作年譜▌

01. 西元 1738 年　《關於愛的知識》：反對禁慾主義的書簡

02. 西元 1738 年　《關於快樂》：反對禁慾主義的書簡

03. 西元 1740 年　《關於理智的傲慢與懶惰》：闡發其唯物主義和可知論的哲學思想的書簡

04. 西元 1758 年　《論精神》：反映愛爾維修思想的鉅著

05. 西元 1769 年　《論人》：反映愛爾維修思想的鉅著

06. 西元 1772 年　《幸福》：反映愛爾維修思想的長詩

● 精誠所致，金石為開 —— 孔狄亞克

> 「一門成功的科學，不過是一門成功的語言。」

—— 孔狄亞克

▌人生傳略▐

孔狄亞克（Étienne Bonnot de Condillac，西元 1715 ～ 1780 年），雖然是光照 18 世紀法國思想界的燦爛巨星中，光華引人注目的一顆，但整體來說，他的一生經歷比較平淡，既不像伏爾泰那樣曲折反覆而又轟轟烈烈，最終享盡盛譽；又不像盧梭那樣屢遭迫害、流落異鄉，死於孤獨和貧困；也沒有像狄德羅那種在窮愁和逆境中，奮鬥不息的坎坷和艱辛；他的一生概括起來，只是一個連續不斷地進行學習、思考和研究，從事教育和著述活動的過程，這也許和他沉著好靜、不愛交際、熱衷於深思抽象、艱澀的問題有關。

他才思敏捷，卻又推理審慎、邏輯嚴密，只要看一下他研究的選題和著作的目錄，我們就可以對他的這種內向、深沉的性格，產生一個大概的印象，難怪後世有些傳記作家把他譽為：「一切哲學家中的哲學家。」

西元 1715 年 9 月 30 日，孔狄亞克出生在法國南部美麗的山城格勒諾布林。這是一座歷史悠久的文化城市，路易十五（Louis XV）朝內的重要政治家湯生紅衣主教，和文壇巨星司湯達（Stendhal）都出生在這裡。孔狄亞克誕生在一個富裕的官吏家庭，他自幼體質羸弱，生性沉默寡言，資質也似乎不太聰穎。13 歲時，孔狄亞克的父親去世，他因無人監護，被送到在里昂任里奧奈省騎警司令的長兄那裡。十多年後，就是在這位長兄家裡，孔狄亞克結識了當時任家庭教師的盧梭。

在蘇爾比斯修道院，孔狄亞克從小修道院讀到大修道院，然後又進索爾本神學院（即巴黎大學），一直讀到 25 歲。在神學院期間，他博覽群書，廣涉文學、歷史、數學、科學和哲學，潛心於對所學知識的思考，以形成自己的觀點和見解。這若干年的寒窗苦讀，為他以後創立自己的學說，打下了扎實的基礎。

進入世俗界後，孔狄亞克在巴黎過著文人學士式的生活，出入於一些著名的沙龍。在當時巴黎最負盛名而有影響力的一些沙龍裡，聚集著 18 世紀法國思想界、文藝界、科學界的菁英。孔狄亞克頻頻出入這些沙龍，結識了許多有識之士，跟他們交流思想，對他的研究工作有很大影響。他一直埋首於著述之中，寫了許多蘊含啟蒙思想的著作，也曾因此受到抨擊，但他始終未放棄研究工作。

從西元 1772 年起，他離開巴黎，過著清淨的退隱生活。晚年他深居簡出，潛心於整理、校訂、完善他的舊作並繼續撰寫新作，直到西元 1780 年 8 月 2 日逝世。

▌主要思想及著作▌

孔狄亞克的著述很多，集中闡述他的主要思想的代表作有《論人類知覺的起源》（西元 1746 年）、《系統論》（西元 1749 年）、《官能論》（西元 1754 年）、《邏輯》（西元 1792 年）等。

孔狄亞克的思想可以集中概括為：感覺是認識的來源和基礎，只有憑藉感官，關於客體的印象才能達於心靈。沒有視覺就不能產生關於光和色的觀念；沒有聽覺就不會產生關於聲音的觀念。痛苦和快樂、運動和靜止等觀念的形成，莫不如此。由此，他反對笛卡兒的天賦觀念論，認為觀念都是後天形成的。

▊名人事典▊

西元 1742 年，孔狄亞克在巴黎與盧梭第二次相遇。這時兩人的思想都比較成熟，頻繁的往來使雙方加深了彼此的了解，共同的語言也比較多了。他們除了一起進出一些重要的沙龍外，還經常在一家小飯館裡邊吃飯邊議論。孔狄亞克向盧梭介紹了他正在醞釀的感覺論思想，和對未來的著作的一些構思。在近 20 年後盧梭出版的名作《愛彌兒》中，還可以看出在這一時期裡，孔狄亞克的感覺論觀點，明顯影響他在該著作中所表明的觀點。

▊歷史評說▊

孔狄亞克曾在啟蒙運動中扮演重要角色，曾因他的著述和教育活動而聲名傳遍整個歐洲。他是 18 世紀重要的哲學家、心理學家、教育學家、語言學家、邏輯學家和經濟學家，在法國宣傳洛克思想的首要人物，是法國感覺論派的創始人。他的思想對後來唯物主義的發展有一定的影響。

「寶劍鋒自砥礪出，梅花香從苦寒來。」孔狄亞克雖然資質平平，但他將自己一生的精力都投入到著述和研究之中，孜孜不倦，執著刻苦。的確，並不是天才才能成為名人，關鍵在於你肯不肯為自己的成功付出努力。

▊主要著作年譜▊

01. 西元 1746 年　《論人類知覺的起源》：反映孔狄亞克思想的重要著作

02. 西元 1749 年　《系統論》：反映其唯物主義感覺論的經驗論思想的重要著作

03. 西元 1754 年　《官能論》：反映孔狄亞克感覺論的著作
04. 西元 1769 ～ 1773 年　《教程》：包括〈語法〉、〈講話的藝術〉、〈思維的藝術〉、〈寫作的藝術〉、〈推理的藝術〉、〈人類和帝國通史〉等的講稿
05. 西元 1780 年　《邏輯學》：關於形式邏輯的基礎理論著作
06. 西元 1798 年　《計算的語言》（未完成）：是他分析法的作品。強調語言在邏輯推理中的重要作用

● 輕名利而重「自然」—— 霍爾巴赫

「自然賦予我們去發現真理的唯一工具。」

—— 霍爾巴赫

▌人生傳略▌

　　18 世紀的法國是一個宗教勢力相當強大、封建統治極為殘酷的國家。由於不甘心於這種雙重壓迫，以及渴望建立起一個符合人性的美好未來，一些先進的思想家紛紛著書立說，表示反抗。但是，很少有人能逃過遭受迫害的厄運。被認為是當時法國文化巨人的伏爾泰曾被關進監獄，遭到放逐，最後不得不逃到國外；盧梭幾經流亡，最後貧病交加死於愛爾莫農。狄德羅又何曾沒有嘗過警方的搜捕，和冰冷鐵窗的滋味？唯獨火力最猛、從自己安靜的書齋中向教權和暴政，發出一顆顆重型砲彈的霍爾巴赫卻逍遙法外，平安無事地享盡自己的天年。

　　霍爾巴赫能倖免於難，與他在政治上謹小慎微，和在事業上淡泊名利的性格分不開。霍爾巴赫一生著作勤奮，著作甚多。除去他早期一些

重要的自然科學方面的譯作外，所有闡發他個人無神論和唯物主義思想的著作，無一例外，都是匿名在國外祕密出版的。這些書，或是假託已故某某知名學者的著作，或是冒充某某外國學者的法文譯本，或者乾脆不署任何姓名。他的隱姓埋名，幾乎達到了滴水不露的程度。只是在霍爾巴赫死後，社會上才逐漸發現，這個長期被埋沒和忽視的人，竟是許多讓歐洲為之震動的著作的真實作者。

霍爾巴赫（西元 1723 ～ 1789 年），原名保爾・亨利・提利，西元 1723 年 1 月，生於德國帕拉蒂內特的埃德森姆，一個信奉天主教的平民家庭中。7 歲喪母，由於生活困難，在他 12 歲時，家人接受定居法國的一位伯父法朗西斯庫・亞當・霍爾巴赫男爵的邀請，隨父親移居法國。在這位好心伯父的教養下，聰敏好學的霍爾巴赫很快學會了法語、英語和一些古代語言，並掌握一般所謂有教養的人所不可缺少的基礎知識。

西元 1744 年，當他 21 歲時，伯父送他到荷蘭萊頓大學讀書；四年後，大學畢業，返回巴黎，當年與表妹蘇姍娜・達尼結婚。西元 1749 年，他取得了法國國籍，該年還曾在巴黎索爾朋神學院教神學和哲學。西元 1753 年，霍爾巴赫整整 30 歲，伯父去世，按當時的法律和習慣，霍爾巴赫繼承了他的大量財產和男爵的封號。

在霍爾巴赫這三十年充滿傳奇般變化的生活中，對他日後生活有著深遠影響的是以下兩件事：一是到荷蘭萊頓大學讀書；一是結識狄德羅。念大學期間，他讀了大量哲學著作，尤其是洛克、霍布斯和牛頓的著作，對他初步形成自己的唯物主義世界觀，有著非常重要的作用。而與狄德羅的結識，不僅使他直接受其思想的影響，也使他認識了不少當時法國著名的哲學家，跟他們交流思想，受益匪淺。之後，霍爾巴赫勤奮著述，寫了大量具有啟蒙思想的著作，無情地批判封建專制和宗教神

學。霍爾巴赫為法國人民，為全人類，貢獻了他的全部智慧。於西元1789 年 1 月 21 日逝世，享年 69 歲。

主要思想及著作

西元 1770 年《自然的體系》（*The System of Nature*）出版了。霍爾巴赫在這部著作中，充分利用當時的自然科學成果，理論概括了所有過去的先進唯物主義思想，第一次系統地、全面地闡述了唯物主義世界觀、認識論，以及有關政治、社會、倫理、宗教等各方面的觀點。他還把無神論建立在唯物主義基礎上，不給宗教信仰留下絲毫可以容身的餘地。這樣，這部書就大大震動了統治者和宗教的維護者，在當時產生了極其廣泛的影響。霍爾巴赫後來的著作，都是對這本書的引申和發揮。

霍爾巴赫的主要思想如下：

1、霍爾巴赫的全部哲學，是以他的自然論為出發點的。自然，是霍爾巴赫哲學思想中的一個基本概念。他認為，自然就是由不同物質、不同組合，以及不同運動的集合，而產生的一個大整體。自然有三種主要屬性：（1）物質性，自然由物質構成。（2）由於運動是物質的一種形式，而物質有自己的運動能力，因此，物質的自然是自己運動的原因，不需要外力的幫助。（3）自然中一切事物的運動都有其必然性，是按照一些不變的法則而運動的。

2、人的認識只能來源於客觀世界，人是透過感覺認識事物的。

3、在社會方面，他主張社會契約論。在倫理方面，他認為人的本性就是趨樂避苦，主張在人性的基礎上建立道德學。此外，他還認為應該用政治來限制人的情慾，並指導它們傾向於社會福利。

▋名人事典▋

1、霍爾巴赫的著作幾乎都是匿名出版的。據說，他的某些著作已在國內外博得很高的聲響時，有一位參加霍爾巴赫沙龍的學者，鑒於該書的觀點和霍爾巴赫在談話中經常表現的觀點極其相似，曾在餐桌上問他是否即是該書的作者，霍爾巴赫裝聾作啞，矢口否認。有時，霍爾巴赫從別人手中看到一本自己的著作時，才知道該書已在國外印刷完畢，開始在法國國內傳播。

總之，霍爾巴赫經常自詡是「人類真正的友人」，認為只有在匿名的著作中，才能淋漓盡致地抒發自己內心的思想和感情，也許正是這種政治上的膽識和寬廣的胸懷，使他在種種危險面前無動於衷，鎮定自若，在聽到別人輕蔑地譏笑他「不過是一個有著萬貫家財和一位好廚師的男爵而已」時，一笑置之。

2、西元 1749 年，霍爾巴赫與狄德羅在巴黎結識，讓霍爾巴赫的生活從此展開了嶄新的一頁。狄德羅比霍爾巴赫年長十歲，兩者相識時，狄德羅已是一位小有名氣的作家了。而霍爾巴赫只是一個剛剛走出大學校門的學生，還沒有真正形成自己的思想。但狄德羅從他身上看出了一種無窮的潛力，一種勇於擺脫傳統、熱烈追求真理的精神，和一種可貴的唯物主義傾向。這種思想和感情上的共鳴，使他們建立了經久不衰的友誼。

霍爾巴赫勤奮好學，巨大的財富沒有讓他耽於物質享受，而是為他創造了在安靜的環境裡鑽研科學和思考問題的條件。正是透過狄德羅，霍爾巴赫認識了盧梭、格里姆以及當時法國思想界一些著名人士，從此越來越深地捲入了 18 世紀法國興起的、波瀾壯闊的意識形態鬥爭。

▌歷史評說▐

霍爾巴赫是十八世紀法國唯物主義集大成者,唯物主義發展史上的重要里程碑。他的主要貢獻在於把法國唯物主義哲學和社會倫理學,加以全面概括和系統化,並詳細而突出地論述了戰鬥的無神論理論,對後來唯物主義和無神論的發展產生了正面的影響。

霍爾巴赫有著十分優裕的物質生活,但他並沒有因此沉迷於物質享受中,反而憂國憂民,發奮著述。曾有人說哲學家就是一些自尋煩惱的人,不過也正是這些自尋煩惱的人,在尋求著解除整個人類煩惱的道路。一個對過去失去了記憶,對現實失去了憂慮,對未來失去了想像的人,是不能有所作為的。

▌主要著作年譜▐

01. 西元 1761 年　《揭穿了基督教》:無神論著作

02. 西元 1767 年　《袖珍神學》:無神論著作

03. 西元 1768 年　《神聖的瘟疫》:批判宗教神學的著作

04. 西元 1768 年　《宗教的殘忍》:批判宗教神學的著作

05. 西元 1770 年　《對聖保羅生平及其著作批判的考察》:批判宗教神學的著作

06. 西元 1770 年　《關於耶穌‧基督的批判的歷史》

07. 西元 1770 年　《自然的體系》:闡發無神論及唯物主義思想的著作

08. 西元 1772 年　《健全的思想》:反映其唯物主義思想的重要著作

09. 西元 1773 年　《自然政治》:反映其哲學思想的政治學著作

10. 西元 1773 年　《社會體系》:反映其哲學思想的政治學著作

11. 西元 1776 年　《道德政治》:政治學著作

12. 西元 1776 年　《普遍道德學》:反映其哲學思想的倫理學著作

┃ **義大利** ┃

● 摒舊傳統，創新科學 —— 維柯

「人類世界是由人類自己創造出來的。」

—— 維柯

┃人生傳略┃

　　詹巴蒂斯塔・維柯（Giambattista Vico，西元 1668 ～ 1744 年）誕生於義大利南部的拿坡里。祖父是當地的農民，父親在城裡開了一家小書店，但家境貧窮，八個兒女中維柯排在第六。幼年時的維柯因活潑好動而招來一場橫禍，差點夭折。他七歲那年，從頂樓跌下來，把右邊的頭蓋骨摔碎了，頭部受到重創，長達五個小時不省人事。醫生看到這孩子奄奄一息的樣子，斷言他非死即傻。然而醫生大錯特錯了，維柯不但奇蹟般地健康地活了下來，而且日後還成為聞名世界的思想家。

　　經過 3 年的休養，維柯才去小學就讀。他聰明過人，對所學的東西感到十分輕鬆，並跳級學習，老師對他的自學能力十分驚訝。後來，維柯被送到耶穌學會的學校去受教，他因在一次更新競賽中受到不公正的待遇，憤而退學，自學了以後的全部課程，並轉向學習邏輯學。母親發現，維柯經常通宵達旦地讀書。但煩瑣枯燥的邏輯學與他的接受能力最終產生了矛盾，他曾經感到絕望，廢學達一年半之久。

維柯漸漸長大，由於父親的希望，他開始學習法學，主要是對羅馬法的研究。而由於羅馬法的主要基礎是人類習俗的哲學，即羅馬的語言和政治制度的科學，這種哲學和科學必須在拉丁作家們的著作中才有辦法研究。因此，他旁及到對拉丁語言文學的研究，既注意思想，又注意修辭。

維柯從學術研究終於又走向哲學方面的探討。他研究了亞里斯多德、柏拉圖和伊壁鳩魯的哲學，主要吸取了柏拉圖哲學中的許多思想，後來又受到笛卡兒的一些影響。西元 1696 年，維柯入拿坡里腓特烈二世大學講授修辭學，在西元 1699 年獲修辭學教授職位，任教直到他退休。期間，他潛心於學術研究，於西元 1725 年底，出版了他花費十年左右的時間寫成的《新科學》（*The New Science*）。

維柯在學問上是富有的，在生活上卻終生未能擺脫貧窮。他辛苦地工作以維持一家人的生活，妻子目不識丁，女兒受病痛的折磨使他必須經常支付醫藥費。不過他從未在苦難面前屈服，忍受了一切，仍舊辛勤地工作。西元 1744 年 1 月 20 日，維柯平靜地去世了，享年 76 歲。

▌主要思想及著作▌

維柯的代表作是他在西元 1725 年出版的《新科學》。書中著重研究人類如何從野獸般的野蠻狀態發展到人類社會，研究法律制度是如何產生和發展的，他的理論對後世產生了巨大影響。維柯的主要思想都彙集在《新科學》中，該書的總綱是：「人類社會是由人類自己創造出來的。」具體地說，透過自然神學想像出各種神，透過邏輯功能發明各種語言，透過倫理功能創造出英雄們，透過經濟功能建立家族，透過政治功能建立出城市等等。人類憑自己的智慧去創造，有什麼樣的智慧，就能創造

出什麼樣的事物，人類社會的進展和人類心智的進展相對應。

維柯認為，人們只有憑實踐才能得到科學的知識。因此，他強調哲學必須與語言學相結合。他說：「哲學家如果不去請教語言學家的憑證，就不能令他的推理具有確鑿可信，他的工作就有一半是失敗的；同樣，語言學家如果不去請教哲學家的推理，就不能令他的憑證得到真理的批准，他的工作也就有一半失敗了。」

▍名人事典▍

維柯在研究法律的時候，碰巧有人在宗教法庭上控訴他的父親。維柯當時十八歲，在一位參議員的協助下，他在最高教會法庭為父親作了辯護，他思路清晰，說理有力，獲得了勝訴。他的辯護詞得到一位著名的法學家、最高教會法庭參贊的讚賞。獲勝後，他還受到對方律師的祝賀。

▍歷史評說▍

維柯是義大利的法學家、歷史學家、語言學家。他精通拉丁文，以語言為手段，獨到地研究羅馬法和古代社會，從而為建立科學的社會科學作出了重大貢獻。他對德國的歌德（Johann Wolfgang von Goethe）、赫爾德（Johann Gottfried Herder），對法國的盧梭、狄德羅都產生過影響。由於他研究人類社會的起源，所以人們往往把他與摩爾根、達爾文相提並論；由於他探討社會發展的規律，所以人們又把他比作社會科學領域中的伽利略和牛頓。

維柯有很強的自學能力，這種能力是他出身寒門卻能取得如此巨大成就的主要原因。一個人具備了自學的能力，就可以憑藉這種能力去獲取廣博的知識，不斷提高自己的學養，豐富自己的內涵。

▌主要著作年譜▌

01. 西元 1720 年　《普遍法律的唯一原則和唯一目的》：反映維柯法律思想的重要著作

02. 西元 1721 年　《法學的融貫一致性》：反映維柯法律思想的重要著作。最後一章中把語言學歸結為一些科學的原則

03. 西元 1725 年　《新科學》：維柯的代表作，研究法律制度的產生和發展，具有人本主義思想，同時強調哲學必須與語言相結合

十八世紀末至十九世紀上半期

▌德國▐

● 尋求理性的光芒 —— 康德

「道德本來就不教導我們如何讓自己幸福，而是教導我們如何讓自己無愧於幸福。」

—— 康德

▌人生傳略▐

伊曼努爾·康德（Immanuel Kant，西元 1724 ～ 1804 年），西元 1724 年 4 月 22 日生於普魯士王國哥尼斯堡城。除了短期在附近一個鄉村裡教書外，這位沉默寡言的小教授，雖然十分愛好教授遠方異國的地理和人類學，卻從沒有離開過他的故鄉城市。他出身於貧窮的家族，母親是個虔誠的教徒。宗教的薰染使他成年後畢生離開教堂，卻也使他終生保持著德國清教徒憂鬱的特徵。到了晚年，他覺得強烈地渴望為他自己，也為了這個世界，起碼要保持他母親的教誨、保持在他身上深深扎根的信仰本質。

西元 1775 年康德開始工作時，當了哥尼斯堡大學的一位編外講師。他在這個卑微的職位上長達十五年之久，兩次申請教授職稱都沒有獲准。西元 1790 年，他終於被聘為邏輯學和形而上學教授。他講過的課程包括：邏輯學、數學、形而上學、自然地理學、倫理學、力學、理論物

理學、教育學、宗教學、礦物學，甚至還講過「要塞建築術」和「煙火製造術」，可謂五花八門、應有盡有。當教師有了多年的經驗以後，他寫了一本關於教育方法的教科書，他常常提到它，說書中有許多很好的箴言，他自己卻從來不曾用過。可是他教課勝過寫書，兩代的學生都十分愛戴他。他的務實原則之一，就是關切天分一般的學生。

誰也不指望他震驚世界，創一個形而上學的新體系，這位膽小怕事、謹小慎微的教授，最不願意做令人吃驚的蠢事。42 歲時，他寫道：「我有幸愛上形而上學，可我的心上人還沒有向我表示讚許。」他說形而上學是「一個無底的深淵」、「沒有燈塔的黑暗海洋」，四處漂浮著許多哲學的碎片和殘骸。他甚至攻擊形而上學家是那些住在沉思高樓的人，「那常常颳起陣陣大風」。他並沒有預見到，形而上學所有的風暴中最大的那一陣，將是他自己吹起來的。康德身高不足五英尺，小心謹慎，畏縮不前，可是在他的頭腦裡，蘊含著現代哲學中影響最深遠的革命。康德的生活過得十分有規律，起床、喝咖啡、寫作、講課、吃飯、散步，都各有固定的時間。

他的體質十分羸弱，不得不採取嚴格措施保養自己。他認為不要醫生能做得更穩妥些，就這樣，他活了八十歲。在古稀之年，他寫了篇散文〈精神借意志堅定力克病痛說〉。他得意的原則之一是只用鼻子呼吸，尤其是在室外時。因此，秋、冬、春三季，他照例每天散步時不許人跟他講話；沉默不語總比傷風要強。他甚至應用基本原理提住他的襪子 —— 用帶子結住襪口穿在褲子口袋裡，末端繫在小盒子內附著在彈簧上。他在行動之前把每一件事都仔仔細細想個透澈，所以終身是個單身漢。他兩次想向女子求婚，可是他考慮得太久了，一次是女的嫁了個比較果敢的人；另一次是，在這位哲學家下定決心之前，女的已離開

哥尼斯堡了。也許，他像尼采一樣，覺得結婚會妨礙他一心一意地追求真理。

就是這樣一個謹慎的人，卻曾以信心十足的青年用滿腔高尚的熱情寫道：「我已決定了行動方向，我決心矢志不移。我一投身上路，將沒有什麼能擋住我的追求。」所以，他百折不撓，哪怕貧窮困厄、默默無聞。他的傑作到西元 1781 年才定稿，寫出綱要後，改了又改幾乎達 15 年之久，那時他已 57 歲了。

從來沒有人成熟得這樣姍姍來遲；也從來沒有一本書這樣震驚哲學界，鬧個天翻地覆。這就是他的不朽名著《純粹理性批判》（*Critique of Pure Reason*）。西元 1790 年，他的另兩部「批判」也相繼出版。直到逝世前，還發表了有關形而上學、宗教、倫理學、歷史哲學、法學、人類學、邏輯學等方面的重要論著三十多種。這些著作奠定了他在思想史上的顯赫地位，也使他聲名遠播。

除了著述，康德一生的大部分時間都是在講課、備課。西元 1804 年，他終於走完了自己的人生歷程，安詳地、自然地走了，像樹上飄落的一片葉子。

▌主要思想及著作▐

康德的代表作是他的「三大批判」，即：《純粹理性批判》、《實踐理性批判》（*Critique of Practical Reason*）和《判斷力批判》（*Critique of Judgment*），這三部書共同建構了他包括哲學、倫理學、美學等在內的龐大體系，完成了哲學上的空前變革。

康德的思想主要可以概括為以下幾個方面：

（一）純粹理性批判

1、康德一開始就向經驗派丟擲了戰書：知識並不全是得之於感官的。我們的一部分知識來自經驗，但經驗並不具有必然性。有些知識甚至在經驗之前就是真的，是先驗的。比如數學上的知識就是必然的、確定的；我們不能設想將來的經驗會違背它。我們可以相信太陽明天會從西方升起，或者相信有一天在某種可以想像的石棉世界裡，火會點不著木棒；但是我們死也不會相信 2 乘 2 竟會是 4 以外的什麼。這些真理在我們有經驗以前就是真的，它們並不依賴於過去、現在或者將來的經驗。

2、二律背反是不可解決的兩難推理，是由科學企圖越過經驗而產生的。比如說，想知道這個世界就空間來說是有限的還是無限的，這時候，思想就反對任何假設：在任何極限之外，我們都被迫設想還有更遠的地方，遠了還有更遠的，沒有止境；而無限本身就是不堪設想的。科學研究的因果鏈條上有個起點，第一因嗎？有，因為一條無窮無盡的鏈條是不堪想像的；沒有，因為一個沒有前因的第一因也是不可想像的。這就是二律背反。

（二）實踐理性批判

我們的一切感覺中最讓我們驚訝的，就是我們的道德感，那是我們永遠無法逃避的感覺。我們可以屈膝投降，但那種感覺還是存在。早上我下決心改好，晚上我又做蠢事；可是我們知道它們是蠢事，因而又下決心。使人感到悔恨而重下決心的是什麼呢？它是我們內心無上的絕對命令，是我們良心的無條件命令，是我們與生俱來的道德感。道德教導我們：別考慮你的幸福，要盡你的責任。上帝存在與否，不是我們的理

性所能知道的，於是我們的理性聽任我們自由地相信祂的存在。正是上帝的存在使我們相信，生命將長久存在，天平將重新矯正，一杯慷慨施與的水將得到百倍的報償。

（三）論宗教與理性

自然界中有許多物體顯示出這樣的美，這樣的勻稱和統一，好像是驅使我們想到超自然的設計（上帝）。但是，另一方面自然也多得是浪費、混亂、無用的東西。自然儲存的生命，卻付出了多少苦難與死亡的代價！自然本身並不能證明上帝的存在。再者，奇蹟也不能證明上帝的存在，因為我們從來就不相信它們的佐證；如果指望禱告可以中斷行之有效的自然規律的話，那顯然是徒勞無益的。因此，對於上帝的存在與否我們應該存疑。

（四）論政治與永久和平

康德認為人們處於自然狀態時，彼此進行生存競爭，生存競爭並非壞事。然而，人們很快意識到競爭必須限制在一定的限度內，並受規則、法律和習慣的制約，這樣才能自我保全。於是，人們彼此訂立契約，產生國家。

康德提倡平等，這種平等不是能力的平等，而是能力的發展和使用機會的平等。他否認一切門第和階級的特權，追溯一切世襲的權力，都是過去某種憑暴力而獲得的東西。

▌名人事典▌

1、康德每天下午三點半鐘準時去散步，風雨無阻。只有一次，讓盧梭的《愛彌兒》吸引住，要一口氣讀完，才沒有去散步。每當他身著灰

色外衣，執著手杖，出現在門口，走向那條至今還叫做「哲學家之路」的菩提樹小道時，鄰居們知道，時間恰好是三點半。據說，他的鄰居就在他關門的一剎那開始對錶。他來來去去地這樣散步，一年四季都是如此。當天氣陰沉，或烏雲密布快要下雨時，人們可以看到他的老僕人步履艱難地跟在後面，腋下夾著一把大傘，像是小心謹慎的象徵。

2、康德習慣站在爐邊，透過窗戶凝望教堂的塔尖，思索他的哲學問題，鄰居家的白楊樹不斷長高，結果擋住了他的視線，這使他感覺煩躁不安，幸好友善的鄰居，為了不打擾哲學家的沉思，趕緊把白楊樹尖鋸掉了，讓康德得以恢復他的習慣。

▍歷史評說▍

康德的思想在哲學史上具有劃時代的意義。身為哲學史上的一顆巨星，康德令人仰望的原因，是他從人的認知和行動中，都看出理性的光芒。他的哲學是啟蒙運動的成果，更是啟蒙運動的深入。他對後世的影響是十分巨大的。對於費希特（Johann Gottlieb Fichte）、謝林、黑格爾而言，他是德國古典哲學的開啟者。後來的意志論者、實證主義者和實用主義者等，也都受到他很大程度的影響。

精神一面要逃避無常，企求永恆，另一面卻又厭倦重複，渴慕新奇。在自然中，變是絕對的，不變是相對的。絕對的變注定了凡人肉身的易朽，相對的，不變造就了日常生活的單調。人在變與不變之間陷入了兩難。人生其實就是眾多的二律背反，對此，康德替我們提供了深刻的警示。人只有在思想中尋求平衡的支點。還是讓我們記住康德的名言：有兩件事物，越是對它們一再並且持續地沉思默想，就會滿懷著不斷更新並且不斷增長的讚頌和敬畏，即：頭上的星空和心中的道德律。

▎主要著作年譜▎

01. 西元 1755 年　《一般自然史與天體理論》：康德最富創見的科學著作

02. 西元 1781 年　《純粹理性批判》：康德代表作，是其批判哲學體系的基礎

03. 西元 1790 年　《實踐理性批判》：康德三大批判之一，是其代表作

04. 西元 1790 年　《判斷力批判》：康德代表作，主要反映其美學思想

05. 西元 1793 年　《理性界限內的宗教》：宣揚理性，批判宗教的著作

● 人如其學，學如其人 ── 費希特

「什麼樣的人，就會選擇什麼樣的哲學。」

── 費希特

▎人生傳略▎

在約翰・戈特布利・費希特（西元 1762 ～ 1814 年）身上，永遠有兩種傾向在互相衝突著，那就是沉思默想最深奧思辨的天才學者，和洋溢著火山熔岩一樣的熱情，為自由戰鬥的實踐活動家之間的衝突。這兩種傾向在他身上交織著，貫穿在他的一生之中。從表面上看，費希特是個性格倔強、有點古板的人，氣質上帶有一股學究氣。

我們常常忽視他性格中最深刻的特點 ── 自尊和馴順。如果說他常常表現得相當自信，那是因為他感到自己是強而有力的。即使是他的自尊和馴順，也像孩子那樣純潔。在這些外在特點的下面，隱藏著他對真理和正義的愛和激情。他的個性影響了他的生活道路，這些東西一方面

使他成為德國最出色的才子之一，一方面，也給他招來了無窮的磨難。

西元 1726 年 5 月 19 日，費希特出生在德國上勞西茨州的拉梅諾村一個貧苦的手工業者家庭。他異乎尋常的聰敏，具有非凡的記憶力，很早就顯露出演說的才能和熱情。他所受的最早的教育，是在家鄉的教堂裡。從 8 歲起，他每星期都去教堂聽牧師布道，他為這些布道所打動，以至於他能有聲有色地複述它們。

有一次，米勒提茲男爵到拉梅諾村訪友，順便也想參加布道，但他來遲了，布道已結束。村裡的人告訴他，牧鵝少年費希特能全部複述布道給他聽。於是，他在友人家裡聽了費希特的「布道」後驚嘆不已，決定資助費希特上學。這是費希特一生的轉振點。此後，費希特一直在這位好心男爵的資助下，繼續著他的學業。直到西元 1774 年 5 月米勒提茲男爵逝世，這種資助就斷絕了。其時，費希特剛上大學不久。個人生活的失望，家庭的抱怨，社會的歧視，使他陷入困境。為了解決生存問題，他像許多德國偉大的思想家一樣，走上了當家庭教師的道路。

西元 1790 年，恰好有一個學生表示願意向他學習康德哲學，他答應了。就是這個偶然的機會，讓他的一生發生了歷史性的轉折。費希特開始研究康德哲學，並為之深深吸引，開始了他以康德哲學為中心的研究和思考。他發表了許多研究康德思想的文章，還第一次做了以「知識學」為題目的公開演講。西元 1794 年，費希特在耶拿大學任教，其間他完成了許多主要的哲學著作。除了教學外，他也做一些通俗演講。由於他宣傳民主自由以及無神論的思想，法院要傳訊他，當局要撤他的職，他被迫辭職去了教職。

從西元 1802 年起，費希特長期沒有發表著作，而是到處去演講，他的演講聽者如雲，反映強烈。西元 1806 年普法戰爭爆發後，費希特請纓

參戰未獲准，他繼續在演講中鼓舞德國人民反對外來侵略。費希特的夫人滿懷著與費希特一樣的熱情，參加了護理傷病員的工作，不幸染上了惡性發燒，隨後又傳染給費希特。從此他一病不起，於西元 1814 年 1 月 27 日逝世，享年 52 歲。

▌主要思想及著作▌

集中反映費希特「知識學」思想的著作有：《全部知識學基礎》（*Grundlage der gesamten Wissenschaftslehre*，西元 1794 年）、《知識學導言》（西元 1797 年）、《論學者的使命》（西元 1794 年）、《人的使命》（西元 1800 年）、《對德意志民族的演講》（*Addresses to the German Nation*，西元 1807 ～ 1808 年）等。

（一）哲學思想

費希特認為，哲學應該闡明科學知識之所以發生和發展的原則和方法。他把自己的哲學體系叫做知識學，並自稱他的體系就是康德的體系。他認為，一個嚴密的科學體系，要有一個最高的、明確無誤的、可以憑藉著它而推演前進的出發點。知識學的出發點只能是自我，這個自我不是別人的經驗意識，而是純粹的自我意識，絕對的自我。知識學的任務，就是透過分析知識來闡明自我如何行動，才能建立自己本身，從而成為一切知識的基礎。

（二）社會政治思想

1、費希特最初作為一個社會契約論者，認為國家乃是人們建立契約的產物。後來他特別強調國家的倫理性質，深信國家的本質是一種至善的展現，國家的根本任務在於發展文化教育事業，提高國民的道德品質。

2、費希特認為人類歷史是理性發展的歷史。歷史的目的就是最自由地發揮理性的作用，實現「理性王國」。他認為人類歷史經歷一系列必然的發展階段，將最終達到「至善完美」的崇高境界。

▌名人事典▌

最初接觸康德哲學時，費希特本來打算花幾年時間把康德哲學通俗化，使之能深入影響一般平民的實際生活。可是，當時他一文不名，連生活都難以自繼，只好遠涉華沙當一位公爵夫人的家庭教師。然而家庭教師未能博得女主人的歡心，或者說是沒有博得一個刁鑽女僕的歡心。他的鞠躬禮行得不夠文雅，缺少法國派頭，因而被認為不配當一個波蘭小容克地主兒子的家庭教師。費希特威脅著要控告這種侮辱言行，，女主人害怕了，付給費希特一筆賠償費。費希特接受了這筆錢後，便急忙帶著錢趕往哥尼斯堡，去拜謁令他的精神得到新生的當代偉人 ——康德。

▌歷史評說▌

費希特身為德國資產階級的最激進代表，用他富於辯證法思想的哲學體系，反覆論證了民主、自由、人道的思想，並以殉道者的精神，公開抨擊了封建專制和教會，喚起德意志民族為反抗法國入侵而奮起抗戰。他始終是當時德國最傑出的自由戰士和思想家，他的思想成為康德和黑格爾之間發展的橋梁。

有兩類學者：一類人具有強烈的社會責任感，以拯救天下為己任，試圖規劃出某種救世方案，以重建精神生活的秩序，這種人我們可以稱之為救世者；另一類人沒有直接的用世抱負，而是更加關注自己獨立的精神探索和文化創造活動，把精神上的追求和自我完善作為安身立命之

本。費希特身上充分展現了這兩種立場的重疊。真誠的救世者和自救者
都是寶貴的，在他們身上我們看到了時代的精神。

▌主要著作年譜▌

01. 西元 1790 年　《關於宗教和自然神論的格言》：研究康德哲學
的論文

02. 西元 1791 年　《對一切天啟的批判》：研究康德哲學的論文

03. 西元 1793 年　《糾正公眾對法國革命的評斷》：評價法國革命
的論文

04. 西元 1794 年　《向歐洲君主們索回至今仍被壓制的思想自由》：闡
述改造現存國家合法性的論文

05. 西元 1794 年　《全部知識學基礎》：費希特主要哲學著作

06. 西元 1796 年　《知識學原理下的自然法基礎》：哲學著作

07. 西元 1798 年　《知識學原理下的道德體系》（*Das System der Sitten-
lehre nach den Principien der Wissenschaftslehre*）：哲學著作

08. 西元 1798 年　《宗教概念的發展》：關於宗教的論文

09. 西元 1800 年　《人的使命》：知識學的通俗講演稿

10. 西元 1801 年　《關於最新哲學的明晰報告》：關於知識學的著作

11. 西元 1810 年　《知識學概略》：關於知識學的著作

● 秉承前人，啟發後學 —— 謝林

「如果你不知道謝林，你可不要錯過認識他的機會，我以為他在哲學界是與費希特並駕齊驅的。」

—— 施萊格爾

▌人生傳略▌

弗里德里希‧威廉‧約瑟夫‧謝林（Friedrich Wilhelm Joseph Schelling，西元 1775～1854 年），西元 1775 年 1 月 27 日，出生於符騰堡公國萊昂貝格一個新教牧師的家庭。父母都很有學問，謝林在少年時期聰穎過人，學習成績優異。按圖賓根神學院的規定，年滿十七歲方能入學，但謝林在十五歲就破例進入這所大學就讀。與他同校學習的，有比他年齡大的黑格爾和賀德林。

在當時的圖賓根神學院裡，西元 1789 年爆發的法國大革命，和康德掀起的德國哲學革命，深刻地影響著青年學生們。在這樣的條件下，謝林一方面用批判的眼光研究神學；另一方面，也參加了探討法國大革命事件的活動。他積極地研究哲學，尤其是參加了康德的後繼者們所進行的哲學爭論。他十分推崇費希特的哲學思想，寫了不少研究費希特思想的論文。

從神學院畢業後，謝林遵照父親的安排，在萊比錫當家庭教師，並繼續沿著費希特的道路研究康德哲學，同時獨立地研究義大利啟蒙思想家維柯，與荷蘭哲學家史賓諾沙。後來，他歷任耶拿大學自然哲學教授、維爾次堡大學教授、慕尼黑美術學院祕書長、愛爾蘭根大學教授、慕尼黑大學教授。西元 1841 年，應普魯士國王召請，主持柏林大學的哲

學講座。隨後又擔任柏林科學院院士和普魯士政府樞密顧問。他的一生主要從事哲學研究和教學工作。西元 1854 年 8 月 20 日，謝林在赴瑞士旅行的途中死於巴德拉卡茨。

▌主要思想及著作▌

謝林的主要哲學著作有：《論作為哲學原理的自我》（西元 1795年）、《自然哲學體系初稿》（西元 1799 年）、《自然哲學體系初稿導言》（西元 1799 年）、《先驗唯心論體系》（西元 1800 年）、《布魯諾或事物之自然的和神聖的原理》（西元 1802 年）等。反映了他由費希特哲學出發，而最終批判費希特哲學的思想發展歷程。

1、謝林的自然哲學的任務，是從自然界追溯到精神，把一切自然現象都歸結為精神。自然界的歷史，就是無意識的精神的歷史。在實踐活動中，人的意志使事物服從於自己，並改造著事物。他還指出，由於理性和意志的對立，相互作用，推動著精神生活的發展。

2、謝林認為人類歷史發展可以分為三個時期：第一個時期是原始時代。這時，人們在無意識的理智指導下生存，自然力量占主導地位，它是一個「悲劇時期」；第二個時期，是從羅馬共和國擴充版圖開始，一直到他生活的時代。其特點是意志的因素占主導地位，意志強迫著自由和最放蕩不羈的舉動，服從於一種自然計畫，實際上是封建時代；第三個時期是未來時代。其特徵是精神與自然的統一，這就是法制實現的時代。

3、他將自然界看作是一個普遍連繫和變化發展的整體。無機物是植物的萌芽，動物是植物上升到最高的階段，人腦是整個自然界發展的最高點。他同時又認為自然界中每個事物都是有生命的，都在運動變化

著。自然界從一個階段發展到另一個階段的過程，是從無意識發展到有意識的過程。自然界中沒有僵死的、絕對靜止的東西。

▌名人事典▌

卡洛琳（Caroline）是一位大學教授的女兒，具有很高的文化修養。西元 1788 年丈夫逝世後，她遷居到美因茨朋友家中。美因茨共和國建立時，她曾投身於共和事業，共和國被摧毀後，她在普魯士的監獄裡做過牢。西元 1796 年，她與浪漫派領袖施萊格爾結婚，居住在耶拿。當謝林在萊比錫初次與施萊格爾討論學術問題時，她就對謝林產生了愛慕之情，可是礙於婚姻的束縛沒有言明。後來謝林移居耶拿後，她與謝林過從甚密，並把女兒鮑茉爾許配給他。

西元 1800 年 7 月鮑茉爾因病去世，謝林十分痛苦，本想斷絕與卡洛琳的關係，誰知卡洛琳卻毫無保留地向他傾吐了自己的愛情，點燃了謝林心中本已存在的愛情火種。幾經周折，卡洛琳終於在歌德的幫助下，解除了與施萊格爾的婚約，並與謝林結婚。關於這段豔史，在耶拿曾經有不少流言蜚語。為了遠離這種氣氛，重新開始新的學術生涯，謝林於西元 1803 年 5 月離開耶拿，前往維爾次堡大學任教。西元 1809 年，卡洛琳病故使謝林身心遭到沉重的打擊，從此很少在公開場合露面。

▌歷史評說▌

謝林秉承費希特的哲學，並進行了改造，對黑格爾哲學有一定的影響。

謝林因為找到了費希特而找到了他一生研究的出發點，不管是繼承還是批判，都是以費希特哲學為基礎的。有時候並不是只有創新才能取得成就，在原有的基礎上完善，也可以大有作為。

▌主要著作年譜▐

01. 西元 1794 年　《論一種哲學形式的可能性》：闡釋康德思想的著作

02. 西元 1795 年　《論作為哲學原理的自我》：闡釋康德理論的著作

03. 西元 1795 年　《關於獨斷主義與批判主義的哲學通訊》：闡釋康德理論的著作

04. 西元 1796 年　《知識學唯心論集解》：繼承並發揮費希特知識學思想的論文

05. 西元 1797 年　《自然哲學觀念》：自然哲學著作

06. 西元 1798 年　《論世界靈魂》：自然哲學著作

07. 西元 1799 年　《自然哲學體系初步綱要》：自然哲學著作

08. 西元 1800 年　《先驗唯心論體系》：改造德國古典哲學的力作

09. 西元 1804 年　《哲學與宗教》：謝林的重要著作，象徵著他的同一哲學的結束和他從唯一主義向宗教的過渡

10. 西元 1809 年　《對人類自由本質的哲學探討》：謝林晚期思想的代表作之一

● 德國古典哲學的集大成者 —— 黑格爾

「存在的就是合理的。」

—— 黑格爾

▌人生傳略▐

　　格奧爾格・威廉・弗里德里希・黑格爾（西元 1770 ～ 1831 年），西元 1770 年 8 月 27 日生於符騰堡公國的斯圖加特。他父親是符騰堡州

財政部的下屬官員，黑格爾是和那些習慣於孜孜不倦、有條不紊，用他們快慢有節的工作效率，而使德國成為世界上城市管理最完善的公務員一起成長的。這位青年是個孜孜不倦的學生：他全面分析讀過的所有重要著作，並大段大段地摘抄。他說，真正的教養必須在最初就避免出風頭，猶如畢達哥拉斯的教育制度，要求學生最初五年必須保持緘默。

他對希臘文學的研究，使他酷愛雅典文化，在他所有其他愛好幾乎都已逐漸淡漠的時候，他仍然保留這一酷愛。他在政治上也顯出叛逆精神，不過他後來又認為現狀是神聖不可侵犯的，這種前後的反差簡直令人難以置信。他在圖賓根大學讀牧師職務時，曾和謝林一起熱烈擁護法國大革命，有一天清早，他還到商業中心區去栽種一棵「自由樹」。

西元 1793 年他畢業於圖賓根大學，文憑上註明他天資高，品行好，長於神學和語言學，卻沒有哲學才能。他當時相當貧窮，不得不做家庭教師以謀生。接著他父親去世，黑格爾繼承了 1,500 美元，認為自己成了富翁，便放棄了私人教學。他寫信給朋友謝林，跟他商量到哪裡去定居，要找一個吃飯簡便、書籍豐富，又有「上等啤酒」的地方。謝林建議去耶拿，那是魏瑪公爵治下的一座大學城，許多著名教授都在那裡教書。黑格爾於西元 1801 年到那裡，西元 1803 年也當上了耶拿大學的教師。

西元 1806 年，拿破崙（Napoleon）戰勝了普魯士，從而使這個學者薈萃的小城，陷於混亂和驚恐之中。法國士兵侵擾黑格爾的家，他只好逃之夭夭，隨身帶著他第一部重要著作《精神現象學》（*The Phenomenology of Spirit*）的原稿。一時間他一貧如洗，歌德告訴克內貝爾（德國詩人，歌德的朋友）借他點錢度過難關，黑格爾幾乎是痛哭失聲地寫信求助克內貝爾。

西元 1812 年，他在紐倫堡當了大學預科的校長。在那裡，他寫出了《邏輯學》（*Science of Logic*），該書以它的難以理解吸引了德國，還為他贏得了海德堡大學的哲學教席。在海德堡大學，他寫出了鴻篇傑作《哲學全書綱要》（*Encyclopedia of the Philosophical Sciences*），靠這部書的力量，西元 1818 年他升到柏林大學去了。從那時候起，他畢其一生都統治著哲學界，猶如歌德統治文學界，貝多芬統治音樂界一樣。他的生日是歌德生日之後的那一天，驕傲的德國為他們每年舉行一次雙重的慶賀。

黑格爾晚年愈加保守，這位老哲學家罵激進分子是夢想者，他親自與普魯士政府通力合作，讚美政府的完美，並沐浴在普魯士學院春風化雨溫暖的陽光裡。他的敵人稱他是「御用哲學家」。而他開始認為自己的體系是世界自然規律的一部分，卻忘了他的辯證法已宣告他的思想是不可能永世長存的。

後來，黑格爾那些愉快的歲月迅速老邁了。他變得心不在焉，跟故事裡的天才一模一樣。有一次，他進教室只穿了一隻鞋子，另一隻陷在爛泥裡而沒有察覺。西元 1831 年霍亂傳到柏林時，他羸弱的身體成為首先死於這種傳染病中的一個。他只病了一天就在睡眠中恬靜地去世了。

▌主要思想及著作▌

西元 1817 年黑格爾在海德堡出版的《哲學全書》中，黑格爾第一次全面、系統地闡述了自己的哲學體系。這部著作包括三個部分：《邏輯學》（通稱《小邏輯》）、《自然哲學》和《精神哲學》。如果說黑格爾在此以前的著作，都是為這個體系的建立所作的準備，那麼黑格爾自此以後的所有著作，都不過是這個體系的進一步發揮。

　　黑格爾的思想體系十分龐大，理論晦澀難懂。他的哲學體系中最基本的概念是「絕對精神」，黑格爾認為他的整個體系，就是對「絕對精神」自身的辯證運動過程的論述。「絕對精神」在黑格爾看來是一種客觀的思想，是一種實體性的存在，是萬物的本原和基礎，是構成世界上一切事物的、最深邃的內在本質和靈魂。它不但構成外界事物，而且構成精神性的東西。絕對精神在自身辯證的運動、自我創造的過程中，進行自我認識。黑格爾的哲學就是論述絕對精神自我運動、自我發展、自我認識的全過程。

　　絕對精神在辨證發展過程中表現為邏輯、自然、和精神三種形式或三個階段。在邏輯階段，絕對精神表現為一系列的概念和範疇推演。然後絕對精神外化為自然界，並在自然中發展，這就是自然階段。精神階段是絕對精神發展的最後一個階段，絕對精神由於自己的主動性終於戰勝了物質自然，擺脫了與自己對立的「外在」形式，重新作為精神而出現，這時絕對精神回復到自身，自己認識了自己，達到「思維與存在的同一」。

▋名人事典▋

　　有一次，一個法國僧侶請黑格爾將他的哲學概括成一句話，他卻說得遠不如那位僧侶，有人要這位僧侶幫基督教下個定義，他不假思索地說：「愛人如己。」而黑格爾寧願用十卷書來回答。這些書寫成出版了，全世界議論紛紛時，他抱怨說：「只有一個人理解他，而且甚至那個人也不懂得他的理論。」他的著作，猶如亞里斯多德的著作，多數是他的備課筆記，或者更糟，是聽他演講的學生所寫的筆記。

　　只有《邏輯學》和《精神現象學》出於他的手筆，這幾部書都是晦

澀難懂的傑作，更因抽象、凝鍊的文筆，離奇古怪的獨創用語，以及每一陳述都帶有哥德式建築豐富的限定性從句，還有過於仔細謹慎的修飾而弄得朦朧模糊。黑格爾說自己的著作像是「企圖讓哲學用德語來說話」，而他成功了。

▌歷史評說▐

黑格爾是德國資產階級形成和發展時期的思想代表，德國古典哲學的完成者。他不僅創立了西方哲學史上空前宏偉、內容豐富的客觀唯心主義體系，而且第一次全面系統地闡發了辯證法思想。黑格爾的辯證法思想是德國古典哲學的積極成果，為馬克思（Karl Marx）和恩格斯（Friedrich Engels）所批判繼承，是辯證唯物主義的思想來源之一。

黑格爾找到了永恆的絕對精神，可是我們知道萬有皆逝，精神也不能倖免。然而即使歲月的洪水終將蕩盡地球上一切生命的痕跡，羅丹（Auguste Rodin）的雕塑仍非徒勞；即使徒勞，羅丹仍要雕塑。那麼，一種不怕徒勞而仍要追求的精神，豈不超越了時間的判決，因而也超越了死亡？所以，黑格爾仍要說：「萬有皆逝，唯有精神永存。」

▌主要著作年譜▐

01. 西元 1791 年　《人民宗教與基督教》：讚揚法國革命的著作
02. 西元 1795 年　《耶穌傳》：以康德的倫理觀點寫的重新闡釋聖經的著作
03. 西元 1797 年　《倫理體系》：黑格爾早期著作
04. 西元 1797 年　《實在哲學》：反映黑格爾早期思想的著作
05. 西元 1801 年　《費希特和謝林哲學的差別》：反費希特的哲學著作
06. 西元 1805 年　《精神現象學》：反映黑格爾哲學基本思想的鉅著

07. 西元 1807 年　《誰在抽象地思維》：涉及辯證思維的著名短文

08. 西元 1812 ～ 1816 年　《邏輯學》：黑格爾體系的核心著作

09. 西元 1811 年　《大邏輯》：邏輯學著作

10. 西元 1817 年　《哲學全書綱要》：包括《邏輯學》、《自然哲學》和《精神哲學》，構成完整體系

11. 西元 1818　《法哲學原理》（*Elements of the Philosophy of Right*）：反映其法哲學思想的著作

12. 西元 1817 ～ 1829 年　《美學》：美學思想代表作

13. 西元 1816 ～ 1829 年　《哲學史講演錄》：哲學史著作

● 在宗教的廢墟上重建真理大廈 —— 費爾巴哈

「對人來說，他之所以存在著，應歸功於自然，而他之所以能夠存在，卻歸功於人。」

—— 費爾巴哈

▌人生傳略▌

路德維希·安德列斯·費爾巴哈（Ludwig Feuerbach，西元 1804 ～ 1872 年），西元 1804 年 7 月 28 日出生在巴伐利亞的蘭休特，其父是巴伐利亞大學的法學教授、著名的刑法學家，受到王室的嘉許而被封為貴族。費爾巴哈家族是一個盛產名人的家族。費爾巴哈兄弟五人，大哥約瑟夫是弗來堡大學文獻學教授，考古學家和藝術評論家；二哥卡爾是埃爾朗根大學數學教授，以「費爾巴哈軌跡」使這一姓氏在數學領域占有一席之地；三哥愛德華曾執教於慕尼黑大學和埃爾朗根大學；小弟弗里

德里希則在東方學和語言學方面，具有較高的學術造詣。此外，費爾巴哈的姪兒、約瑟夫之子，還是十九世紀德國著名的畫家。就是在這樣一個名人林立的家族裡，走出了一位頗有影響的思想家 —— 費爾巴哈。

費爾巴哈的童年，是在拿破崙帝國的興起和滅亡的年代裡度過的。西元 1817 年，擔任安斯巴哈法院院長的父親，將費爾巴哈送進當地的文科中學。六年的學習生活，特別是宗教課教師泰·勒姆斯的影響，讓他具有強烈的宗教意識，甚至立志要把神學當成自己的終身職業。西元 1823 年春，費爾巴哈進入海德堡大學神學系。只不過海德堡大學令他失望了，那裡的陳腐說教，煩瑣淺薄，味同嚼蠟，他於是萌生了轉向哲學的意念，想到柏林大學求學。因為那裡有哲學大師黑格爾，偉大的宗教演說家施萊爾馬赫。

冒著惡劣的天氣，經過長途的跋涉，西元 1824 年 4 月 18 日，費爾巴哈終於抵達當時德國的思想文化中心柏林。然而好事多磨，普魯士當局接到「費爾巴哈兄弟是祕密組織成員」的密報，和他二哥被捕的訊息後，麻煩就接踵而來。費爾巴哈的證件被沒收，行蹤受到監視。一個月後事情真相大白，當局才批准他轉學。但學校又節外生枝，直到 7 月 28 日，費爾巴哈才辦了轉學手續。不過在正式辦手續之前，他就在哲學系旁聽黑格爾的邏輯學、形而上學、和宗教哲學。

他在五月寫給父親的信中，以興奮喜悅的心情說，聽課四週的收穫，比他在其他大學四個月得到的還多。正如他後來所說，黑格爾讓他認識到，神學不是他所需要的，哲學才是他要追求的，黑格爾是他的第二個父親，柏林是他的精神祖國。於是他開始了以黑格爾為基礎的哲學研究，寫了許多論文。不過他並不想成為一個黑格爾主義者，他也闡發著自己的許多思想和學說。

費爾巴哈一生過著清貧的生活，甚至一度無錢買書，可是他從未因為挫折和不幸，放棄自己的著述活動。到了晚年，厄運之神仍舊不放過這位垂暮的老人，西元 1870 年夏，費爾巴哈不幸中風了，貧病交加，處境十分困難。西元 1872 年初，他的病情又惡化了。正如他的夫人所寫的：「我丈夫……的垂危之際是很悲慘的，他由於精神系統完全錯亂，而不能做任何事情，當然也不能說話。」西元 1872 年 9 月 13 日，這位近代德國傑出的哲學家與世長辭了。

社會民主黨議員梅明格在墓前演說：「費爾巴哈揭穿了牧師的謊言，摧毀了虛偽和欺騙的大廈，並在廢墟上建立起真理和自由的殿堂……」

▌主要思想及著作▌

西元 1841 年，費爾巴哈出版了他的《基督教的本質》（*The Essence of Christianity*）一書，闡發了他的唯物主義和無神論思想，在當時德國的思想領域裡產生了巨大影響。西元 1843 年，他發表了《未來哲學原理》，進一步批判宗教和唯心論，論述了他的人本學唯物主義。這兩部著作反映了他的主要思想。

（一）人本學

1、關於自然的學說。

費爾巴哈認為，自然這個無意識的實體是客觀存在的，它沒有開端，也沒有終端，是一個無限的永恆實體。自然界是感性的、有形體的，並且形式是多樣的。自然界對於人來說，是直接地、感性地表現出來的，是可以被人所感知、接觸到的。時間和空間是事物存在的形式，任何事物都處於一定的時間和空間之中。

2、關於人的學說。

他認為人是自然界的產物，是自然的一部分。人的本性就在於他的自然性。同時，人是有思維的存在，富於思想、意志和感情，而這種精神性的東西是大腦的屬性，從根本上說仍來源於自然。

3、關於認識的學說。

（1）費爾巴哈認為，感覺是我們認識的基礎和出發點，我們總是先接觸事物的現象，然後才逐漸深入到事物的本質。（2）他說：「我的知識，我的意志是有限的，但是我的局限性並不是別人的局限性，更不是人類的局限性；我不能理解的，別人可能理解；一個時代不能理解的，另一個時代可以理解；我的生命是有限的，而人類的生命是無限的。人類的歷史不過是不斷地戰勝界限，把認識推向前進的歷史。因此，人類的認識是無限的，有限的只是個人。」

（二）倫理觀

1、關於愛的思想。

費爾巴哈認為，人是一種肉體的存在，其內心所固有的情感和慾望，是這種存在的標記，而愛最能表現人的情感，愛就是人的本質。他認為愛是擺脫人們彼此間矛盾、衝突，以及一切災難和罪惡的唯一途徑。只有把對人的愛當作唯一的真正宗教，來取代對上帝的愛，才能解決社會中的一切矛盾和苦難。

2、幸福論。

人作為自然人和自然界的其他生物一樣，具有對生命的愛，對存在的渴望，對幸福的追求本能，而人的行動的出發點，就是努力滿足這種本能的追求。因此，他把追求幸福當成道德的基礎。

▋名人事典▋

西元 1840 ～ 1841 年，施特勞斯出版了《基督教原理》，其中就奇蹟問題與費爾巴哈展開了爭論，之後，兩人陸續發表了一些論戰文章。費爾巴哈認為：「施特勞斯把自己笨拙的學究概念強加於我。」雖然這兩位德國思想界叱吒風雲的人物有著爭論，但他們在西元 1842 年 11 月卻第一次會面了。那時，費爾巴哈在由海德堡返回家裡的途中，經友人勸說，他會見了施特勞斯。剛見面時氣氛有些沉悶，施特勞斯顯得拘謹、不自然，一向沉默少語的費爾巴哈則有點自傲，誰也不說一句話。就在費爾巴哈不滿意地要離開房間時，施特勞斯才寒暄了幾句，兩人開始交談……費爾巴哈對施特勞斯的印象是：「他是個有吸引力的和文雅的人。」

▋歷史評說▋

費爾巴哈的哲學發展了唯物主義認識論，在批判宗教神學和唯心主義過程中，建立了人本學唯物主義，他以人和自然為中心，對當時的思想家頗有啟發和影響。他的思想在當時的歷史條件下，具有反封建特權和宗教神學的進步意義。

費爾巴哈用他智慧的心靈，呼喚著永恆而普遍的人類之愛，倘若人真的都能將行為建立在這種愛而非利益的基礎上，世上就少了許多紛爭，多了許多和諧寧靜。我們共同期待著。

▋主要著作年譜▋

01. 西元 1830 年　《關於死和不朽的思想》：闡述泛神論思想的著作
02. 西元 1833 年　《從培根到史賓諾沙的近代哲學史》：哲學史著作

03. 西元 1834 年　《作家和人》：反映費爾巴哈哲學思想的著作

04. 西元 1835 年　《〈反黑格爾〉批判》：哲學著作

05. 西元 1837 年　《對萊布尼茲哲學的敘述、分析和批判》：近代哲學
史的第二卷

06. 西元 1839 年　《比埃爾‧培爾》：近代哲學史的最後一卷

07. 西元 1838 ～ 1839 年　《經驗主義批判》：哲學著作

08. 西元 1838 ～ 1839 年　《實證哲學批判》：批判經驗論的哲學著作

09. 西元 1838 ～ 1839 年　《論哲學與基督教》：闡述哲學與宗教關係
的著作

10. 西元 1838 ～ 1839 年　《黑格爾哲學批判》：研究黑格爾哲學的著作

11. 西元 1841 年　《基督教醫學批判》：表明費爾巴哈從神學轉向哲學
的著作之一

12. 西元 1841 年　《論哲學的開端》：哲學著作

13. 西元 1841 年　《基督教的本質》：使費爾巴哈名垂史冊的鉅著，集
中闡述了其人本主義思想

14. 西元 1843 年　《未來哲學原理》：進一步闡明人本學思想的著作

15. 西元 1844 年　《路德了解下的信仰的本質》：進一步闡發人本學思
想的著作

16. 西元 1846 年　《從人本學觀點論不死問題》：進一步闡發人本學思
想的著作

17. 西元 1846 年　《宗教的本質》：進一步闡發人本學思想的著作

18. 西元 1850 年　《自然科學和革命》：哲學論文

19. 西元 1851 年　《宗教本質講演錄》：由講演稿結集而成，反映了費
爾巴哈的人本學思想

20. 西元 1857 年　《神譜》：反映其宗教哲學思想的著作

21. 西元 1866 年　《論唯靈主義和唯物主義》：反映費爾巴哈晚年對肉
　　體和靈魂關係見解的著作

22. 西元 1867 ～ 1869 年　《幸福論》：倫理學著作

▋ 法國 ▋

● 在思想的王國構造完美社會 —— 聖西門

「為了完成一項偉大的事業，需要有鍥而不捨的精神。」

—— 聖西門

▋人生傳略▋

聖西門的全名是克洛德・亨利・德・魯弗魯瓦・聖西門（Henri de Saint-Simon），生於西元 1760 年 10 月 17 日，卒於西元 1825 年 5 月 19 日。這正是法國封建制度衰落，資本主義生產關係開始形成的時期，是法國歷史上變動最為急遽的時期。聖西門經歷了由封建專制制度到資產階級革命，由資產階級革命到帝制，又由帝制到復辟，這樣一個曲折複雜的歷史過程。

聖西門出身於一個貴族家庭，據說是查理大帝（Charlemagne）的後裔。其父是一位有教養、有獨立見解的伯爵，對「百科全書派」十分景仰，讚賞狄德羅並與達蘭貝爾（「百科全書派」代表人物之一）有交往，經常出入當時著名的沙龍。因此，聖西門從童年起，就有機會受到當時最進步思想家的思想薰陶和影響。達蘭貝爾曾做過他的家庭教師，他 15 歲時還親自拜訪過盧梭，他們都在一定程度上影響了少年聖西門的思想。

成年以後，法國宮廷的腐敗，封建制度的腐朽，令他深為不滿，恰

逢法國革命爆發，他積極地參與了革命運動。可是資產階級革命的失敗，很快就冷卻了他的熱情。他開始準備建立一般科學，辦起沙龍，與當時最有名的學者交往。同時對一些貧窮的科學家慷慨解囊，為了進一步確證他所學的知識，和了解其他國家學術界的情況，聖西門又到英國、日內瓦和德國一些地方去旅行。至此，聖西門的準備工作基本上完成，他的思想開始成熟了。

西元 1802 年，聖西門開始寫作，於日內瓦寫了他的處女作《一個日內瓦居民給當代人的信》，西元 1803 年匿名在巴黎發表。在這篇著作中總結了他所獲得的各種知識，並勾畫出未來思想的大致輪廓。聖西門的著述活動，從一開始就是在極端貧困中進行的。他從國外旅行回來時，已把全部財產花光了。他靠當繕寫員每天工作九小時，年收入僅有一千法郎的費用維持生活，夜間著書通宵達旦，身體很快就受到了損害，常常咳血。後來他甚至流落街頭，過上了流浪漢的生活。這些經歷使他看到了社會最底層人民的生活，對他有非常大的影響。

聖西門於西元 1813 年完成了《人類科學概論》和《論萬有引力》兩部著作。這是兩篇論述他的哲學思想的著作。他認為要想完成偉大的事業，首先必須掌握哲學，成為一位哲學家。他要將哲學作為改造舊社會、建立新社會的基礎。以後聖西門一直堅持他的著述，建構他的社會理想，後來他還收了一些弟子，其中就有實證主義的創始人孔德（Auguste Comte）。

西元 1825 年，聖西門在學生的幫助下，寫完他的最後一部著作《新基督教》，他的根本目的，是改善以工人階級為主的、窮苦人民的生活狀況。《新基督教》出版的第二天，聖西門就病倒了，而且一病不起，身體越來越衰弱。西元 1825 年 5 月 19 日，聖西門去世了，享年 65 歲。

▋主要思想及著作▋

聖西門的代表作，是他在西元 1814 年出版的《論歐洲社會的改組》。書中闡發了他的社會政治思想，是空想社會主義的重要著作。

聖西門依據他的唯物主義哲學理論，具體地分析了人類歷史的發展，並把歷史劃分為原始社會、奴隸社會、資本主義社會和未來的實業制度（即社會主義社會）。他認為所有制是「社會大廈的基石」。法國又到了建立新所有制的時候了，並提出「生產是任何社會聯合的目的」，應當把對人的政治統治，變成對物的管理和對生產過程的領導，包含了「經濟狀況是政治制度的基礎」的思想萌芽，表達了「廢除國家」的思想。

▋名人事典▋

1、少年時，聖西門就立志要做一番偉大的事業，他命令自己的僕人每天用下面的話叫醒他：「起來吧，伯爵，偉大的事業正在等待著您！」自然這還只能說是一個少年天真爛漫的幻想，不過，亦可以看出聖西門思想發展的趨向了。

2、西元 1812 年，聖西門陷入極度的貧困之中。他雖不恥於請求援助，但並未收到預期的效果，舊時得過他慷慨資助的朋友對他置若罔聞。最後，他決定向靠他的努力而發了橫財的列德倫伯爵求助，並對之施以各種方法（如答應用兩人的名義出版哲學著作、對他說好話，以自己的貧困處境引起他的憐憫，以及訴訟威脅等），可是也只拿了一點錢，因而生活仍然相當困難。

▋歷史評說▋

聖西門是 19 世紀上半葉法國以至整個歐洲出現的、最偉大的人物之一，是三大空想社會主義者中的第一人。他不僅是一位創立社會主義思

想體系的政治思想家，也是一位哲學家。他對各門學科（包括自然科學和社會科學）都做過認真的研究和思考。他和黑格爾一起，被恩格斯譽為百科全書式的偉大天才人物。

聖西門自少年時代就樹立了遠大的理想，這是他後來所以能成就偉大事業的最初動因。理想之於事業是至關重要的，人生若不確立好理想的座標，就不會有明確的奮鬥方向。

▌主要著作年譜▌

01. 西元 1802 年　《一個日內瓦居民給當代人的信》：聖西門處女作，反映他的早期思想

02. 西元 1807 ～ 1808 年　《十九世紀科學著作導論》：聖西門的第一部成熟著作

03. 西元 1808 年　《給經緯度測繪局的信》：發揮他早期思想的著作

04. 西元 1810 年　《新百科全書大綱》：發揮其早期思想的著作

05. 西元 1813 年　《人類科學概論》：反映其哲學思想的著作

06. 西元 1813 年　《論萬有引力》：論述其哲學思想的著作

07. 西元 1814 年　《論歐洲社會的改組》：建立歐洲國家聯合，構想未來理想社會制度的著作

08. 西元 1819 年　《寓言》：闡述實業家的重要性，批判法國社會不合理現象的著作

09. 西元 1821 年　《論實業制度》：進一步闡述其關於實業制度的思想

10. 西元 1823 年　《實業家問答》（合著）：以通俗對話的形式闡述政治學說

11. 西元 1825 年　《新基督教》：闡述聖西門社會學說的著作

● 為理想耗盡一生 —— 傅立葉

「婦女解放的程度，是衡量普遍解放的天然尺度。」

—— 傅立葉

▌人生傳略▌

夏爾·傅立葉（Charles Fourier，西元 1772 ～ 1837 年），出生在法國東部貝藏松城的一個富裕商人家庭。他沒有受過高等教育，文化程度僅是中學畢業。他的學生生活都是在當地度過的。9 歲時，他的父親去世了，留下一筆數目可觀的財產。

傅立葉在學校裡是個品學兼優的學生。中學畢業後，他本想繼續去巴黎讀書，但由於他是家裡的獨子，母親怕他在巴黎的「花花世界」裡學壞，同時家業也等著他繼承，因此母親堅決不允許他去巴黎上學。傅立葉無可奈何，只得違心地從事經商。慈祥的母親為了安慰兒子想到外面見見世面的心願，答應他先去法國當時的工商業中心里昂一家錢莊去當學徒，學得本領，再回來自己立業。於是，傅立葉從小城貝藏松來到里昂，這是他走向獨立生活的開始。

傅立葉具有敏銳的觀察力，他四處走動，勤於觀察。他有很強的記憶力，所見所聞，能牢牢記住，經久不忘。他自幼就養成好學的習慣，深以自己沒有受過高等教育為憾而努力自學。在他四年的學徒生涯中，每天都擠出時間來讀書學習，往往一讀就到深夜。他讀的書既多且雜，有哲學、經濟方面的，也有各種文藝作品，報紙和雜誌更是他每天不可少的功課。伏爾泰、孟德斯鳩、盧梭等啟蒙思想家的思想，對他產生了深刻影響。學徒生活結束後，傅立葉自己開業不成，只好去別人的商號

裡當店員，他終其一生就過著這樣平凡的店員生活。就是這樣一個平凡的工作，使他有機會深入地觀察社會，認識到制度的種種弊端，終於在他頭腦裡醞釀出一套社會哲學來。

西元 1799 年，傅立葉有一椿引以為豪的「發現」，他自己認為這個「發現」對人類之重要，比起牛頓發現萬有引力有過之而無不及。據說牛頓發現萬有引力，是從蘋果落地想像引起的，真是無巧不成書，傅立葉的發現也是由蘋果引起的。他在巴黎一間餐廳裡買一顆蘋果花了十四個蘇，而在外省同樣質地的蘋果，只賣半個里阿爾（四個里阿爾合一蘇）。如此懸殊的價格，讓他開始懷疑工業體制中存在基本缺陷，並從此著手探索。「經過四個年頭，我發現了工業組織的『謝理葉』（傅立葉獨創術語，指生產組織中的作業組），最後又發現了被牛頓所疏漏的世界運動規律。」傅立葉是一個樸實謙虛的人，可對自己的「發現」卻如此自詡。

西元 1803 年，傅立葉的一篇題為〈論世界和諧〉的文章，在《里昂公報》上刊出。這是他第一次公開自己「發現」的嘗試，從此他就開始潛心研究他的社會理論，不斷地著書立說，也曾因此受到警方的查究。他的思想逐漸為眾多的有識之士所接受，在他的周圍形成了傅立葉學派，即便有了眾多的追隨者，傅立葉也不為名利所動，仍然安心他的著述和研究工作。

在傅立葉的社會思想逐步成熟，最終被社會上一部分人所承認和信奉時，傅立葉已活到了他的晚年。從西元 1829 年起，他的健康狀況已經不佳，經常患病，卻仍堅持工作。傅立葉晚年住在巴黎，他一生未婚，過的是極其簡樸的獨居生活。西元 1836 年，傅立葉病情加劇，拒絕就醫，不肯服藥。直到西元 1837 年 10 月 8 日晚，他在無人看護下逝世。

▌主要思想及著作▐

　　西元 1808 年，傅立葉出版他的第一部大部頭的理論著作《四種運動論》（書名全稱是《四種運動和普遍命運理論：關於發現的說明和解釋》），系統地闡述了他的社會哲學思想體系，成為空想社會主義的重要著作。

　　1、傅立葉依據當時的科學成果，把物質運動分為四種形式，即社會的運動、動物的運動、有機的運動和物質的運動。這四種運動形式既是有區別的，又是統一的。牛頓只發現了其中一種運動形式的規律，傅立葉發現的是社會運動的規律，他認為自己的發現比牛頓的重要得多。

　　2、傅立葉創立了一套「情慾引力」學說。他說，社會運動是經過上帝賦予人類的情慾表現出來的，並且受情慾的作用所支配。感官情慾的滿足，必須有物質財富為保證；精神情慾的滿足，又必須以感官情慾的滿足為前提。譬如說，味覺要獲得滿足，必須有豐盛可口的食物，視覺、聽覺要獲得滿足，必須有優美舒適的生活環境，等等。人類情慾都獲得滿足，也就是說，人類獲得富足、自由和公正，人類社會就進入和諧社會。

▌名人事典▐

　　西元 1812 年，傅立葉的生活發生了一個轉折。這一年，他的母親在貝藏松舊居去世。兒子在外多年，一事無成，已經使老人非常傷心，聽說兒子不老老實實經商，卻當了文人，一度還受警方查究，更是老淚縱橫，怨嗟不已。可是，他畢竟是她的獨生子，母親不忍心奪去他繼承遺產的權利，臨終時，囑咐三個女兒照顧他的遺產，每年給傅立葉 900 法郎的生活費，不讓他直接經營財產，怕他把家產敗光。傅立葉有了這筆

數目雖不大，卻是固定的收入後，索性辭去店員的職務，擺脫他早就憎惡的商業工作，從此專心地著書立說。

▌歷史評說▌

　　傅立葉是 19 世紀上半葉法國的大思想家，與聖西門和歐文（Robert Owen）齊名的空想社會主義者。恩格斯稱讚傅立葉「用自己非凡的智慧研究了人類社會制度」，是他「第一個確立了社會哲學的偉大原理」。他以非凡的智慧精闢地批判文明制度，天才地預言了未來和諧社會。他的思想成為後來的科學社會主義的部分思想來源。

　　傅立葉雖然沒有受過正規的高等教育，不過他以自身極強的自學能力，儲備了深厚的知識基礎，這是他後來創立思想體系的先決條件。具備了這種能力，又有為理想而奮鬥的決心，終能夠有所作為。

▌主要著作年譜▌

01. 西元 1803 年　《論全世界的和諧》：闡述其社會改革思想的第一篇文章
02. 西元 1808 年　《四種運動論》：闡述其社會學說的理論鉅著
03. 西元 1827 年　《經濟的和合作的新世界》：傅立葉最成功的著作，批判了文明制度，闡述了社會改革思想

▌英國▐

● 謹慎思考，大膽實踐 —— 歐文

「我至今始終確信，凡是真正堅強的人……如……歐文……即使遇到失敗，也總是能從中汲取新的力量，而且在歷史的洪流中漂流得愈久，就變得愈堅決。」

—— 馬克思

▌人生傳略▐

空想社會主義學家歐文（西元 1771 ～ 1858 年），出生在英國威爾斯蒙哥馬利郡的紐塘鎮。其父在鎮上以製作馬具為業，兼營小五金，母親是農家女兒，勤勞樸實。歐文一家九口，生活負擔重，經濟上頗為拮据。9 歲時，他就離開家庭，走上了獨自謀生的道路，在一家衣料店裡當學徒。三年的學徒生活使歐文見多識廣，眼界大開。西元 1787 年，他經人介紹去曼徹斯特一家店鋪當正式營業員，在這裡他目擊了工業革命帶來的種種社會後果，讓他對下層勞苦大眾抱有深切的同情，憑著他這幾年的學識和閱歷，對社會問題已經頗有一些自己的見地。

西元 1792 年，歐文 20 歲，在曼徹斯特的一家擁有 500 人的棉紡織廠當名經理。在經理業務工作之餘，積極投身社會活動，他要在社會實踐中探索社會問題，研究解決社會問題的方案。西元 1793 年，歐文 22

歲，他申請加入曼徹斯特「文學哲學協會」。他利用一切可以利用的時間，為協會出版刊物，舉辦各種學術活動。他經常在學術會議上發表有關社會經濟問題的演說，在研討會上，也熱烈地參加辯論，虛心聽取別人的意見。透過這些活動，歐文結識了馬爾薩斯、詹姆斯、穆勒、邊沁（Jeremy Bentham）和李嘉圖（David Ricardo）等一批學術界名流，從中受益匪淺。歐文以他的學術和實踐活動，影響著社會。他的一些社會主張，不為上層社會所容，因而受到冷遇和排斥。歐文終於感到，在英國這塊土地上，他已經無能為力了。

於是他在西元 1824 年去了美國。在美國印地安納州新哈莫尼地區，從教會手裡買下 3 萬英畝土地和地面上的建築物，建立了一個以他的空想社會主義為模型的勞動公社，力圖透過這個方式來顯示他的社會主張。然而，他失敗了。西元 1829 年，歐文悄然返回英國時，他已是近六十歲的老人了。但他並未因此灰心，繼續一邊宣揚他的社會思想，一邊重新進行創建勞動公社的實驗。

西元 1857 年，英國成立「全英社會科學促進會」，歐文送去五篇論文，並到會宣讀了自己的論文。西元 1858 年上半年，協會在利物浦開會，歐文仍然到會，而這是他最後一次參加社會活動了。西元 1858 年 11 月 17 日歐文逝世，終年八十七歲。

主要思想及著作

西元 1849 年，歐文出版了他的《人類思想和實踐中的革命：或將來從無理性到有理性的過渡》。馬克思說，這是歐文的「一本非常重要的著作」，歐文在這本書中對自己的全部學說做了簡要的概述。

歐文主張消滅資本家階級，由勞動者占有生產數據，進行社會化的

大生產。在流通領域，按勞動公平交換的原則組織流通市場。社會上沒有剝削，沒有貧困，人們過著幸福平等的生活。他主張在資本主義社會透過改良的手段，實現這一社會理想。

▌名人事典▌

1、歐文最初在衣料店當學徒時，老闆是個愛讀書的人，自己有一間藏書頗豐的藏書室，老闆見小歐文伶俐好學，允許他工餘進自己的藏書室讀書，這使歐文獲得了一個學習的好環境。歐文說：「我真慶幸有他這樣一個人，來做我的第一位老闆。」大量的閱讀替歐文打下了良好的知識基礎。

2、歐文在他的思想指導下，建立了「新和諧」公社，制定了一整套共產主義性質的立法。「新和諧」公社一共存在四年，最終在西元 1828 年垮臺散夥。歐文為此損失了四萬英鎊，幾乎耗盡了他的全部家產，可是他並不沮喪，仍繼續進行建立公社的實驗。

▌歷史評說▌

歐文是空想社會主義的代表人物，他對未來社會的理想模式，作出了天才的猜測和積極的探索。他的思想和學說成為馬克思和恩格斯的部分思想來源。

雖然歐文的學說被稱為空想的理論，然而他並不是異想天開的空想者，他為自己的社會理想，付出了畢生的努力和全部的財產，他為了人類的幸福犧牲了自己的幸福，這種精神是難能可貴的。為理想而奮鬥的一生是有意義、有價值的一生，奮鬥的過程使生命的內涵得以顯現。

▌主要著作年譜▌

01. 西元 1813 年　《新社會觀》（*A New View of Society*）：宣傳歐文關於人的性格形成於環境的觀點，也是他的第一部著作

02. 西元 1815 年　《論工業體系的影響》：向英國政府和議會呼籲工業改革的文章

03. 西元 1820 年　《致拉納克郡報告》：闡述歐文社會主張的著作

04. 西元 1839 年　《新道德世界》：宣傳空想社會主義的小冊子

05. 西元 1839 年　《論婚姻、宗教和私有財產》：批判資本主義的著作

06. 西元 1849 年　《人類思想和實踐中的革命：或將來從無理性到理性的過渡》：集中概述歐文全部學說的小冊子

法國

● 實證主義的開山鼻祖 —— 孔德

「追求現象以外的東西，就是形而上學。」

—— 孔德

人生傳略

奧古斯特·孔德（西元 1798 ～ 1857 年），西元 1798 年 1 月 19 日生於法國的蒙比利埃。他年輕時最崇拜班傑明·富蘭克林（Benjamin Franklin），把他稱為現代的蘇格拉底。他說：「你知道他三十五歲時，想出了一個聰明得完美無缺的方案，而且他也實踐了自己的方案。我也要從事同樣的事，儘管我還不滿二十歲。」他一開始就走運，當了偉大的空想社會主義者聖西門的學生兼祕書，傳授給他改革的熱誠和新鮮的想法：社會現象和自然現象一樣，皆可以整理出法則和科學來，還認為全部哲學都應該全力注意人類的道德和政治進步。

但是和著手改革社會的大多數人一樣，孔德發現很難管理自己的家。西元 1827 年，過了兩年不幸的婚姻生活後，他的精神支撐不住了，企圖在塞納河中自殺。多虧救他的人，我們才得以讀到他的鉅作《實證哲學教程》（*Course of Positive Philosophy*）與《實證體系》。

西元 1844 年，正當這位孤獨的哲學家苦悶之時，他在一個學生的

家裡認識了這個學生的妹妹德佛夫人。她是一位被前夫遺棄的巴黎女作家，孔德不久便鍾情於她，這種情愛激發了他的思想而大放光彩，並且導致了一種相反的力量，讓他將情感的力量置於智力之上。德佛夫人於西元 1846 年患急性肺炎去世，令孔德長期悲痛不已。

孔德的晚年，聲名遠播，他的著作被譯成各種語言，廣為流傳。西元 1857 年 5 月，身患癌症的孔德步行到巴黎郊外的墓地，去憑弔一位亡友，天氣陡變，他受了涼，病情轉重，於 9 月 5 日去世，葬於德佛夫人墓地附近。

▍主要思想及著作▍

西元 1830 ～ 1842 年間問世的六卷《實證哲學教程》，和西元 1851 ～ 1854 年間問世的四卷《實證政治體系》，是實證主義的開山之作。

1、他提出人類智力和社會發展經歷了三個階段：一、神學階段；二、形而上學階段，又名抽象階段；三、科學階段，又名實證階段。而且人類的每一個觀念和每一個知識分支，都經歷這樣的三個階段。最後一個階段，則代表著人類開始了解到自己知識的界限，不再盲目地追求。

2、孔德把自己的哲學取名為實證主義哲學，實證這個詞具有肯定、明確、確切的意思。孔德自稱他的實證主義哲學，是人類智力發展到科學階段的產物，拋棄了關於事物的本質、起源、目的等抽象的概念，僅在實證科學的範圍內討論問題。

3、孔德還把科學知識作了分類：天文學、物理學、化學、生物學、和社會學，數學是基礎的科學。他還分析和論述了每一門科學所採用的方法。

▎名人事典▎

1、西元 1814 年 10 月，16 歲的孔德就讀於巴黎工業大學，不過只在這裡讀了兩年書而已。這是一所學習和生活制度十分嚴格的學校，幾乎所有時間都由校方安排。孔德簡直不能忍受其近乎監禁的生活，他和學生一起到劇院看戲，直到晚上 11 點才回校。他還經常晚上一個人在巴黎街頭的人流中，在娼妓群中獨自徘徊，觀察社會，希望有一天能實現他改造社會的雄心。

孔德在讀了兩年書之後，有一次在課堂上，一名教師把雙腿翹在桌上，漫不經心地向學生提問，輪到孔德回答時，同樣漫不經心地站在椅子上回答問題，因此觸犯了老師，被指責對老師大不敬。孔德徵集了一份簽名信要求這個老師辭職。結果他被校方開除學籍，在警察監督下返回故鄉。

2、孔德的晚年仍保持著他的生活習慣：每天晚飯用一塊乾麵包代替甜食，自稱是為了思念那些無法從自己辛勞的報酬中，得到這樣營養的無數窮人。

▎歷史評說▎

法國哲學家孔德是實證主義哲學的創始人，也是西方社會學的創始人。他用自然科學的成就和語言學，來闡發他的哲學和社會學，其思想影響頗大，現代西方的許多重要哲學流派如：馬赫主義、實用主義、新實在論和邏輯實證主義等等，都直接來源於孔德的實證主義哲學。

只相信被證實的事情，而不去追問那些永無答案的無意義問題，這大概就是實證主義的精神所在吧！俗話說，耳聽為虛，眼見為實，這是不是也算一種科學精神呢？

‖**主要著作年譜**‖

01. 西元 1830 年　《實證哲學教程》：孔德實證主義哲學體系的代表作

02. 西元 1851 ～ 1854 年　《實證政治體系》：孔德的重要社會學和政治理論著作，進一步發展了他的實證主義哲學

十九世紀至二十世紀初

▎ 俄國 ▎

● 生命有限，追求永恆 —— 赫爾岑

「真實的世界是科學的基礎。」

—— 赫爾岑

▎人生傳略▎

　　亞歷山大・伊萬諾維奇・赫爾岑（Alexander Herzen，西元 1812 年～1870 年），西元 1812 年 4 月 6 日出生於莫斯科的一個貴族家庭。幼年的赫爾岑在家裡備受父母和伯父的寵愛，然而赫爾岑「在父親那種古怪的修道院生活裡」日子過得並不快樂，他感到痛苦、單調和孤寂。於是他除了讀書之外，經常偷偷地跑到院子裡，去和家僕的孩子們一起玩。少年時代的赫爾岑對農奴的生活深表同情。

　　西元 1829 年，赫爾岑進入莫斯科大學數理學系學習。從那時起，他就開始投入反對封建專制統治的政治活動，並因此多次被流放數年之久。他發表了許多哲學和文學著作，揭露沙皇專制制度的黑暗，以此動搖封建農奴制的思想基礎。

　　西元 1848 年初，赫爾岑的父親去世了，他繼承了一大筆遺產，成為一個富人。他在經濟上雖然相當富裕，在精神上卻異常苦悶，因為他不能在沙皇的統治下，自由地發表言論。而他不願當一個「沉默不語和無

所作為」的人，於是便攜帶家小去了法國巴黎。在那裡，他參加歐洲各國的革命運動，也繼續著述。

西元 1848 年法國革命失敗後，赫爾岑個人和家庭也遭到了一連串的不幸。他的母親和幼子因船舶失事遇難，妻子又死於肺病，留下了三個幼弱的兒女。不過赫爾岑這位經歷過監獄與長期流放考驗的堅強戰士，並沒有因為這樣的打擊而消沉，在悲痛中，仍繼續著他思想上與實踐上的革命鬥爭。

西元 1870 年，赫爾岑在一次參加抗議拿破崙三世制度的群眾大會時受涼感冒，誘發了肺炎，於 1 月 21 日逝世於巴黎，終年 58 歲。

▌主要思想及著作▐

赫爾岑的主要哲學著作是西元 1844 ～ 1845 年問世的《自然研究通信》，闡述了他的唯物主義思想。

1、他認為自然界是不以人的意志為轉移的客觀存在。我們周圍的現象，「它們本身帶有不依賴於人的獨特性質；在沒有人的時候，它們就已經存在了；在人出現的時候，它們與人也沒有關係；它們永無止境；它們不斷地在各地產生、出現和消失」。意識是由自然界衍生出來的，是自然界發展的高級階段。

2、他肯定了人的認識來源於自然界對人的感官作用，認識是從感覺開始的。

▌名人事典▐

1、少年時代的赫爾岑就酷愛讀書，經常跑到他父親和三伯父兩人共有的、藏有大量法文書的藏書室裡看書。父親還為他請了兩位家庭教師。其中一位是俄語教師，在這位教師的腦子裡「裝滿了不明確的、慷

慨大度的自由主義」。他經常帶來一些進步的政治詩抄給赫爾岑，這在當時是被視為違禁讀物的。另一位是法國教師，他是西元 1789 年法國資產階級革命的參加者和堅定的雅各賓派。毫無疑問，這兩位老師對赫爾岑是有影響的。

2、赫爾岑在大學的課程修完後，寫了一篇爭取金質獎章的天文學論文，題為〈對哥白尼太陽系的分析說明〉，結果得了銀質獎章，這傷了他的自尊心。他在一封寫給未婚妻的信中說道：「今天是頒獎典禮的日子，可是我不在，我不想在接受獎章的時候當第二名。」。

▌歷史評說▌

赫爾岑是十九世紀俄國偉大的革命民主主義者，傑出的唯物主義哲學家和現實主義作家。列寧（Vladimir Lenin）稱讚他是舉起偉大的鬥爭旗幟，來反對沙皇君主制度的第一人。

能被失敗阻止的追求，是一種軟弱的追求，它暴露了力量的有限；能被成功阻止的追求，是一種淺薄的追求，它證明了目標的有限。赫爾岑的一生是不斷執著追求的一生，不管成功還是失敗，他都堅守著自己的理想。這樣的人生必然會成為無限的人生！

▌主要著作年譜▌

01. 西元 1833 年　〈對哥白尼太陽系的分析說明〉：關於天文學的大學畢業論文

02. 西元 1843 年　《科學中華而不實的作風》：哲學論文

03. 西元 1845 ～ 1846 年　《自然研究通信》：哲學論文

04. 西元 1845 ～ 1847 年　《誰之罪？》：長篇小說

05. 西元 1848 年　《偷東西的喜鵲》：中篇小說

06. 西元 1848 年　《克魯波夫醫生》：中篇小說
07. 西元 1853 年　《受過洗禮的財產》：批判農奴制、闡發改革思想
　　的著作

● 博學廣聞，先憂後樂 —— 車爾尼雪夫斯基

「美是生活。」

—— 車爾尼雪夫斯基

▎人生傳略▎

　　尼古拉・加夫里諾維奇・車爾尼雪夫斯基（Nikolay Chernyshevsky，西元 1828 ～ 1889 年），西元 1828 年 7 月 12 日出生在窩瓦河畔薩拉托夫城一個神父家庭。他的父親與當地愚昧、貪婪的宗教界人士不同，是個有教養、知識淵博的人。車爾尼雪夫斯基的小學教育，是由父親在家中親自指導的。他有強大的記憶力，尤其是在學習外語方面有特殊才能，只要讀幾遍就能記牢單字並準確地翻譯。

　　不到十六歲，車爾尼雪夫斯基便掌握了希臘文、拉丁文、法文、德文、英文，並且熟悉希伯來文、韃靼文、波斯文和波蘭文。他豐富的語言知識，對後來學習和吸收世界先進思想和科學成就，以及了解各國政治鬥爭情況等，發揮了重要作用。

　　車爾尼雪夫斯基從小就酷愛讀書，十歲時知識的廣博和多樣，已超過了十五歲的國高中生。西元 1846 年，十八歲的車爾尼雪夫斯基，以優異的成績考上了彼得堡大學中文系。大學生活讓他接觸到許多進步思想，不僅獲得淵博豐富的知識，還成為一名堅定的革命者，形成了自己

堅定的唯物主義世界觀和民主主義立場。

正是這種精神支柱使他在後來的生活中，能夠經受種種磨難而不屈服。他因反對沙皇專制制度而多次被捕、監禁、流放。在監獄中，在西伯利亞的苦役場和流放所，一共度過了 20 多個年頭。沉重的苦役勞動和惡劣的生活條件，雖然嚴重地摧殘他的身體，卻絲毫損害不了這位偉大戰士的革命意志和熱情。他至死都在勤奮地工作著。

▌主要思想及著作▌

車爾尼雪夫斯基的著述活動是多方面的，涉及哲學、經濟學、美學、文學、社會學等各個領域。他最重要的著作有：〈藝術與現實的審美關係〉、〈俄國文學果戈理時期概觀〉、《反對公社所有制的哲學偏見的批判》、《哲學中的人本主義原理》等。

（一）主要哲學思想

車爾尼雪夫斯基的哲學思想，主要是繼承費爾巴哈的理論，認為世界是物質的，精神是物質的衍生物。同時，他認為實踐是在科學上評判一切爭論點的極重要的標準。

（二）主要美學思想

他提出了「美是生活」的著名命題。他認為：「任何事物，凡是我們在那裡面看得見、依照我們的理解應當如此的生活，那就是美的；任何東西，凡是顯示出生活或使我們想起生活的，那就是美的」。

▌名人事典▌

西元 1846 年 2 月 5 日，沙皇政府根據偽造的證據，判決車爾尼雪夫斯基服苦役十四年和終身流放。在流放之前，沙皇政府以政治犯罪名判

處車爾尼雪夫斯基「褫奪公民權死刑」。這是一種凌辱性的政治刑罰，目的在於當眾侮辱犯人的人格。那是一個下著雨的早晨。車爾尼雪夫斯基被憲兵們帶到梅特寧廣場的高臺上，胸前掛著寫有「政治犯」的黑牌子。

憲兵宣讀了對他的判決，摘掉他的帽子並要他跪下，然後，在他頭上折斷一把劍，再將他扶起，然後把他的雙臂綁在刑柱上站立一刻鐘。車爾尼雪夫斯基對此泰然處之，好像在冷眼觀看一場滑稽劇的收場。

廣場上聚集著憤怒的人群，忽然有一位女孩衝到廣場中心，將一束鮮花拋向車爾尼雪夫斯基。這位女孩當場被捕，然而她的勇敢行為卻鼓舞了其他人，於是又有幾束鮮花落到車爾尼雪夫斯基身邊。群眾響起了：「車爾尼雪夫斯基萬歲！」的口號聲。當憲兵們急忙解開鐵鏈，把他送進囚車時，廣場上響起了：「再見，車爾尼雪夫斯基！」的一片送別聲。

歷史評說

車爾尼雪夫斯基是十九世紀俄國最偉大的革命民主主義者、思想家、堅定的唯物主義者、資本主義批評家、傑出的美學家、文學評論家和作家。他的活動，在俄國解放運動史和俄國哲學社會科學發展史上，構成了一個時代。他是西元 1850 ～ 1860 年代俄國進步力量公認的領袖、俄國社會民主主義的先驅。

世事無常，潮流變遷。相同的是，凡潮流都可能會淹沒人的那顆脆弱靈魂。因此，我們投入任何潮流時都應該保持這一種清醒：「人是要有一點精神的。」車爾尼雪夫斯基身上最令人感動和敬佩的，就是他的精神吧！

主要著作年譜

01. 西元 1853 年　〈藝術與現實的審美關係〉：碩士論文，闡發其唯物主義思想的美學論文

02. 西元 1855～1856 年　〈俄國文學果戈理時期概觀〉：反映其社會
　　思想的文學批評論著

03. 西元 1858 年　〈在幽會的俄國人〉：政論文章

04. 西元 1858 年　〈論農村生活的新條件〉：政論文章

05. 西元 1858 年　〈卡分雅克〉：政論文章

06. 西元 1859 年　〈迷信與邏輯原則〉：政論文章

07. 西元 1859 年　〈身為政論家的奇契林〉：政論文章

08. 西元 1861 年　《沒有收信人的信》：反映其革命思想的傑作

09. 西元 1861 年　〈俄國的改良家〉：政論文章

10. 西元 1861 年　《農民的同情者致地主領地農民書》：祕密的革
　　命傳單

11. 西元 1867～1871 年　《序幕》：反映農民革命思想的長篇小說

英國

● 痴情的哲學家 —— 穆勒

「當一個不滿足的蘇格拉底，比當一個滿足的傻子要好得多。」

—— 穆勒

▌人生傳略▌

約翰·史都華·穆勒（John Stuart Mill，西元 1806 ～ 1873 年），於西元 1806 年 5 月 20 日生於倫敦，其父詹姆斯·穆勒（James Mill）是名歷史學家，也是經濟學家和哲學家，還是聯想心理學的代表。他持身謹慎，性格堅毅，智力充沛，在當時有相當的社會聲譽。因此，穆勒自幼就受到良好的教育，他在父親的定向教育下，閱讀了大量文史著作、政治經濟學著作，學習多種哲學和邏輯學著作。這對他後來走上研究道路有重要影響。同時，當時不少著名學者都是其父的好朋友，這也替穆勒增長見識、擴充生活，提供了方便的條件。

年輕時的穆勒，人生態度積極向上，他以當「全世界的改革家」為宗旨，生活充實而快樂。但到了西元 1826 年秋，驟然出現了精神危機，他苦悶、徬徨，一種充實而快樂的心情被另一種漠然的心理所代替，這種心情的產生是由於他在東印度公司的工作。西元 1823 年，他在父親的安排下進了東印度公司，直到西元 1858 年，穆勒在那裡工作了 35 年，

獲得許多實際工作的經驗和能力。然而他並不喜歡這份工作，因此將大部分精力都放在了學術研究上。他還在許多領域上頗有建樹。

在穆勒的一生中，還要提到他一生摯愛的泰勒夫人（Harriet Taylor Mill）。他們在西元 1830 年就相互認識，其時穆勒 25 歲，泰勒夫人 23 歲。穆勒十分鍾情泰勒夫人，但是直到 20 年後，泰勒的丈夫去世，兩人才得以結合。在這 20 年間，穆勒過著柏拉圖式的戀愛生活，對泰勒夫人傾注他一生的深情。在他們婚後七年的時間裡，穆勒所發表的著作，比他一生任何其他時期都要少。不過除了泰勒夫人去世後發表的《論自由》（*On Liberty*）和《論宗教功用》兩篇文章外，他的四部最嚴謹、最有代表性的著作，都是和他的妻子合作構思成的，有一部還是兩人合寫的。

西元 1858 年，泰勒夫人因肺出血身故，穆勒就在她的墓地購置一所茅屋，和泰勒夫人的女兒同住在那裡。對亡妻的紀念成了他的一種信仰，他竭力遵循著她的思想規定著自己的生活。此後穆勒的大部分時間都放在研究工作中，他的生活方式極其簡樸，在小屋裡堆滿了書籍和報紙，美麗的田野供他隨意漫遊。他讀書、寫作、散步、種植花木……

西元 1873 年 5 月 8 日，穆勒的心臟停止跳動，終年 67 歲。

▌主要思想及著作▌

穆勒的代表作是他的《邏輯學體系》（西元 1843 年）、《奧古斯特·孔德和實證主義》（西元 1865 年）、《功利主義》（*Utilitarianism*，西元 1863 年）、《論自由》（西元 1859 年）、《婦女的屈從地位》（*The Subjection of Women*，西元 1869 年）等。穆勒在年輕時，特別愛讀柏克萊和休謨的論文，加上孔德和他父親的影響，使他的哲學思想基本上繼承了英國唯心主義經驗論的傳統。

1、穆勒認為物質和精神、「自我」和「非我」、外在世界和認識的主體，都是靠感覺經驗得來的，超過感覺經驗我們一無所知。比如，我看見桌子上放著一張白紙，然後閉上眼睛或者到其他房間，雖然看不見這張白紙，但是我記得它，而且我們相信在條件不變的情況下，仍然可以期待或者有理由看到桌子上那張白紙。這張白紙的存在觀念，就是人們經過某種感覺後獲得的經驗。它既不是天賦的，也不是先驗的。穆勒從經驗主義哲學出發，認為一切知識被分析到最後，都應當以經驗來驗證。

2、穆勒認為快樂除了量的差別外，還有質的差別。理性的快樂要比感性的快樂有更高的價值，精神的享受遠比肉體享受為高。當一個不滿足的蘇格拉底，比當一個滿足的傻子要好。最大幸福的目的，在於實現一種盡量免除痛苦，盡量多多享受質和量兩方面快樂的生活。這種生活就是人類行為的目的，也是道德標準。

▎名人事典▎

西元 1820 年 5 月～ 1821 年 7 月，他到法蘭西南部作客，與友人一起遊覽了庇里牛斯山，一度攀登過皮哥爾的米低高峰，引起他對遊覽風景的愛好。在法國，他深感真實地存在著大陸生活中一種自由和藹的空氣，有一種進取的精神。而在英國，形式上只有一種高尚的風氣，實際上人們的行為卻總是向著卑下的目標去做，並且以譏誚的態度非議各種道德觀念。

法國人無論在書本方面或是在私人生活中，總是以高尚的情操為相互交際的仲介，而普通的英國人卻對一切無私利的事情漠不關心，也沒有習慣討論有興趣的問題。比較這兩個情況後，讓穆勒遊歷法國得到了重要收穫 —— 對大陸自由主義強烈而永久的興趣。

▌歷史評說▐

穆勒是十九世紀英國經驗主義哲學家、邏輯學家、經濟學家和政治思想家。穆勒的一生算不上有什麼開創性，卻是一位影響極大，頗負盛名的人物。至今在英國倫敦泰晤士河畔仍著他的青銅雕像，國家美術館中也懸掛著他的肖像，表示著後人對他的懷念。

現代世界是商品世界，我們無法脫離這個世界，只求個人的生存和發展，這是個事實。可是，卻不是全部事實。我們同時還生活在歷史和宇宙中，生活在自己唯一的一次生命歷程中。所以對於我們的行為，不能只用交換價值來衡量，而應有更加開闊久遠的參照。因為，人生總要追求更加高質量的幸福。

▌主要著作年譜▐

01. 西元 1843 年　《邏輯學體系》：邏輯學著作

02. 西元 1844 年　《略論政治經濟學的某些有待解決的問題》：政治經濟學著作

03. 西元 1848 年　《政治經濟學原理》：政治經濟學著作

04. 西元 1859 年　《論自由》：倫理學著作

05. 西元 1863 年　《功利主義》：倫理學著作

06. 西元 1865 年　《威廉·哈密爾頓爵士哲學研究》：哲學著作

07. 西元 1865 年　《奧古斯特·孔德和實證主義》：哲學著作，研究孔德思想

08. 西元 1869 年　《婦女的屈從地位》：倫理學著作

09. 西元 1874 年　《關於宗教的三篇論文》：哲學著作

● 不愛讀書的大思想家 —— 史賓賽

「真理通常在於相反意見的協調。」

—— 史賓賽

┃人生傳略┃

赫伯特・史賓賽（Herbert Spencer，西元 1820 ～ 1903 年）出生在英國的德比。他父母雙方的祖先，都是不信國教的基督教新教徒，或者說是異教徒。這種趨向於異端的狀況，在他父親身上變得更加強烈；到了他自己身上，則登峰造極地到了剛愎自用的個人主義地步。史賓賽的父親從來不曾用超自然的東西來解釋任何事物，一位熟悉他的朋友曾說他是「迄今人們所能見到的，沒有任何信仰或宗教」的人。這位父親愛好科學，曾寫過一本《創造發明的幾何學》。在政治上他跟兒子一樣，是位個人主義者，「從不向任何人脫帽致敬，不管他有多麼顯赫」。無疑，家庭對史賓賽的影響是十分巨大的。

史賓賽的父親以及他的一位叔叔，還有他的祖父，都是私立學校的教師。可是當兒子的，雖然將成為他那個世紀最有名的哲學家，40 歲前卻仍是一個未受教育的人。他相當懶怠，父親也溺愛他。13 歲時，他被送到欣頓，在以嚴厲出名的叔叔身旁讀書。但是赫伯特很快就離開叔叔溜走了，一路艱難地回家 —— 第一天走 48 英里，第二天走 47 英里，第三天走 20 英里，吃的僅有一點點麵包和啤酒。

然而，幾個星期後，他又被送回欣頓，還在那裡待了 3 年，這就是他受到的唯一系統教育了。他後來的一位祕書告訴我們，他從來沒有寫完任何一本科學著作。甚至在他愛好的領域裡，也沒有受過系統的教

育。在化學方面，他燒過幾次手指頭，炸過幾次；在學校和家庭周圍的昆蟲堆裡，從容地做過昆蟲學觀察；在後來當土木工程師的工作中，他學到一些關於地層和化石的知識；其他呢？就是偶爾碰到時，隨手拾掇出科學來。

30 歲以前，史賓賽根本沒有任何哲學思想。那時候，他讀起劉易斯（英國哲學家和批評家），並且企圖接著讀康德，可是他不久就斷定康德是個傻瓜，把書丟開了。他在寫第一本書《社會靜力學》時，「除了讀過喬納森‧戴蒙德所著的、一本如今已為人們所遺忘的舊書外，什麼倫理學論文也沒有看過」。那麼，支持他上千種論證的無數事實，是從哪裡來的呢？其實，史賓賽大部分不是靠讀書，而是靠直接觀察。

史賓賽的性格有優點也有缺點。他為自己果敢的現實主義付出的代價，是喪失了詩意與藝術的靈性與趣味。他在 20 卷著作中唯一涉及詩意的筆觸，是由於印刷商要他談談「科學預言的日常詩意的意境」。他有著堅忍不拔的一面，另一面卻是固執己見的剛愎自用；他能舌戰群雄以證明自己的假說，卻沒有絲毫的洞察力去了解別人的觀點；他坦誠、無畏、富於獨創性，但伴有武斷的偏執；他嚴正拒絕一切阿諛奉承，不接受政府授予的榮譽，在長期患病和恬靜的蟄居中，潛心自己的研究工作達 40 年。

他孤寂的獨身生活令他缺乏溫暖的人情味，儘管他激烈地維護人道。他缺乏幽默感，文筆也沒有什麼妙趣神韻。他喜歡打撞球，輸了就嘲笑對手在這樣無聊的玩意上，竟花了那麼多時間成為高手。

史賓賽一生沒有結婚，也許是因為多病的身體，和多年的著述直到晚年才有所收穫。他曾和英國名人喬治‧艾略特（George Eliot）有過一段戀情，可是她太理智的個性讓他受不了，最終沒有持續多久。史賓賽

在倫敦居住了 55 年之後，才在西元 1898 年春移居到伯來頓，西元 1903 年 12 月 8 日逝世於那裡。

▌主要思想及著作▌

史賓賽運用他的哲學觀點，構築了一個龐大的思想體系，他的著作中最重要的是《第一原理》和《社會學原理》，成為以後西方哲學和社會學的思想來源。

史賓賽思想的基本邏輯就是：對一切可理解的東西的解釋，只能說明後面還有不可理解的東西存在；可知的東西與不可知的東西必然是相關的。科學有不可超越的界限，因為科學探索總要碰到一個不可解的謎。知識僅限於經驗的範圍內，科學不過是將經驗系統化了，它的最高成就在於解釋了現象的秩序。

▌名人事典▌

1、西元 1842 年，史賓賽參加了他一生唯一一次政治活動：從事擴大股票權的宣傳工作，主要是發由不同政見者發言人艾爾博士寫的傳單。他還當選為德貝城的祕書，並作為代表參加了在伯明罕舉行的一個會議，這個會議試圖把擴大股票權的活動與「憲章運動」結合起來，但沒有任何結果。

2、在史賓賽窮途末路的時候，出現了一件在歷史上令人歡欣鼓舞的意外事件。史賓賽的最大勁敵，曾把持了英國哲學領域的穆勒，寫信給他表示願意資助他出書，不過史賓賽婉言謝絕了；穆勒就說服朋友們大量訂閱史賓賽的著作以救濟他，史賓賽又拒絕了，而且怎麼也不肯改變主意。後來他在美國的崇拜者，將用他的名義買的股票產生的股息給了他，這時他讓步了。這種餽贈的精神重新點燃他的激情，使他繼續工作了 40 年之久。

▌歷史評說▌

　　史賓賽晚年回顧他奮勉的一生，覺得自己傻不可及，只追求文壇上的美名，卻不追求比較簡易可得的生活樂趣。他甚至曾經認為自己的工作是白費力氣的，現在我們懂得，事情並不是這樣的。他的名望雖有短期的衰落，可是自由主義的復興，又恢復了他身為那個世紀英國偉大哲學家的地位。他是英國實證主義的集大成者。他把生物學中的進化論運用於哲學、社會學和倫理學，構築了一個龐大的體系。在社會學方面，他是西方社會學中，生物學派的創始人之一。他的思想在上述各個領域有著廣泛的影響，在現代西方哲學界有著重要的地位。

　　曾有哲人說，別人的著作看多了，自己的頭腦就會變成別人思想的賽馬場，失去想出獨到見解的能力。這句話用在史賓賽身上可謂十分適用，他沒有讀過多少名人的著作，卻成為有獨立創見的思想家。人的確不能迷信權威，輕信與盲從會使思想失去固有的創造力。

▌主要著作年譜▌

01. 西元 1842 年　《政府的恰當範圍》：史賓賽的第一本書，寫給不同政見者的信，以小冊子形式出版

02. 西元 1850 年　《社會靜力學》：包括他以後哲學思想體系的萌芽，也包括其經濟與社會學說的著作

03. 西元 1852 年　《進化的假說》：闡述其進化思想的著作

04. 西元 1855 年　《心理學原理》：心理學著作

05. 西元 1862 年　《第一原理》：闡述其基本哲學思想的著作

06. 西元 1864 ～ 1867 年　《生物學原理》：哲學思想在生物學領域的運用

07. 西元 1873 年　《社會學研究》：闡述社會學說的著作

08. 西元 1879 ～ 1893 年　《倫理學原理》：哲學思想在倫理學領域的運用

09. 西元 1876 ～ 1896 年　《社會學原理》：哲學思想在社會學中的運用

▎德國▎

● 以孤獨的一生，洞徹人世的不幸 —— 叔本華

> 「顯然，如同我們走路只是不斷地防止跌倒一樣，我們身體的生存，也只是不斷地防止屢屢延期的死亡。」

—— 叔本華

▎人生傳略▎

　　阿圖爾‧叔本華（Arthur Schopenhauer，西元 1788 ～ 1860 年），西元 1788 年 2 月 22 日生於但澤，他父親是個商人，叔本華是在商業金融的氣氛中長大的。雖然他不久就放棄了父親讓他身處其中的商業生涯，但是這在他身上還是留下了烙印。他態度粗魯，講究實際，洞悉世態炎涼，這使他與不懂實際、學究氣的哲學家截然相反。

　　叔本華說：「我自己的性格或意志，繼承於我的父親；智慧則繼承於母親。」他母親是當時最受歡迎的小說家之一。她跟平淡乏味的丈夫一直過得不太愉快；他一死，她便熱衷於自由戀愛跑到魏瑪去了，因為那裡的風氣最適於過那種生活。叔本華對這件事的反應如同哈姆雷特對他母親再婚一樣，他跟母親爭吵，並由此懂得了有關女人的片面性真理，他後來就拿來為他的哲學增加趣味。

　　叔本華母親的好友歌德曾對她說，她的兒子將成為一個大名人，這

令她非常不痛快。因為她從未聽說過一個家庭裡能兩雄並立。最後，在一次激烈的爭吵中，母親把兒子兼冤家推下了樓。於是我們這位哲學家咬牙切齒地告知母親，只有透過他的才華，她才能留名後世。歷史證明了他的預言。叔本華事後不久就離開了魏瑪，雖然他此後又活了24年，但他再也沒有去看過母親。一個不知道母愛 —— 更糟的是只知道母恨的人 —— 是沒有理由迷戀這個世界的。

其時叔本華已相繼從大學預科和本科畢業，他恣情放縱於戀愛和肉慾，結果影響了他的性格和哲學。他變得憂鬱、多疑，常常被種種恐怖和凶暴的幻想所困擾；他把菸斗鎖在安全的地方；從來不放心理髮師的剃刀湊近自己的脖子；他睡覺時把裝有實彈的手槍放在床邊 —— 大概是為了防備夜盜。他無法忍受噪音，曾寫道：「我長期有這種看法，一個人能安靜地忍受噪音的程度，與他的智力成反比，因此它可以看作衡量智力的公正尺度。」他對自己未被別人識出的偉大，有一種近乎偏執狂的理解。既然不能功成名就，他便轉向內心，折磨自己的心靈了。

他沒有母親、沒有妻子、沒有孩子、沒有祖國。「他是完全孤獨的，沒有朋友，在一和無之間是無窮大。」他雖然勤於著述卻無人理會。西元1851年，他出版的《論文集》只得了十部免費書，作為他的全部報酬。在這種情況下，人是很難樂觀的。各大學都不理會其人其書，似乎要證實他的斷言：哲學上的一切進步，都是在學院門牆外取得的。不過他已學會了忍耐，相信無論怎樣晚，自己終究會得到社會的承認。最後，他也終於驗證了自己的預言 —— 得到了普遍的認可，人們從世界各地來看望他。西元1858年，他70歲生日時，祝賀從四面八方、從各大陸向他湧來。

而這已經不太早，他只剩兩年可活了。西元1860年9月21日，叔

本華獨自一人坐著吃早餐，看上去好好的，一小時之後房東太太發現他仍坐在桌邊，死了。

▌主要思想及著作▐

叔本華的代表作《作為意志和表象的世界》（*The World as Will and Representation*）於西元 1818 年在漢堡問世，這是一本關於痛苦的鴻篇巨著，系統地闡釋了他的悲觀主義人生哲學。在他看來，人生是痛苦的、生活是絕望的，生存意志本身必然帶來痛苦，而解脫的方式便是自殺。但自殺只是結束了個體的痛苦，人的整個族類的痛苦是無法擺脫的。

（一）作為意志和表象的世界

哲學家們幾乎無一例外地都認為，心靈的本質在於思想和意識；認為人是有知識、有理性的動物。叔本華卻否定了這一點，他認為「意志是心靈中唯一永恆不變的元素」。理智會疲勞，但是意志絕不會疲勞；理智需要睡眠，但是意志甚至在睡眠中也能發揮作用，意志才是人的本質，而世界不過是人類意志的表象。

意志就是求生意志，它永久的敵人是死亡。可是，它能擊敗死亡嗎？

（二）作為不幸的世界

如果世界是意志，那麼它必定是個痛苦的世界。

首先，因為意志本身就表示慾望，它所欲求的總是大於它所得到的。慾望是無窮的，而滿足是有限的——「這好像是給乞丐的施捨一樣，維持他活到今天，以便把他的痛苦拖延到明天。」

其次，人生之所以不幸，是因為痛苦是它的主線，快樂只是痛苦的

消極中斷，所以聰明人不求快樂，只求免除痛苦和憂慮。而增加知識並不能免除痛苦，恰恰相反，知識越多痛苦就越深 —— 對死亡的關注，比死亡本身引起的痛苦要多得多！因此，傻子才活得更快樂。

最後，我們的痛苦源自隨處可見的鬥爭和角逐，以及對死亡的恐懼。

在叔本華看來，正如神學是死亡的避難所一樣，瘋狂是痛苦的避難所，藉助瘋狂才能戰勝恐懼。痛苦的另一個避難所和澈底解脫的方式就是自殺，不過自殺只是個體意志的結束，意志仍在種族中繼續下去。生命對著自殺嘲笑，對著死亡冷笑，因為每有一個深思熟慮的死亡，同時就有成千個未經考慮的出生。只有到意志完全聽命於認識和理智的時候，才會有征服人生不幸的勝利。

▌名人事典▌

1、一次奇異的經歷攪亂了叔本華埋頭用功、與世隔絕的生活。他一直希望有機會在德國的一所知名大學裡宣講他的哲學。西元 1882 年機會來了，他應邀到柏林大學任無薪俸的講師。他故意把自己的演講，選擇在與當時聲勢顯赫的黑格爾排定授課的同一時間；叔本華指望學生們用後人的眼光，來估量他和黑格爾。但是學生們不能預見得那麼遠，叔本華發覺自己在對著空座位講話。最後他辭職了，並以惡毒謾罵黑格爾來為自己雪恥。

2、叔本華繼承了父親商號裡的一份財產，靠這筆收入過著小康生活。他以一種與哲學家不相稱的聰明來投資，並不斷地獲益。他有足夠的錢，在寄膳宿舍裡訂了兩間房，並與一條狗為伴，度過了人生最後的 30 年。他稱那條長捲毛狗為阿特瑪（婆羅門語，意思是世界靈魂），不

過鎮上愛說笑的人稱牠為「小叔本華」。

他通常在英國人開的飯店裡就餐。每餐開始時，總是將一枚金幣放在桌上；用餐結束時，又總是將其放回口袋。終於有一天，一個怒氣沖沖的侍者問他，這項天天不變的儀式的用意何在？（按當時德國的習俗，擺在餐桌上的錢是留給侍者的小費）叔本華說這是他默默地在打賭，一旦有一天在那裡進餐的英國官員，在馬、女人和狗之外還談點別的東西，他馬上就把這枚金幣投到慈善箱裡去。

▍歷史評說▍

叔本華讓心理學家注意到，本能的深奧以及其無所不在的力量，向我們揭開了人類內心的奧祕，向我們表明了自身的慾望，就是哲學中不證自名的公理，從而開闢了一條嶄新的道路。叔本華曾在一片譏誚中，狂傲地宣稱他的作品是寫給後世人的，因此不為同時代的人所容，歷史證明了他的預言。而他也以其獨特的思考，成為西方哲學理性主義向人本主義過渡的轉折性人物，可以說他開啟了一個思想的新時代。這使他成功地在英雄的行列裡，加上了自己的名字。

死亡好比貓戲老鼠，在吞噬我們之前，先逗著我們玩耍一陣；人生好比吹肥皂泡，明知一定破滅，卻還要盡可能吹大些；生命是布滿暗礁和漩渦的海洋，人在力圖避免這些暗礁和漩渦的同時，仍一步一步走向那最後的、不可避免的船沉海底 —— 叔本華以他的睿智告訴我們，這些雖然令人憂傷卻如此真實的人生哲理。

▍主要著作年譜▍

01. 西元 1813 年　〈論充足理由律的四重根〉：博士論文，為他的哲學
　　　體系打下基礎

02. 西元 1819 年　《作為意志和表象的世界》：叔本華代表作，成為唯意志論哲學的奠基之作

03. 西元 1836 年　《論自然意志》：論證和闡發其意志論思想的著作

04. 西元 1841 年　《倫理學的兩個基本問題》：倫理學著作

05. 西元 1851 年　《附錄和補遺》：叔本華最後一部著作，解釋和補充他以前的哲學思想

● 影響世界歷史的偉人 —— 馬克思

「人們只有為同時代人完美、為他們的幸福而工作，才能使自己也達到完美。」

—— 馬克思

▊人生傳略▊

　　西元 1818 年 5 月 5 日，卡爾・馬克思（Karl Marx）誕生於萊茵省南部的摩塞爾區首府特利爾。從父系和母系來說，馬克思都出身於猶太律法學家的家庭。他的祖父和父親都是猶太律法學家，他的母親出身於荷蘭一個古老的猶太律法學家家庭。卡爾・馬克思的父母共有九個孩子：四男五女。但是他們對馬克思的生活，並沒有發揮什麼重大作用，關於他們的事情也鮮為人知。馬克思的母親並不是一個天分特別高的人，而且德語說和寫都不好，她對馬克思的思想發展沒有任何影響，卻仍不失為一個標準的賢妻良母。馬克思的父親是一位開明的人，他十分有教養，深受啟蒙精神的影響，非常喜愛十八世紀的作家和哲學家如伏爾泰、盧梭和萊辛（Gotthold Ephraim Lessing）等。這對馬克思的思想發

展，產生了巨大影響。

馬克思在他所愛的故鄉度過了幸福的童年，他喜歡和兄弟姊妹在小山上散步，有時還強迫他們吃他親自做的、不太好吃的點心。他那愉快卻愛嘲弄人的性格，讓他的同伴們既愛又怕。由於他天資聰穎，父母特別為他感到自豪，把全部希望都寄託在他身上。馬克思從小就志向遠大，他在高中畢業作文〈青年在選擇職業時的考慮〉中就宣稱，要從事為整個人類謀取幸福的事業。

西元 1835 年，馬克思進入波恩大學法律系。一年後，轉到柏林大學法律系。他通讀了黑格爾的著作，並參加青年黑格爾運動，初步形成了革命民主主義觀點，和戰鬥無神論的思想。大學畢業後，馬克思未能實現在波恩大學執教的願望，轉而投身於實際的政治活動，在《萊茵報》上撰寫了許多政論文章。西元 1843 年 3 月開始，馬克思和阿爾諾德·盧格（Arnold Ruge）創辦了《德法年鑑》。此後，馬克思一生都在為無產階級的解放運動而奮鬥，他一生大量的著述都是在探索人類解放的途徑，揭露資本主義的種種弊端，勾畫了共產主義的美好藍圖。西元 1883 年 3 月，馬克思逝世。

▌主要思想及著作▌

馬克思的著述頗豐，思想體系龐大。在此，僅簡要介紹他的幾部主要著作：

《1844 年經濟學哲學手稿》（*Economic and Philosophic Manuscripts of 1844*）是馬克思哲學體系的創始之作，馬克思把哲學、政治經濟學和社會主義學說初步結合在一起，闡發了某些關於辯證唯物主義和歷史唯物主義的重要思想。

西元 1848 年 2 月，《共產黨宣言》（*The Communist Manifesto*）發表，這是將馬克思主義哲學、政治經濟學和科學社會主義原理，融為一體的、完備的無產階級理論，而貫穿其中的基本思想，是馬克思和恩格斯創立的唯物主義歷史觀。它的發表，不僅向全世界公開表明了共產黨人的觀點、目的和意圖，而且象徵著馬克思主義世界觀的正式誕生。

西元 1867 ～ 1910 年出版的《資本論》，是專門研究資本主義經濟形態及其發展規律的。它透過大量的歷史數據和事實，揭露了資本主義所固有、不可調和的矛盾，論證了資本主義生產方式發生、發展和滅亡的客觀規律；透過對資本原始累積的分析，闡述了資本主義生產關係是從封建社會的經濟結構中產生出來的，是歷史發展的必然產物；透過對資本主義生產方式內部的生產力和生產關係、上層建築和經濟基礎之間的矛盾分析，闡述了資本主義生產關係不是固定不變的，是注定要滅亡的，從而更深刻地揭示了歷史發展的本質和規律性。

▌名人事典▌

1、馬克思的母親是一位講求實際的、具有小資產階級意識的人，她不理解兒子的崇高志向，抱怨兒子糟蹋了自己的出色才能，並且用一種傷心的譏諷口吻說，如果他給自己弄到一筆資本，而不是寫一部論資本的書，那麼他的做法就聰明多了。

2、馬克思讀大學時，他對童年時的女友燕妮·馮·威斯特華倫（Jenny von Westphalen）的友誼變成了深厚的愛情。儘管馬克思具有青年人的樂觀精神，但是看到燕妮不僅比他大四歲，並且由於長得極其美麗和家庭的顯赫地位，而成為許多人熱烈追求的對象，便認為對這樣一個女孩子的愛情當然是不會有結果的，因而感到十分痛苦。

西元 1836 年，馬克思從波恩回特利爾過暑假時，向燕妮求了婚，這時他剛滿 18 歲。燕妮敬重他也愛他，遵照著自己內心的願望，為著童年時的男友沒有保障的未來，犧牲了自己美滿順利的前途。她不顧當時人們對身分體面的看法，暗中和他約定了終身。她在長期和艱苦的鬥爭中，在這一婚事必然帶來的憂慮和痛苦中，始終和馬克思站在一起，一生都支持著馬克思的事業。

▌歷史評說▌

馬克思是傑出的哲學家、社會學家、政治經濟學家，是馬克思主義哲學的創始人，他的思想影響了整個人類歷史的發展，成為社會主義國家建立發展的指導理論，影響十分深遠。

歷史上有很多先天下之憂而憂的救世者，他們為了整個人類的幸福而殫精竭慮、不捨晝夜地奮鬥，馬克思就是這種人，他把自己的一生都獻給了人類解放的事業，卻毫無所求，無怨無悔 —— 只有心繫天下的人才能揚名天下。

▌主要著作年譜▌

01. 西元 1841 年　〈德謨克利特的自然哲學和伊壁鳩魯的自然哲學的差別〉（The Difference Between the Democritean and Epicurean Philosophy of Nature）：馬克思的博士論文

02. 西元 1843 年　創辦《德法年鑑》：宣傳進步思想的理論刊物

03. 西元 1844 年　《1844 年經濟學哲學手稿》：對馬克思主義哲學具有創始意義的著作，闡述馬克思早期思想

04. 西元 1844 年　《神聖家族》（The Holy Family）：闡述哲學、社會學思想的著作

05. 西元 1845 年　《關於費爾巴哈的提綱》（*Theses on Feuerbach*）：批判以費爾巴哈為代表的舊唯物主義，同時闡述了辯證唯物主義和歷史唯物主義的某些基本原理

06. 西元 1845 年　《德意志意識形態》（*The German Ideology*）：馬克思哲學思想成熟之作

07. 西元 1847 年　《哲學的貧困》：批判蒲魯東的哲學著作

08. 西元 1848 年　《共產黨宣言》：無產階級政黨的綱領，貫穿著馬克思的唯物主義歷史觀

09. 西元 1867 年　《資本論》：研究資本主義經濟形態及其發展規律的著作。

10. 西元 1870 年　《法蘭西內戰》（*The Civil War in France*）：反映馬克思共產主義思想的著作

11. 西元 1871 年　《哥達綱領批判》（*Critique of the Gotha Programme*）：提出共產主義社會分析思想的著作

● 詩人哲學家 —— 尼采

「創造是痛苦的大救濟和生命的慰藉，但是要當一名創造者，痛苦和許多變故又是不可缺少的。」

—— 尼采

▌人生傳略▌

西元 1844 年 10 月 15 日弗里德里希‧威廉‧尼采（Friedrich Nietzsche）生於德國東部萊比錫附近的勒肯村。他的祖父是位虔誠的

基督徒，寫過神學著作。他的外祖父是個牧師。他的父親當過家庭教師，後來也當了牧師。尼采就在這樣一個有濃烈宗教氣氛的家庭裡呱呱墜地。

西元 1849 年，尼采的父親死於腦軟化症。數月後，年剛 2 歲的弟弟又夭折。當時尼采才 5 歲，親人接連死亡，使這天性敏感的孩子過早地領略了人生的陰暗面，鑄成了他憂鬱內向的性格。父親死後兩年，尼采隨母親和妹妹遷居瑙姆堡。他性格孤僻，但異常珍惜友誼。詩歌和音樂是他終身的愛好。

西元 1864 年 10 月，尼采入波恩大學。結業時，他的各門功課均為優秀，唯有數學不及格。在大學期間，他也曾和別人一樣，似乎熱衷於擊劍、飲酒、聚會、跳舞、結交異性。可是為時不久，他就厭倦了這樣喧鬧的社交生活，後來便以一份得體的宣告退出了學生團體。沒有人理解他內心發生的事情，同學們只覺得他孤傲、清高、不講交情。這是尼采一生中爆發的第一次精神危機。人生絕非一場消遣，他要為自己尋求一種更加真實的人生。自幼折磨他的生命意義問題，這時明確地呈現在自身的意識中，驅使他自覺地走上了苦苦追求、永不安寧的命運之路。

對古希臘文獻的研究，喚起了尼采的哲學興趣。不過真正點燃尼采哲學熱情的，卻是叔本華。在萊比錫期間，他偶然在一家舊書攤上購得了叔本華的《作為意志和表象的世界》一書，欣喜若狂，每日凌晨 2 時上床，6 時起床，沉浸在這本書裡，心中充滿著神經質的激動。後來他回憶說，當時他正孤立無助地經歷著某些痛苦的體驗，幾乎瀕於絕望，而叔本華的書就像一面巨大的鏡子，映現了世界、人生和他的心境。他覺得叔本華好像是專門為他寫了這本書。即便尼采後來對叔本華的悲觀哲學採取了否定態度，但他始終讚賞叔本華真誠探討人生問題的勇氣。

　　西元 1869 年 2 月，在老師里奇爾的推薦下，尼采受聘擔任瑞士巴塞爾大學古典語言學教授。萊比錫大學根據他業已發表的論文和大學教授資格，免試授予他博士學位。起初，這位年僅 24 歲的教授在校內外都受到歡迎。在人們心目中，他是一位受人尊敬、前程無量的青年學者。然而為時不久，他的老毛病又犯了。社交生活使他感到厭煩，他對語言學研究也產生了懷疑。他不安的靈魂總是在尋找著什麼，凡是到手的都不是他所要尋找的東西，尼采預感到一種與眾不同的命運在向他召喚。

　　西元 1872 年初，《悲劇的誕生》（ *The Birth of Tragedy* ）發表。這是尼采的第一部哲學著作，這本書表面上是研究古希臘的悲劇藝術，實際上卻是尼采借希臘藝術發揮自己的思想。他在為苦苦折磨自己的生命意義問題，尋求一個答案。

　　自西元 1873 年起，尼采的健康狀況開始惡化，患有嚴重的精神衰弱、胃病和眼病。到西元 1879 年時，他才 35 歲，卻已悲嘆自己「被死神包圍」了。迫於病痛，尼采於西元 1879 年 5 月提出辭呈，離開巴塞爾大學，從此踏上了沒有職業、沒有家庭、沒有友伴的孤獨漂泊之路。

　　身為一個思想家，尼采需要孤獨。然而，身為一個有血有肉的人，他又渴望人間的溫暖。也許沒有比尼采更孤獨的人了，他長年累月獨居，常常一連許多天找不到一個可以說話的人。寂寞的歲月在他身上留下了明顯的痕跡，嚴重地摧殘他的身心健康。

　　西元 1888 年，在瘋狂的前夜，尼采的創作欲突然高漲，一連寫出五本小冊子：《偶像的黃昏》（ *Twilight of the Idols* ）、《華格納事件》（ *The Case of Wagner* ）、《尼采反對華格納》、《反基督》（ *The Antichrist* ）、《瞧！這個人》。還寫了一組抒情詩《酒神頌》。有人認為，這是尼采精神失常的先兆。

　　西元 1888 年底和 1889 年初，尼采寓居都靈。他的朋友們突然收到一些奇怪的信，署名「上帝」、「酒神」、「釘在十字架上的人」。西元 1889 年 1 月 3 日，尼采走到街上，看到一個馬車伕在殘暴地鞭打牲口，這個神經脆弱的哲學家就又哭又喊地撲上前去，抱住馬脖子，瘋了。此後，尼采在精神的黑暗中苟延了 10 餘年無用的生命，於西元 1900 年 8 月 25 日在魏瑪與世長辭。

▌主要思想及著作▌

　　西元 1884 年，尼采完成了他的代表作《查拉圖斯特拉如是說》(*Thus Spoke Zarathustra*)，書中尼采用詩歌的形式，表達了自己的主要哲學思想，表明他要以一種新的哲學、新的宗教、新的道德、新的途徑，把德國人從舊的哲學、基督教舊道德的愚弄中，從軟弱、退化的境遇中拯救出來，恢復人性的強健，重建出高於現實存在的新世界。

（一）權力意志

　　基督教以「愛」為道德準則，在道德的背後潛伏著一種神祕的權力意志。愛本身只是一種占有慾；求愛是格鬥，而婚配是占領；「人們以為戀愛時，他們是無私的，因為他們考慮的是對方的利益，這種利益常常與他們自己相衝突。但是他們這樣做，還是想要占有對方……『愛情是所有感情中最自私的，因此，遇到挫折時，它最容易變成最不寬容的。』」甚至愛真理也是想占有它，也可能想成為真理的第一個享有者，要發現它的童貞，謙卑是權力意志的保護色。

　　與這種權力意志相反，理智和道德都是無用的；它們只不過是意志手中的武器，是受意志愚弄的玩偶。真正決定我們思想的是一些隱祕的慾望，是權力意志有節奏的跳動。強者很少打著理性的招牌來掩飾慾

望，他們簡單的理由就是「我要」。主人的靈魂潔淨，不易腐化墮落，慾望就是慾望自身的證據；良心、憐憫、懊悔是難以插足的。

（二）超人哲學

就像道德不在於善良，而在於強壯一樣，人類努力奮鬥的目標，也不應是全人類的提高，而應是發展較優秀、強健的個人。「不是人類，而是超人，才是人類的目標。」聰明人最不願承擔的工作就是改善人類：因為人類沒辦法改善，甚至它根本不存在 —— 它不過是一個抽象的概念；所存在的只是無數個體。如果社會沒有較高級的型別出現，那還不如毀滅來得好。

高貴的人不會為了愛情而結婚。一個男子一旦戀愛，他就無權作出影響其終生的決定；男人不可能同時得到愛情和才智。我們應該宣布：戀人們的海誓山盟無效，同時規定，愛情是婚姻的合法障礙，有愛情的人不能結婚。最優秀的人只能與最優秀的人婚配；把愛情留給我們的賤民吧！婚姻的目的不是傳宗接代，而應是進化發展。

能力、智力和傲氣 —— 這些創造了超人。可是，這些因素必須協調一致：某種偉大的目標，能將糾纏不清的慾望鑄成強力人格，激情只有經過這種目標的淘汰和統一，才能變成力量。為了一定的目標，「除了出賣朋友外」，幾乎什麼事都做得出來 —— 這是高貴品質最後的特權，是超人最終的定則。

▌名人事典▌

西元 1868 年秋，尼采在萊比錫瓦格納的姊姊家裡，結識了他仰慕已久的音樂大師華格納（Richard Wagner），兩人久久地談論他們共同感興趣的叔本華哲學。事後，尼采寫信給朋友說：「啊！你可以想見，聽他用

難以形容的熱情談論叔本華，說他感謝他，他是懂得音樂本質的唯一哲學家，這於我是何等的享受！」叔本華一開始就是尼采與華格納之間的精神紐帶。後來，當尼采轉而否定叔本華時，他與華格納的友誼也就宣告破裂了。

華格納是個十足的自我中心者，在他心目中，尼采是命運安排來為他的藝術服務的。他從西元 1872 年起，熱衷於音樂會的籌備工作。每次見面，言必談音樂會，卻對尼采試圖與他討論哲學問題毫無興趣。這使自尊心極強的尼采深感壓抑，漸漸產生對抗心理。尼采開始有意疏遠華格納，多次謝絕其邀請。後來，兩人終於不相往來。

由於尼采長期獨身和多病，便與妹妹住在一起。但是她根本不理解尼采，兩人經常有摩擦，甚至因為矛盾而一度兄妹關係破裂。尼采在給朋友的信中不止一次地抱怨，他受不了她，和她在一起就會生病。尤其使他煩惱的是，其妹與柏林臭名昭著的反猶分子福爾斯特的婚姻。

後來，尼采患了精神病，可是他的名聲正在迅速增長，其妹伊麗莎白趁機壟斷了尼采著作的版權及其全部手稿，以尼采的保護人和尼采著作的解釋者自居，篡改手稿，捏造言論，曲解思想，不遺餘力地把尼采打造成一個種族主義者和反猶太主義者。尼采的思想後來遭到世界性的誤解，他的妹妹負有重要責任。

▎歷史評說▎

尼采是現代西方最早起來揭示科學理性有其局限性的人之一，也是第一個明確揭示人的心理中有一個無意識領域，它潛藏著人的意願和行為的真正動機。它啟發人們連繫非理性的精神現象，來考察理性的精神現象。尼采以此成為現代西方非理性主義哲學的先驅者。

談尼采，與其說是在談哲學，不如說是在談一首優美的詩。每讀一行，我們都會看見他在忍受著痛苦，即使在他那些令人懷疑的地方，我們仍然愛他。在信仰淪落的時代，真誠的人如何能生活下去？這是尼采苦苦思索並試圖回答的問題。

現代人生活得匆匆忙忙，不復有閒暇沉思，愈來愈沒有真正的內心生活。現代人的娛樂也無非是尋求刺激和麻醉，沉迷於快速的節奏、喧囂的聲響和色彩的魔術，那種溫馨寧靜的古典趣味已經一去不復返了。凡此種種，都表明了喪失信仰引起的內在焦慮和空虛，於是急於用外在的匆忙和喧囂來麻痺內心的不安，用財產和知識的富裕來填補精神的貧困。然而，我們真的生活得快樂嗎？

▌主要著作年譜▌

01. 西元 1872 年《悲劇的誕生》尼采的第一部哲學著作，包含了他一生的主要哲學思想

02. 西元 1873 ～ 1876 年《不合時宜的考察》文化批判的論文集

03. 西元 1876 年《人性的，太人性的》（*Human, All Too Human*）批判華格納的著作，是尼采用格言體寫作的第一部著作，代表著尼采思想上的重大轉折

04. 西元 1880 ～ 1881 年《朝霞》格言體的隨感集

05. 西元 1881 ～ 1886 年《快樂的科學》（*The Gay Science*）格言體的隨感集，反映其哲學思想

06. 西元 1883 ～ 1885 年《查拉圖斯特拉如是說》格言體的隨感集，反映其哲學思想

07. 西元 1885 ～ 1886 年《善惡的彼岸》（*Beyond Good and Evil*）格言體的隨感集，反映其哲學思想

08. 西元 1887 年《道德譜系學》（*On the Genealogy of Morality*）格言體
   的隨感集，反映其哲學思想

09. 西元 1888 年《偶像的黃昏》反映尼采哲學思想的小冊子

10. 西元 1888 年《華格納事件》批判華格納的著作

11. 西元 1888 年《尼采反對華格納》批判華格納的理論著作

12. 西元 1888 年《反基督》反映尼采哲學思想的理論著作

13. 西元 1888 年《瞧！這個人》反映尼采思想的小冊子

14. 西元 1888 年《酒神頌》一組抒情詩

▌丹麥▐

● 走向絕望的深淵 —— 齊克果

「我是最深刻意義上的一個不幸的個人，從很早的時候起，就和一個又一個痛苦緊緊地連繫在一起，直到瀕於瘋狂的邊緣」。

—— 齊克果

▌人生傳略▐

哲學家索倫·奧貝·齊克果（西元 1813 ～ 1855 年）誕生在丹麥哥本哈根市的一個富商家庭。索倫是家裡的第七個孩子，也是最小的一個，他出生時父親已經 56 歲，母親也已 45 歲。小齊克果生下來就有生理上的缺陷，體質羸弱，有點駝背，雙腿也參差不齊。他父親因老年得子，對他特別寵愛，但又管教甚嚴。因此齊克果從小就很少感到快樂，他是作為一個不幸的兒童成長起來的。

使齊克果失去童年歡樂的主要原因，是父親對他實施的家庭宗教教育。這位老人是一位虔誠的基督徒，從齊克果小時候就開始灌輸他宗教思想，與之進行和兒童年齡不相稱的交談。強調人生來有罪，墮落是人的天性等等。以至齊克果後來回憶說，那時「他雖然只是一個孩子，卻已經和一個老人一樣年老了」。他承認自己一生中最重大的兩個事物：基督教和失望，都來自他的父親。

345

索倫在家裡是受溺愛的，不大懂禮貌，他有一個不雅的綽號「叉子」，因為有一次他在餐桌上，貪婪地把食物用叉子撥到自己盤裡，並說：「我是叉子，我就是要叉住你。」他的舉止較粗野，但頗為機智，很有辯才。齊克果5歲開始上學，成績非常好，他有良好的記憶力，讀過的課文差不多都能背誦。

不過，由於父親總讓他穿和同學不一樣的衣服上學，這讓齊克果感到自己和別人不同而苦惱，還害他得到了「唱詩班兒童」的外號，因為他的衣服和唱詩班差不多。但令他更痛苦的是，自覺到生理上的缺陷，他常談到自己的靈魂和肉體之間的「不相稱」而飲恨終生。他終日憂傷並感到深深的不幸。

西元1830年，齊克果17歲時進哥本哈根大學讀書。他選修神學，卻他對神學並不太感興趣，反而喜愛哲學、文學和歷史。他上大學的最初幾年裡，是過得比較愉快的。他暫時擺脫了父親的管教，充分地享受生活。然而好景不長，這位本已不幸的人，注定要經歷更多的不幸。從西元1832年起，齊克果家裡就接二連三地辦喪事。首先是他33歲的長姊於該年9月死於分娩，接著是他的一個哥哥於次年9月在美國病逝。又過了10個月，全家的主婦經過長期的病痛離開了人世。僅僅相隔5個月，家裡的另一個女兒、國家銀行經理的夫人又死於分娩，卒年也僅33歲。

在兩年多的時間裡，老齊克果接連失去了妻子和三個兒女，加上早已死去的兩個子女，在他的七個子女中，只剩下長子彼得和幼子索倫。這種精神打擊是可想而知的，老人認為這是上帝藉以懲罰他的有意安排。他成天生活在恐懼中，預感到自己還活著的兩個兒子也將先他而死去，因而更深地陷入宗教信仰以圖贖罪。

齊克果也深受刺激，他相信父親的預言，就是所有子女都至多活33歲，包括他自己在內。他特別注意到，耶穌被釘在十字架上時也正好是33歲。這兩年的經歷對齊克果的思想發展，有著決定性的重大影響。早年的宗教教育，加上家庭悲劇所造成的、在上帝面前有罪的心情，以及自己將遭遇不幸的預感，造成了他有一種特殊的反常心理狀態，他的哲學學說和這種心理狀態有密切關係。

齊克果將他孤獨的一生都用在埋頭著述上。西元1855年10月2日，齊克果在散步時失去知覺跌倒在街上，他的下肢癱瘓了。他自己預感到末日將臨，所以被送進醫院時，他說：「我是到這裡來受死的。」11月11日，齊克果在孤獨中死去了。

▌主要思想及著作▌

齊克果曾以為自己只能活到33歲，因此西元1846年，也就是他33歲時，為他的舊作《哲學片段》所寫的《附言》，是他哲學思想的總結。其內容極其豐富，堪稱他的代表作，他感謝上帝讓他說出了自己需要說的話，感到在哲學方面已經不需要再寫什麼別的了。

齊克果認為，人是唯一的存在，每個人的存在都有他的特殊性和唯一性，存在的個人只能存在於具體的情境中。他提出了人存在的三種境界的著名學說：

第一種境界是審美境界，其特點就在於感性直接性。審美的人受感覺、衝動和情感的支配，他所追求的是當下的快感。審美的人追求快樂，最後得到的卻是不幸，這使他意識到，追求轉瞬即逝的東西，是令自己痛苦的原因，這樣，他就對審美境界感到絕望。正是在極度絕望中，他才有可能經自己選擇，而「跳躍」到存在的第二種境界。

　　第二種境界是倫理境界。倫理境界的特點在於超越感性的普遍性，承認確定的道德準則和義務，而倫理的人必須自覺地遵循這些道德規範，使自己的生活具有一定的方式和前後一貫性。倫理的本質在於選擇，無論什麼地方，只要存在嚴格意義上的非此即彼的問題，那裡就存在倫理。

　　但是倫理只是用一般方法，去告訴人們應該做什麼，卻不能真正解決個人的問題。例如它只能告訴人，結婚是一種義務，卻無法幫他解決應該和誰結婚，尤其是遇到例外情況，它就更加無能為力了。當倫理的人不能滿足道德的要求，因而感到自己有罪時，倫理就喪失了它的理想性。在罪面前，只能導向懺悔，這就跨進了第三種境界。

　　第三種境界是宗教境界，它的突出特徵是痛苦，沒有痛苦也就沒有宗教信仰，痛苦愈甚，宗教的存在也就越高。

▌名人事典▌

　　父親去世後，接著發生了對齊克果一生有重大影響的另一件事，那就是他和一位顯要人物的女兒雷金娜‧奧爾森之間短暫而不幸的戀愛。他初次結識雷金娜是在西元 1837 年，當時她年僅 14 歲。對於正處在莫大精神痛苦中的他來說，這位少女給了他重新獲得幸福生活的希望。他就去找她的父親，得到她的父親同意後，於 9 月 10 日又和雷金娜談了一次，她接受了求婚，接著他們就正式訂婚。

　　可是這樣的幸福，是齊克果心理上所承受不了的。他自己說，在訂婚後的第二天，「內心裡就感到自己犯了一個錯誤」，他自認為像他那樣的「懺悔者」，不可能克服支配著自身的憂鬱，不可能讓他心愛的女孩得到幸福，因此「在那個時期內，我的痛苦是筆墨難以形容的」。於是，

他竭力設法解除婚約，為了不致損害雷金娜的名譽，他故意引起她的不滿，想逼她主動提出解約，但未成功。最後只得由他來採取行動。

西元 1841 年 8 月，他退回訂婚戒指並附上一封簡短的信，信中請求她「寬恕這樣一個男人，他雖然也許可能做某些事，卻無法讓一個女孩獲得幸福」。後來，齊克果曾在遺囑中將他所剩無幾的遺產贈予雷金娜，但遭到了她無情的拒絕。

▌歷史評說▐

身為一個哲學家，齊克果在生前是默默無聞的，他的許多著作雖然早已自費出版，可是其影響從未超過丹麥國界，在當時幾乎沒有得到歐洲思想界的任何注意。後來，隨著存在主義的興起和發展，人們又「重新發現了」這個丹麥人。他被信奉為存在主義的祖師，他的著作也被譯成各種語言大量出版，在西方世界風行一時，對現代西方哲學和神學思想的發展有重大的影響。

我只想引用帕斯卡爾的話：「人的偉大之所以偉大，就在於他認識自己的可悲；一棵樹並不認識自己的可悲，因而認識自己的可悲乃是可悲的；然而，認識到他的可悲又是偉大的。」

▌主要著作年譜▐

01. 西元 1841 年　〈論諷刺的思想〉：碩士論文，反映了其早期思想

02. 西元 1843 年　《非此即彼》（*Either/Or*）：批判黑格爾哲學的著作

03. 西元 1843 年　《畏懼和戰慄》：文學性很強的表現個人經驗的作品

04. 西元 1843 年　《反覆》：注重描述心理經驗的小說

05. 西元 1843 ～ 1844 年　《訓導論文》：哲學論文

06. 西元 1844 年　《恐懼的概念》：哲學著作

07. 西元 1844 年　《哲學片段》：哲學著作

08. 西元 1845 年　《人生道路上的各個階段》：哲學著作

09. 西元 1846 年　《〈哲學片段〉一書最後的非科學性附言》：是其哲學思想的總結，內容十分豐富，堪稱他的代表作

10. 西元 1846 年　《當前的時代》：哲學著作

11. 西元 1847 年　《愛的作為》：宗教著作

12. 西元 1848 年　《基督教講義》：宗教著作

13. 西元 1849 年　《田野上的百合花和天空中的飛鳥》：有關宗教的著作

14. 西元 1849 年　《致死的疾病》（*The Sickness unto Death*）：宗教著作

15. 西元 1850 年　《基督教的訓練》：宗教著作

16. 西元 1851 年　《為了自我檢查》：宗教著作

▎奧地利 ▎

● 無心插柳柳成蔭 —— 馬赫

「馬赫的真正偉大，就在於他堅不可摧的懷疑態度和獨立性。」

—— 愛因斯坦

▎人生傳略▎

恩斯特・馬赫（Ernst Mach，西元 1838～1916 年），西元 1838 年 2 月 18 日生於奧地利摩拉維亞的契爾里茲（今屬捷克斯洛伐克）。西元 1860 年，他在維也納大學畢業並獲得博士學位。畢業後頭幾年，他在維也納當大學編外講師，從西元 1846 年起，他先後在格拉茨大學、布拉格大學、維也納大學任教授，從事數學和物理學、生理物理學和心理物理學，以及物理科學的歷史和哲學的教學和研究。西元 1900 年退休以後，他在家裡繼續著述，直到西元 1916 年 2 月 16 日，逝世於德國慕尼黑的長子家裡。

馬赫一生的黃金時代，是在布拉格度過的。他在布拉格大學任物理學教授 28 年（西元 1867 年～1895 年）。在這裡他建立了幸福的家庭，生養了四兒一女；在這裡他完成了大部分重要著作，發表了一百多篇論文。他一生所遭受的最大打擊，也是促使他離開布拉格的事，就是西元 1894 年夏季，他剛獲得博士學位的兒子亨利希在哥根廷自殺身亡，這令

351

馬赫在精神上受到嚴重的打擊。西元 1895 年，馬赫到維也納開始了作為
思想家的生活。

▍主要思想及著作▍

西元 1886 年，馬赫實現了累積二十多年的夙願，出版了他的心理學
也是哲學著作《感覺的分析》。這本書的出版，使馬赫成為一位有爭論的
哲學家。

馬赫認為以往的唯物主義和唯心主義，都是把物質和精神對立起來
的產物「二元論」，提出要克服這種對立，建立統一的、一元論的宇宙結
構。(1) 他認為世界是由一種中性的「要素」構成的，無論物質的東西
還是精神的東西，都是這種要素的複合體。所謂要素就是顏色、聲音、
壓力、空間、時間，即我們通常稱為感覺的那些東西。(2) 在他看來，
物質、運動、規律都不是客觀存在的東西，而是人們生活中有用的假
設；因果律是人們心理的產物，應該用函式關係取代。世界就表現為要
素之間的函式關係，科學對此只能描述而不能解釋，描述則應遵循「經
濟思維原則」，即用最少量的思維，對經驗事實做最完善的陳述。

▍名人事典▍

馬赫兩歲時，他家從契爾里茲遷到維也納東部溫特西本布淪的一個
農莊。他父親在維也納當家庭教師，同時兼管這個農莊的土地。在這裡
他們居住了十五年，很少有客人來訪，幾乎過著與世隔絕的生活。他和
他的兩個妹妹，沒有其他朋友一起玩耍，但是大自然的美麗以及老保母
說給他們聽的神話故事，使他們感到並不孤獨和無聊。

馬赫常常回憶他的童年生活，他那缺乏想像力和身體發育遲緩的童年生
活的殘跡。他記得，自己如何在草地上奔跑，追逐落山的太陽；他記得，當

他手握萌發的種子像個活的東西觸動他的手指時，自己如何害怕和驚奇；他記得，他怎麼也無法理解，近處的東西移到遠處看上去會變小；他記得風車推動水磨轉動，對於他來說是多麼有吸引力。他的童年時代這些視覺、動覺和因果方面的難題，都是他爾後科學研究的對象。自幼與大自然的親近，對他以後的研究是有影響的，它培養了最初的興趣和探索意識。

歷史評說

馬赫是一位傑出的實驗家和有怪癖的理論家。作為實驗家，他完成了許多第一流的實驗，備受同代人的讚賞；作為理論家，他提出的不少革命性見解，在許多年之後才成為公共財產。馬赫作為哲學家，似乎不僅是他的同代人，而且也是他的後人們激烈爭論的對象。他對於認識論的興趣和探索，是為了理解科學和推動其進步，因而他致力於從科學中清除機械論，和其他不適於科學發展的陳腐哲學觀念，從不想構造任何哲學體系。所以，他在世時曾多次宣布，他是一個物理學家而不是一個哲學家。不過，他作為哲學家比作為物理學家更著稱於世。他的睿智和卓見，是對我們這個時代最有影響的啟蒙哲學，它不僅為 20 世紀物理學革命作了準備，而且是現代科學哲學的一個出發點。

馬赫的興趣主要是在物理學而不是哲學，可他卻在無意中以哲學更加著稱於世。人生總有許多這樣的情況：在經過一路辛苦奔波之後，驀然回首時，驚喜地發現命運給予我們額外的餽贈 —— 有心栽花花不長，無心插柳柳成蔭。

主要著作年譜

01. 西元 1862 年　《流體的分子效應》：物理學論文
02. 西元 1863 年　《共振規律》：物理學論文

03. 西元 1865 年　　《音樂聲學的兩個通俗講演》：物理學著作

04. 西元 1866 年　　《赫爾姆霍茨音樂理論引論》：物理學著作

05. 西元 1867 年　　《關於光學的兩個通俗講演》：物理學論文

06. 西元 1867 年　　《關於質量的定義》：物理學論文

07. 西元 1872 年　　《功守恆定律的歷史和根源》：初步形成他一切科學

觀點的重要著作

08. 西元 1873 年　　《光聲實驗、光譜和頻閃觀測器》：物理學著作

09. 西元 1875 年　　《動覺理論綱要》：物理學著作

10. 西元 1883 年　　《力學史評》：馬赫代表作，對當時科學界影響極大

11. 西元 1886 年　　《感覺的分析》：哲學和心理學著作

12. 西元 1896 年　　《通俗科學講演》：科學講演的選集

13. 西元 1896 年　　《熱學原理》：科學講演的選集

14. 西元 1905 年　　《認識與謬誤》：科學哲學講演的選集

15. 西元 1915 年　　《文化和力學》：科學文化史著作

16. 西元 1921 年　　《物理光學原理》：物理學著作

▌美國▐

● 不求原因，但求結果 —— 詹姆士

「命運不能預卜，勸告無所賜予。」

—— 詹姆士

▌人生傳略▐

威廉‧詹姆士（William James，西元 1842 ～ 1910 年），美國著名的哲學家和心理學家、美國實用主義哲學的創始人和奠基人之一，西元 1842 年 1 月 11 日出生於紐約。父親是斯維登堡的神學家，其神祕主義絲毫無損於他的機智和幽默；他的這個兒子在這三方面都毫不遜色於他。在美國私立學校讀了幾學期後，威廉和他的弟弟（小他一歲）一起被送到法國私立學校。在那裡，他們偶爾接觸到夏爾科和其他精神病理學家的著作，於是，兩人都轉向了心理學：一個著手把小說寫得像是心理學，另一個則把心理學寫得像是小說。

亨利一生大多在國外度過，最後做了英國公民。他較長期地密切接觸西方文化，達到了他哥哥未達到的思想成熟；而威廉則返回並居於美國，為這個在心靈上年輕而健康，在機會和希望上富裕而充足的民族歡欣鼓舞，威廉很好地掌握了時代和地方的精神，插上他時代精神的翅翼，登上了聲譽的唯一頂峰。西元 1870 年，他在哈佛大學獲得醫學博士

學位，並且從西元 1872 ～ 1910 年逝世一直執教於該校，起初是教解剖學和生理學，後來教心理學，最後教哲學。

對迷人的精神分析學的熱情，必然使詹姆士從心理學轉到哲學，最後又回到形而上學本身。他論辯說，形而上學只是努力清晰地思考問題，並以它簡潔而清澈的形式，把哲學規定為「只是盡可能地以最容易理解的方式思考事物。」於是，西元 1900 年以後，他出版的著作幾乎全是哲學方面的。

在威廉·詹姆士那裡，所用的腔調、詞彙和措辭口吻全是美國的。他熱切地攬住「兌現價值」、「效果」、「利益」等諸如此類的特別用語，以便使他的思想能成為街談巷議的話題。講話時，他不像亨利·詹姆士那樣富有貴族氣派，而是操著純正的鄉土語言，直率而有說服力。正因為如此，他的「實用主義」和「儲存精力」哲學，成了羅斯福「務實」而「狂放」的心理基礎。同時，他用言詞向普通人說明：「虛幻地信仰古老的神學，這在美國人的心靈中，與商業貿易和金融的務實精神，與變荒山野嶺為一片沃土的堅強氣魄，都休戚相關。」

西元 1909 年，詹姆士應邀在英國牛津大學曼徹斯特學院主持希伯爾特講座。回國以後，詹姆士的健康狀況日益惡化。於是，在西元 1910 年春，他和妻子一起乘船去歐洲，到瑙海姆去接受治療，但由於他在歐洲交際過於頻繁，治療對他並沒有什麼幫助，因而在仲夏時節，又由詹姆士的弟弟把他們送回美國。西元 1910 年 8 月 26 日，詹姆士去世，終年 68 歲。

主要思想及著作

詹姆士的最大成果，可以說是他的第一部著作 —— 《心理學原理》（西元 1890 年），這部著作是解剖學、哲學和精神分析的精妙混合。在

書中對心理學問題的概述頗能給人教益，十分引人入勝。詹姆士死後一年，他的《澈底經驗主義論文集》出版，正是在這些論文中，詹姆士極為清楚而系統地闡述了自身哲學的基礎。

（一）實用主義

他的思想總是與事物直接相關的。儘管他以心理學為起點，但他不是作為一個形而上學家，因熱愛而沉醉於空靈飄渺、難以捉摸的東西中，而是個現實主義者，認為思想不管怎樣不同於物質，實質上，總是反映外界事物的一面鏡子。

詹姆士為真理下了一個新的定義，他認為真理就是觀念的「兌現價值」。真理是一種作用，是觀念偶然發生的作用；事實就是證據。因此，實用主義不詢問觀念源於何處，其前提是什麼，而是考查其結果是否有用。實用主義「轉換原有重點而期望未來」；它「傾向於離棄最初的事物、原則、範疇、假設的必然，卻嚮往最後的事物、成果、結果和事實」。經院哲學問道：觀念是什麼？—— 遂沉溺於「詭辯」；達爾文主義問道：它起源於什麼？—— 最終迷失於星雲；實用主義問道：它的效果是什麼？—— 於是讓思想轉而面向行動和未來。

（二）多元論

1、人們接受或拒絕某種哲學所根據的，是他們的需求和氣質，而不是「客觀真理」；他們並不問：這合乎邏輯嗎？而是問：這種哲學對我們的生活和愛好有何實際意義？贊成和反對它都可以給人啟迪，但絕不是證明。

2、與一元的宇宙相比，多元宇宙的價值表現在：凡是存在著矛盾傾向和鬥爭勢力的地方，我們自身的力量和意志便可以參與其中，並幫助裁決；在這種世界裡，沒有什麼是不可更改的，一切行動都會發生作

用。而一元的世界對我們來說，是個死的世界；在這種世界裡，不管願不願意，我們都要扮演神指派給我們的角色；即使我們用全部的眼淚，都不能洗掉這神聖天命的一個字。在定了局的世界裡，個人是虛無；而在未定局的世界裡，我們有自己的選擇，在一定程度上，塑造了我們不得不生活於其中的未來。

3、詹姆士同情社會主義，卻討厭它輕視個人和天才。把所有的文化現象都歸納為「種族、環境和時代」，這確實是不恰當的，因為它忽略了個人。只有個人才有價值，其他一切只是工具 —— 甚至哲學也不例外。

（三）詹姆士的思想，即使不是在實質上，也在方式上明顯地是真正的美國式。美國人對於運動和利慾的貪求，鼓起了他的思想及其風格之帆，並輕快而幾乎無形地推動它們。亨內克特稱實用主義為「市儈哲學」，的確，這種哲學真有點經營術的味道：詹姆士談起上帝，就像談起一件物品，要賣給一個實利主義的消費者，用盡樂觀主義廣告的種種辦法來勸誘；他勸我們信仰上帝，彷彿正在推薦長期股票，附有很高的利息，擔保絕不會蒙受任何損失，只會得到整個（另一個）世界。

▌名人事典▌

詹姆士曾經因為病痛一度感到十分孤寂、絕望，而患了嚴重的憂鬱症。西元 1878 年，詹姆士在和女教師艾麗斯·吉本斯結婚後，開始了新的生活，他們一起養育五個孩子，詹姆士原來的神經質逐漸消失，以從未有過的熱情和精力工作，專心致志於心理學研究。

▌歷史評說▌

無論如何，詹姆士意欲去做的，是清除那些自古以來就羈絆著哲學的蛛網，希望以令人驚奇的方式，重現老英國對理論和理想的態度。他

只是繼續了培根的工作，使哲學再次轉向這個逃避不了的物質世界。人們銘記他，是因為這種經驗主義的重要 —— 新的現實主義。人們敬仰他，更多的可能是出於他是心理學家，而不是因為他是哲學家。

他明白自己未曾解決這些古老的問題；他坦率地承認，自己的闡述只是另一種猜測，另一種信仰。臨死時，書桌上有張紙，上面寫著他最後的、也許是最有特色的幾句話：「沒有終結。在我們應該終結的事物中，有什麼終結了呢？命運不能預卜，勸告無可賜予。永別了。」

▌餘論▌

如果有人問個人的效用是否是真理的標準，我們的回答當然是否定的；個人的效用僅僅是個人的效用；只有普遍永恆的效用才能規定真理。如果有實用主義者說，一種信仰曾經是因為它真的有用（儘管現在被證明為謬誤），那麼他就是善於胡說八道；它曾經是有用的錯誤，而不是真理。

▌主要著作年譜▌

01. 西元 1875 年　《心理學原理》：美國心理學發展中極有貢獻的重要著作

02. 西元 1897 年　《信仰意志和通俗哲學論文集》：宗教論文集

03. 西元 1898 年　《人的不朽：對於這種學說的兩種可能的詰難》：宗教哲學著作

04. 西元 1899 年　《與教師們談心理學和與學生們談人生理想》：表達宗教思想的著作

05. 西元 1902 年　《宗教經驗種種》：宗教學著作

06. 西元 1906 年　《實用主義》：實用主義哲學的代表作之一

07. 西元 1907 年　《真理的意義》：使詹姆士成為實用主義哲學領袖的著作

08. 西元 1911 年　《哲學的若干問題》：闡述實用主義意義的著作

● 現代的蘇格拉底 —— 羅伊斯

「任何有限的個體都不完善，唯一完善的個體是全體。」

—— 羅伊斯

▌人生傳略▌

喬賽亞‧羅伊斯（Josiah Royce，西元 1855 ～ 1916 年）家世貧寒，他於西元 1855 年 11 月 20 日，出生在加利福尼亞州草谷的一個採礦營地。他的父母追逐淘金熱，加入西部開拓者的行列來到加州，艱苦跋涉，顛沛流離，沒有掘得一屑黃金，未能改變家庭的貧困境地。羅伊斯在母親和三個姊姊的過分溺愛下生活，性情孤僻羞怯，身材矮小脆弱，顯得土裡土氣，誰也料不到他後來會有那種侃侃而論、激揚犀利的雄辯家豐姿。

西元 1871 年，羅伊斯進了新建不久的加州大學就學。西元 1878年，羅伊斯獲得博士學位。此後便開始了他一生治學、執教的平順學者生涯。羅伊斯曾在加州大學教了 4 年英文修辭和邏輯。從西元 1882 年開始，他終生就在哈佛執教和潛心研究哲學，鉅著迭出，學術聲譽日盛，一直是哈佛哲學系的一根臺柱。

西元 1880 年代末～ 90 年代，是羅伊斯的學術鼎盛時期。他的體系大體完備地建立，他的思想在美國蔚然形成一股思潮。他才智煥發，滔

滔不絕的演說和思辨哲理的鉅著，令同事和學生們懾服，因而被稱為現代的蘇格拉底。不過這也加上他身材短碩，紅髮大鼻，長相也像蘇格拉底。他將全部身心沉浸在學術中，不拘生活小節，常常鬧出笑話。一次去郵局取包裹，竟忘了自己的名字，無法簽名，歸途中有人叫他的名字，他才恍然記起來，再返回取得包裹。他博學多才，文學、歷史修養也很高，對西部故土並不忘情，寫過一部加利福尼亞歷史，創作過一部以西部開拓為題材的小說。

　　羅伊斯晚年較為孤寂。西元 1910 年，他的密友詹姆士去世，幾週後他的愛子患傷寒夭亡。他所掀起的思潮漸趨沒落，被更能展現美國時代精神的實用主義等學說擠到一邊。西元 1912 年大病一場後，羅伊斯體力日瀕衰弱，於西元 1916 年 9 月病逝。

▌主要思想及著作▐

　　西元 1889 ～ 1890 年，羅伊斯赴英國演講，之後他整理講稿發表了兩卷鉅著《世界和個體》，這代表著他建構絕對唯心論體系臻於完備，並在歐美引起熱烈爭論。

　　在《世界和個體》中，他稱自己的哲學是絕對實用主義。這種哲學有以下三個要點：

　　第一，主張絕對觀念就是意志。人的基本特點是有形成習慣的能力，能學習經驗，憑藉聯想，使現時情勢與過去的經驗關聯，他稱之為「大腦習慣守恆法則」。但是，支配人類行動的「注意」，並不受外界條件制約，而由人的意欲、旨趣、情緒所支配，是意志的形式。意志這種選擇性心理，滲透了個人的目的和意向，作為核心驅動力貫穿全部意識活動，它就是絕對觀念的展現。

第二，強調個體化原則。他認為「絕對」表現在無限的個體中，個體即自我的意志活動，它總是在目的的支配下，傾向某一事物而排斥其他事物。好比一個小孩喜歡某個玩具，其他玩具都不能替代。人類觀念的個體化傾向是絕對的本性，是上帝神聖之愛的表現。

第三，他提出兩種世界學說。他認為人的經驗可區分為描述世界和鑑賞世界，前者是指自然科學所考察研究的自然事實，後者是指人的意志和目的的活動，直接體驗到的生活世界。

▌名人事典▐

羅伊斯入加州大學時，那裡尚未開設哲學課程，他隨進化論者、地質學家利孔德研習自然科學，隨詩人西爾研習英國文學，對哲學卻更有濃烈的興趣，自學了史賓賽、穆勒等人的大量著作。他的學士論文頗為別緻，題為《埃斯庫羅斯的〈普羅米修斯〉的神學》，當地財界的富豪們極為讚賞他的才智，遂資助他去德國深造一年。羅伊斯在德國恭聆洛采和心理學家馮特的演講，精研康德、費希特、黑格爾和叔本華的著作，陶醉於歌德的浪漫主義詩境，又深究邏輯學和數學。他決意廣採博納，要鍛造自己的哲學體系。

▌歷史評說▐

羅伊斯是十九、二十世紀之交，美國哲學界的一代鉅子。他建立了絕對唯心論體系，深刻影響著美國哲學從近代向現代的演變。他的思想深蘊著時代和民族的特色，他的一生是對映當時歐美哲學的一面多稜鏡。

羅伊斯的一生可以說是全身心地投入到他的哲學研究中以至到了忘我的境地。精誠所至，金石為開，全心的投入之後，命運之神必然會回報給我們成功的喜悅。

▌主要著作年譜▌

01. 西元 1878 年　〈關於人的知識的獨立性〉：羅伊斯的博士論文

02. 西元 1880 年　《意志進步的本性》：哲學著作

03. 西元 1881 年　《懷疑和研究》：修正康德哲學的著作

04. 西元 1882 年　《心靈和實在》：具有唯意志論特色的哲學著作

05. 西元 1885 年　《哲學的宗教方面》：哲學講稿

06. 西元 1892 年　《近代哲學的精神》：考察近代哲學的趨勢，並闡發
自己的思想

07. 西元 1905 年　《邏輯原理對幾何學基礎的關係》：邏輯學著作

08. 西元 1908 年　《忠的哲學》：宗教倫理學著作

09. 西元 1912 年　《宗教洞察力的來源》：宗教哲學著作

10. 西元 1913 年　《基督教問題》：宗教哲學著作

11. 西元 1914 年　《大社團的希望》：一戰中，怒斥德國人的理論著作

12. 西元 1914 年　《戰爭和保險》：闡述「民族保險」理論的著作

13. 西元 1959 年　《世界和個體》：羅伊斯生前的講演稿，象徵他建構
絕對唯心論體系臻於完備

● 經世致用之才 —— 杜威

「有用的就是真理。」

—— 杜威

▌人生傳略▌

　　約翰・杜威（John Dewey，西元 1859 ～ 1952 年），西元 1859 年 10 月 20 日出生在美國佛蒙特州伯靈頓，而且在那裡就學，似乎是在冒險進

入新文化以前，要吸收舊文化一般。不過，很快他就聽取了格里利的忠告，去了西部，先後在明尼蘇達大學（西元 1888 ～ 1889 年）、密西根大學（西元 1889 ～ 1894 年）和芝加哥大學（西元 1894 ～ 1904 年）教授哲學。

後來他返回東部之後，才加入 —— 並隨後領導 —— 哥倫比亞大學哲學系。在他生活的前 20 年，佛蒙特的環境讓他具有了近乎是鄉村式的純樸，他也因此贏得了全世界的歡呼擁戴。而後，是在西部的 20 年，讓他看見了偌大的美國，而東部人太傲慢，對此竟一無所知。杜威深知這龐大美國的局限和它的威力，終於寫起自己的哲學來了。他寫的哲學，像惠特曼（Walt Whitman）寫的詩，不只是新英格蘭的，也是全大陸的。

杜威最初引人注目的，是他在芝加哥教育學校的工作。他把哲學的各種不同問題都集中到一點，即如何發展更優秀的後代。所有進步教師都接受他的領導，幾乎沒有一所美國學校不曾受到他的影響。

無論在哪裡，他都熱心地關注世界各個學校。在中國，他花了兩年時間，為老師們講授教育改革；也曾替土耳其政府制定一份報告，談談如何改善他們的國立學校。在私生活方面，杜威在其第一個妻子愛麗絲於西元 1927 年死後，在近 20 年的時間裡，一直和他的一個或另一個孩子合住在一間公寓裡。西元 1946 年，杜威 86 歲時，又和比他小 45 歲的羅卜塔結婚，早在羅卜塔童稚之年，杜威就已認識其父母，杜威和羅卜塔結婚不久，就收養了比利時的戰爭孤兒一男一女作為其孩子。

西元 1952 年 5 月 31 日，杜威被診斷罹患肺炎，次日病逝。留下了 30 多本著作，900 多篇文章。

▌主要思想及著作▐

杜威的思想主要集中在他的著作《哲學的改造》（西元 1920 年）、《經驗與自然》（西元 1925 年）、《確定性的追求》（西元 1929 年）等。他在皮爾士和詹姆士理論的基礎上，進一步發展了實用主義學說。

杜威的工具主義思想的主要內容如下：

1、杜威毫不掩飾地完全接受進化論，這使他顯赫一時。在他看來，心靈如同肉體，也是在生存競爭中，由較低階的形式進化而來的器官。他在每一個領域都以達爾文主義為起點，因此解釋事物，不能靠超自然的原因（比如上帝），而要依據它們在環境中的地位和作用。

2、我們必須研究的並非「意識狀態」，而是反應方式。「大腦主要是一種行動器官，而不是認識世界的器官」。思想是重新適應的工具，它與四肢和牙齒一樣，也是一種器官。哲學的任務不是說明我們怎樣獲得對外部世界的認識，而是要說明：我們怎樣才能制服外界、改造外界，為著什麼目的。

3、要了解思想，我們必須觀測它產生的特殊情境。同時，思想是社會性的，它的產生不僅僅有特定情境，也有既定的文化背景。我們一定要拋棄那種人性不變和環境萬能的觀念，變化或發展沒有可知的局限，也許不存在什麼是不可能的，除非思想使其然。

▌名人事典▐

杜威 90 歲生日時，美國總統曾親自參加慶祝會，《紐約時報》發表慶祝社論，許多報刊雜誌和出版社發表紀念專刊和專集，把杜威尊為「哲學家中的哲學家」，說「他在自己的生活方式和自己的哲學體系中，展現了美國人的理想」，是「美國人的顧問、導師和良心」，在其他西

方國家，人們也往往把杜威說成是「20 世紀美國民主的真正聲音」，是「美國天才的最深刻、最完全的表現」。

▍歷史評說▍

　　杜威是二十世紀美國著名的哲學家、教育學家和心理學家，美國實用主義哲學的最著名代表。他以首創工具主義版的實用主義，去彌補詹姆士的經驗主義版的實用主義的不足而聞名於世。

　　杜威告訴我們，哲學的職責應該存在於這樣的領域：應用人類知識來解決我們現實社會的種種衝突和矛盾。哲學和其他事物一樣，必須世俗化、必須著眼於現實，指引和照耀生活，以求得自身的存在。哲學如果被人們這樣來理解的話，也許終究會產生出有資格當君王的哲學家來。

▍主要著作年譜▍

01. 西元 1884 年　〈康德的心理學〉：杜威的博士論文

02. 西元 1891 年　《批判的倫理學理論研究》：倫理學著作

03. 西元 1894 年　《倫理學研究》：倫理學著作

04. 西元 1899 年　《學校和教育》：他的第一本有影響的教育著作

05. 西元 1908 年　《倫理學》（*Ethics*）：倫理學著作

06. 西元 1920 年　《哲學的改造》：反映杜威工具主義思想的重要著作

07. 西元 1922 年　《人的本性和行為》（*Human Nature and Conduct*）：哲學著作

08. 西元 1923 年　《公眾及其問題》：哲學著作

09. 西元 1925 年　《經驗和自然》（*Experience and Nature*）：哲學著作

10. 西元 1929 年　《確定性的尋求》（*The Quest for Certainty*）：哲學著作

11. 西元 1934 年　《藝術即經驗》（*Art as Experience*）：美學著作
12. 西元 1935 年　《自由主義和社會活動》：反映其哲學思想的社會學著作

● 尋求理性的生活 —— 桑塔亞那

「唯一有效的平等，是機會的平等。」

—— 桑塔亞那

▌名人事典▌

喬治・桑塔亞那（George Santayana，西元 1863 ～ 1952 年）生於西元 1863 年 12 月 16 日，原籍西班牙，9 歲時移居美國。西元 1886 年在哈佛大學畢業後赴德國留學 2 年，回美後獲博士學位，在哈佛大學任教至西元 1912 年。後去西班牙、英、法等國。西元 1925 年到羅馬定居，直至西元 1952 年 9 月 26 日去世。

對於他，他的一個學生有個生動的描繪：

班上的人想起他，總忘不了他的那副神態：莊嚴和藹又淡然悠遠，那紈褲子弟的面容，經一位文藝復興式的畫家雕飾，配上一束玄奧的目光和一臉神聖的微笑，一半憂傷，一半滿足；他渾厚的聲音如同祈禱，抑揚頓挫，坦蕩流暢，圓潤動聽；他說出的華麗詞句蘊含著詩的深邃完美，富有預言的深遠意味；不知怎的，他不是對聽眾講話，而是代表聽眾講話，他觸動他們的靈魂深處，攪亂他們的內心世界，宛若一個神明，神祕又讓人敬畏，那麼遙遠又那麼誘人，那麼動人心弦又那麼神祕寧靜。

他不怎麼滿意自己所選擇的國家；他的心靈因博學而柔弱，像詩人敏感多情，他遭受著美國都市生活嘈雜而忙碌的折磨；似乎是為了盡量靠近歐洲，他自願地返回波士頓；從波士頓到劍橋和哈佛，他自己寧願選擇柏拉圖和亞里斯多德，而不要詹姆士和羅伊斯。他帶著一絲愁苦，譏笑同事們的名望，喜愛離群索居；不過，他也明白自己是夠幸運的了，能在美國大學獨一無二的哲學院尋得一個位置。「這是理性生活清新的早晨，雖雲霧朦朧，不久將明媚燦爛。」

▌主要思想及著作▌

西元 1905 ～ 1906 年，桑塔亞那出版了他的鴻篇巨著《理性生活》，共 5 卷：《常識中的理性》、《社會中的理性》、《宗教中的理性》、《藝術中的理性》、《科學中的理性》。該書一出版便使他名聲大振，他以思辨的方式構造了他的「存在」體系。他讓我們懂得，也許信仰是一個神話，不過，這個神話是美妙善良的神話，因為生活比任何演繹推理都要美好。

（一）科學中的理性

科學中的理性是「衝動和理念兩因素間幸福美滿的婚配，如果這兩種因素完全離異，其結果：『人不是畜生就是瘋子。』理性的動物是這兩個怪物聯姻的產物，它由那不復是夢幻的思想，與不再是徒勞的行動所構成」。理性生活坦然地以科學為基礎，「因為科學包含一切值得信賴的知識。」桑塔亞那懂得理性的不可靠和不穩定性，科學也容易犯錯；但科學仍是我們唯一的安慰。

（二）宗教中的理性

他從天主教的壯美中，找到了依然熱愛它的理由。無論如何，存在著一種昭然若揭的現象，這就是：任何地方的人都信仰宗教。我們若是不了解宗教，怎能理解人？「這類研究將使懷疑論者，真正正視世間凡人生存的神祕與悲愴，讓他們理解宗教為什麼這麼深切動人，在一定意義上又如此深邃合理。」

（三）社會中的理性

家庭是人類永恆的途徑，因而也是人間的基本組織機構；即使其他一切組織機制都失效了，家庭還能延續種族。不過，家庭只能誘導文明達到簡單低下的程度，文明的進一步發展需要一個更加複雜的大系統。國家是一個怪物，它的中央集權的專橫卻有一點美德，即能消除無數的各種小專橫。一個大強盜，安閒地享用供奉，勝過一百個強盜索詐買路錢，趁人不備，也毫無限制。

▌名人事典▌

桑塔亞那最鄙視現代生活的混亂和庸俗的忙碌。他驚疑茫然：古老貴族政體的教條告誡人們，善不是自由，而是智慧，它滿意於人的種種自然約束，卻並沒有替眾人帶來更多的幸福；歷史表明，只有少數人能得到幸福。而現在，民主政體向大家敞開自由的大門，拉開了放任自由的工業主義，不遺餘力地進行角力競賽的序幕，每個心靈都不倦地攀登而被撕裂扯破，沒有一個人知足。各階級相互抗爭，毫無節制：「在這場鬥爭中，無論是誰得勝，他都要結束自由主義。」這也是對革命的懲罰：為了生存，他們必須重建自己曾摧毀了的專制。

▌歷史評說▌

　　桑塔亞那是現代著名的哲學家、文學家，是批判實在論的倡導人之一。他批判了以往的經驗論，將理性提高到至上的地位。他的思想在當時的美國產生了巨大的反響。

　　桑塔亞那的哲學是一個人真誠而無所畏懼的自我表現。在這裡，一顆心靈雖然過於沉悶陰鬱，卻也成熟而敏感。他以莊嚴秀美而千古不朽的詩文，平靜地記錄了自己。我們可以不喜歡這種哲學的低沉調子，不喜歡它為消逝了的世界而悽然惋惜的口氣，然而，從中我們看到了一個方生方死的時代的完整表現。在這樣的時代，人們可能絕對明智，不可能完全自由，因為他們拋棄了陳舊的觀念，又還未找到新觀念，以便更近地趨向完美。

▌主要著作年譜▌

01. 西元 1896 年　《美感》：哲學論文，美國美學的傑作

02. 西元 1901 年　《詩與宗教的解釋》：美學著作

03. 西元 1905 ～ 1906 年　《理性生活》（5 卷）：桑塔亞那的代表作，這部鴻篇巨制包括《常識中的理性》、《社會中的理性》、《宗教中的理性》、《藝術中的理性》和《科學中的理性》，構成他的哲學體系

04. 西元 1923 年　《懷疑論與動物性信仰》：哲學著作，他的新哲學體系的導論

05. 西元 1927 ～ 1940 年　《存在諸領域》：桑塔亞那晚年建立的新哲學體系的代表作

▌義大利▐

● 坎坷的一生，不朽的業績 —— 克羅采

「歷史是選擇的藝術，是從眾多謊言中挑選出一個最類似於真理的謊言。」

—— 克羅采

▌人生傳略▐

西元 1866 年 2 月 25 日，貝尼德托・克羅采（Benedetto Croce，西元 1866 ～ 1952 年）出生在義大利阿奎拉的佩斯卡塞羅利的名門望族，祖父是拿坡里大法官，父親是個富有的資產者，母親則是位有文化素養的女性。克羅采受其家庭，尤其是母親的影響相當大。閱讀小說成了他童年時的最大樂趣。

西元 1883 年 6 月 28 日，克羅采和家人在伊斯基亞島上度假，突發的地震奪去了他雙親和姊姊的生命，他本人也被埋在瓦礫之中，受了重傷，使腿致殘。失去父母後，其叔父、著名的自由派政治家西爾維奧・斯帕芬達，成了克羅采和他弟弟的保護人，克羅采移居羅馬叔父家中。

到羅馬的最初數月，是他一生中最痛苦、灰暗的時期。失去親人，受病痛折磨，前途茫然，鬱鬱寡歡，令他對生活喪失了信心，成天蒙頭大睡，甚至萌生過自殺的念頭。但他很快就克服了精神危機，到羅馬大

學法律系註冊。克羅采並不專注聽課，也不參加考試，而是經常去圖書館博覽群書，研究自己喜歡的題目。

維柯的《新科學》令克羅采眼界開闊、認識深化。維柯是克羅采最崇拜的思想家，稱頌他「復活了全部精神生活」。對維柯著作的蒐集、編輯、校訂、出版與研究，是他畢生從事的事業。

西元 1893 年，克羅采在彭塔亞納學院宣讀了〈藝術普遍概念下的歷史〉論文，這代表著他哲學研究的開始。

克羅采在法西斯黑暗統治時期，撰寫了一些歷史學、倫理學和歷史哲學著作。對於顯赫一時的法西斯運動不屑一顧，以示蔑視與抗議，受到廣大讀者的歡迎；同時，也受到法西斯分子的仇視、迫害，但他始終沒有屈服。

西元 1945 年 4 月 28 日，墨索里尼（Benito Mussolini）被游擊隊處決。在建立義大利共和國的歷史轉折時期，克羅采曾頻繁地從事政治活動。西元 1947 年後，他把主要精力轉向學術活動。

克羅采一向身體健康，精力充沛，每天僅睡六個小時，整日勤奮工作。但從西元 1948 年起，他的身體狀況每況愈下，西元 1950 年 2 月右身麻痺。克羅采預感到剩下的日子不多了，於是加緊整理自己未發表的文稿，並決定將他的私人圖書館（義大利藏書最豐富的私人圖書館）捐贈給義大利歷史研究所。西元 1952 年 11 月 20 日清晨，克羅采與世長辭，享年 86 歲。

▌主要思想及著作▐

西元 1902 年，《作為表現科學和一般語言學的美學》出版，立即在歐洲文化界產生重大影響。西元 1908 和西元 1909 兩年間，克羅采又完

成了《作為純概念科學的邏輯學》和《實踐哲學》。西元 1915 年，克羅采用德文出版了《歷史學的理論與歷史》，這是前三部哲學著作的總結，克羅采本人把以上四部哲學著作合稱為精神哲學。

克羅采將精神活動分為四種形式：個別認識、普遍認識、個別意志、普遍意志。克羅采依據精神的四種形式，設定了精神哲學的四個組成部分：美學、邏輯學、經濟學與倫理學。

精神活動的四種形式 —— 直覺、概念、經濟、道德不是對立，而是差異。精神的一種形式和平地過渡到另一種形式。直覺生概念，概念生實踐活動，實踐活動又產生物質，然後，又開始新的演變過程。於是，循環往復以至無窮。克羅采所描繪的精神活動，就像一個封閉的環，「自給自足，無需外援」。

克羅采對西方影響最大的，不是他精心構築的哲學體系，而是其獨特的美學思想及文藝批評理論。克羅采認為，藝術不是被動的感受，而是精神「獨立自主」的創造活動的產物。他認為美並不是客觀的東西，而是一種直覺，而直覺就是表現並僅是表現。

▌名人事典▐

西元 1925 年初，墨索里尼施行恐怖政策，出版自由被破壞，特別法庭殘酷鎮壓反法西斯主義者。5 月 1 日，由克羅采起草的《反法西斯知識分子宣言》徵集了數百名知識界著名人士的簽名，在《世界報》上發表。這使墨索里尼十分惱火，為了報復，他在大庭廣眾之下，聲言從沒有讀過克羅采的任何一行文字。

之後，墨索里尼鑒於克羅采的聲望與作用，又想拉攏他，改口道：「他是我偉大的精神導師之一，我從他的書中汲取營養。」克羅采的一位

朋友受墨索里尼之命前來遊說，從中調解，遭到克羅采的拒絕，他揶揄道：「墨索里尼說了一個真理，他沒有讀過我的一行文字；這次他又急急忙忙把它變為謊言。」

西元 1926 年 11 月 1 日晚，法西斯匪徒闖入克羅采在拿坡里的住所搗亂。當克羅采就此罪行提出抗議時，墨索里尼開脫說，這令人遺憾的事件，是些不知名的傢伙做的，警察難以追捕。克羅采反脣相譏：「對，是三分鐘熱風吹裂了陽臺，造成了破壞。墨索里尼對此一無所知，毫無過錯。」

在克羅采拒絕向法西斯當局作出某種保證後，他就被排除在學術團體和公共活動之外。警察在克羅采住宅周圍和對面院子裡設崗，監視每個來訪者，並跟蹤他。有時，克羅采認出祕密警察來，就主動和他們打招呼、開玩笑，問他們為什麼不隨他上汽車，甚至把目的地告訴他們，說如果這樣能為他們帶來好處，大可通報上司。他始終未向墨索里尼低頭，反而成為反法西斯的精神領袖。

▌歷史評說▌

克羅采是現代義大利著名哲學家、歷史學家、文藝批評家和政治活動家。他的美學理論集唯心主義美學之大成，在西方美學界與文藝界產生了廣泛而深遠的影響；他在文藝批評方面的成就，無疑使他成為獨樹一幟的大家；他是「新黑格爾主義」的重要代表。從上世紀初至二次大戰結束，克羅采成了義大利思想界的主導人物。

人的一生總會有許多的不如意，甚至會經歷不幸，所謂「天將降大任於斯人也，必先苦其心志，勞其筋骨也」。重要的是，要有雖彎不折的韌性。克羅采雖然年輕時遭遇了意外的不幸，也曾感到痛苦無助，可是他克服了精神上的危機，經過不懈的努力最終享譽於世。

▌主要著作年譜▌

01. 西元 1892 年　《1799 年的那不勒斯革命》：史學著作

02. 西元 1892 年　《巴洛克時期的義大利》：史學著作

03. 西元 1893 年　《藝術普遍概念下的歷史》：哲學論文，代表著他哲
　　學研究的開始

04. 西元 1902 年　《作為表現科學和一般語言學的美學》：哲學和美學
　　著作，在歐洲文化界產生了重大影響

05. 西元 1908 年　《作為純概念科學的邏輯學》：構成克羅采哲學體系
　　的重要著作

06. 西元 1909 年　《實踐哲學》：構成克羅采哲學體系的重要著作

07. 西元 1928 年　《1871 ～ 1915 年義大利史》：成功的歷史哲學著作

08. 西元 1931 年　《倫理學與政治》：倫理學著作

09. 西元 1932 年　《十九世紀歐洲史》：歷史學著作，在當時很有影響

10. 西元 1938 年　《作為思想與行動的歷史》：有反納粹統治思想的歷
　　史學著作

二十世紀

‖ 英國 ‖

● 精研學術，獻身教育 —— 懷海德

> 「我們在世界之中，而世界又在我們之中。」

—— 懷海德

‖人生傳略‖

阿佛列·諾斯·懷海德（Alfred North Whitehead，西元 1861 ～ 1947 年），於西元 1861 年 2 月 15 日，誕生於英國東南部的拉姆斯蓋特一個知識分子家庭，他的祖父、父親、叔伯以及兄弟，大多從事教育、宗教和地方行政管理的工作。在西元 1871 年以前，懷海德一直在故鄉與他的父親生活在一起，度過了他的童年。在他父親的影響下，懷海德對教育也十分有興趣，後來在倫敦大學任教時期，在教育行政方面做了許多工作。懷海德在晚年倡導一種有神論色彩濃厚的思辨形而上學，這與他受宗教家庭的影響，也有著密切關係。

西元 1880 年，懷海德考入劍橋大學三一學院，開始了他的大學生活。懷海德在那裡把數學作為他的主攻科目，在課餘時間，也經常研究和討論文學、哲學、政治、宗教等方面的問題，閱讀了大量各式各樣的著作。畢業後，懷海德就留在三一學院任教，一直在那裡教授數學長達 25 年之久。其間，先後在該院獲得了碩士、博士學位。

　　西元 1910 年夏，懷海德辭去劍橋大學三一學院的高級講師職務，遷居倫敦。在倫敦大學擔任過許多職務。西元 1924 年，懷海德 63 歲時辭去倫敦大學教授職務，離開英國，應徵到美國哈佛大學擔任哲學教授，主要講課給哲學系研究生和高年級大學生聽。根據他的門生介紹，懷海德講課時通常會先概述這一節課的主要內容，然後循序展開，最後還作一個小結。講課過程中他不歡迎學生提問，以免打斷他的思路。講課快結束時，有時會留出一段時間供學生提問，他特別喜歡課後與學生們自由討論。他講課時很風趣，經常加入一些幽默的話。他在哈佛大學任教 13 年之久，同時還先後在其他大學主持講座。西元 1937 年從哈佛退休後仍然住在劍橋，直至西元 1947 年 12 月 30 日逝世，享年 86 歲。

▌主要思想及著作▐

　　懷海德的思想主要展現在下列著作中：《數學原理》（*Principia Mathematica*，與羅素合著，西元 1910 ～ 1913 年）、《數學導論》（西元 1911 年）、《關於自然知識原理的探索》（西元 1919 年）、《科學和近代世界》（西元 1925 年）、《過程與實在》（西元 1929 年）、《觀念的歷險》（西元 1933 年）、《思想方式》（西元 1938 年）等。他的基本論點之一就是：自然界是活生生的、有生命的，它處於創造進化的過程中。

　　懷海德認為，現代科學已經否定了把自然界各部分，看成是死的機械唯物主義自然觀。這些傳統的觀點認為，自然界是由永恆的物體所組成，這物體也就是那些在一無所有的空間中到處移動的粒子，每個粒子都有其特定的形狀、體積、運動等。懷海德否定了這種觀點。他將世界過程看成事件之流，客觀的事物則構成可能性的領域，它一旦離開事件流，就只是一個抽象的世界，只有當它進入時空流之後，才成為具體的顯相。

懷海德強調，認識是經驗主體的一種機能，認識的任務在於分析感官知覺中的自然界，而認識過程就是主體「包容」客體的過程。事物的性質不在於事物中，而是由人的認識機能產生的，正像疼痛在我的身上而不在割我的刀上一樣。因此，懷海德指出，「世界在精神之中」，「我們在世界之中，而世界又在我們之中」。

▍名人事典▍

在大學生活中，懷海德熱衷於和同學、朋友，以及部分青年教師討論各種問題，包括政治、宗教、哲學、文學等，其中尤以文學為主。他在自傳中回憶說：「這種討論通常從六、七點鐘吃晚飯時開始，一直持續到晚上十點左右。就我而言，其後我又花兩、三個小時學習數學。」在週末，這種討論往往從晚上十點鐘開始，一直持續到第二天清晨。懷海德認為，這是劍橋大學的另一種學習方式，它仿效了柏拉圖的教學方法，透過這種自由討論，大大擴大和豐富了他們的知識領域。

▍歷史評說▍

懷海德是現代著名的數學和數理邏輯學家、科學哲學家和宇宙論形而上學家，「過程哲學」的創始人，他在西方哲學界、邏輯學界和數學界，都享有頗高的聲望。他在數學和數理邏輯、科學哲學和形而上學等方面都有所建樹，不過他在西方學術界的地位，主要取決於他所倡導的思辨形而上學。

俗話說：「燈不點不亮，話不說不明。」懷海德熱衷於討論的習慣，無疑是他青年時期學術思想不斷成熟的催化劑，思想總是在交流中碰撞出火花，閃耀出光芒。現在越來越因為沉重的壓力，而只知埋頭苦讀的學子，是否能從中吸取一些教益呢？

▌主要著作年譜▌

01. 西元 1898 年　《泛代數論》：懷海德的第一部學術著作，數學和數理邏輯著作

02. 西元 1910 ～ 1913 年　《數學原理》（合著）：數學著作

03. 西元 1911 年　《數學導論》：普及性著作

04. 西元 1914 年　〈空間的相對論〉：數學哲學論文，代表著他的興趣轉向哲學

05. 西元 1915 年　〈空間、時間和相對性〉：科學哲學論文

06. 西元 1916 年　〈思想的構成〉：科學哲學論文

07. 西元 1919 年　《自然科學原理探討》：科學哲學著作

08. 西元 1920 年　《自然概念》：科學哲學著作

09. 西元 1922 年　《相對論原理》：科學哲學著作

10. 西元 1925 年　《科學和近代世界》：概述西方文化演變過程的著作，是他從科學哲學時期，到思辨形而上學時期的過渡性著作

11. 西元 1929 年　《過程與實在》：關於宇宙論的哲學專著，為他後來創立的「過程哲學」奠定了理論基礎

12. 西元 1933 年　《觀念的歷險》：側重於研究文化哲學和精神哲學的專著，提出對事物本性的新理解方式

13. 西元 1938 年　《思想方式》：懷海德最喜愛的著作，通俗地考察了日常生活中的一些基本概念

● 呈現清晰明確的世界 —— 羅素

> 「不用盲目地崇拜任何權威，因為你總能找到相反的權威。」

—— 羅素

▌人生傳略▌

西元 1914 年，伯特蘭・羅素（西元 1872 ～ 1970 年）在哥倫比亞大學演講時，看上去，他的面容宛若他的話題 —— 認識論 —— 瘦弱、蒼白，行將就木；人們料想他隨時都可能死去。世界大戰剛一爆發，這位敏感柔情而又愛好和平的哲學家，親眼目睹了歐洲大陸由最文明狀態，潰退到野蠻狀態而悲痛萬分。我們可以想像，他談論《我們關於客觀世界的知識》這麼遙遠的問題，那是因為他明知其遙遠，希望藉此盡可能地遠離已變得殘酷不堪的現實。

10 年後，人們再見到他時，竟慶幸地發現「他儘管已 52 歲，仍然矍鑠有神，心情愉快，精力充沛，還帶著原有的反叛勁頭。這是對那干擾性 10 年的藐視，那 10 年幾乎摧毀了他的一切希望，疏遠了他的所有友誼，近乎完全割斷了他與從前曾庇護過自己的貴族生活的連繫。

他出生於羅素家族，這是英國乃至世界上最古老、最有名望的一個家族，它一直向英國輸送政治家達幾代之久。他的祖父，約翰・羅素勳爵（John Russell, 1st Earl Russell）是自由黨的首相，曾為了自由貿易，為了普及義務教育，為了解放猶太人，為了各個領域的自由而頑強不屈地奮鬥。他的父親安伯利子爵，是位自由思想家，未讓兒子背上西方世襲神學的沉重包袱。伯特蘭・羅素是第二代羅素伯爵的繼承人，但他拒絕了這種慣例式的繼承，高傲地自謀生活。當劍橋大學因為他的和平主

義解僱他時，他就變世界為大學，成了逍遙出遊的智者，深受全世界的愛戴。

羅素似乎有兩個，一個死於戰爭期間；另一個脫去了前者的壽衣而復活。身為數理邏輯學家，他只剩一把骨灰，而獲得新生的，是一個近乎神祕的民主社會主義者。他或許有點神祕，這首先展現在那些堆積如山的代數公式中，而後又畸形地表現在以宗教而非哲學為象徵的社會主義裡。

西元 1914 年，人們印象中的他就像冷血動物，猶如一個臨時獲得生命的抽象物，一套長有腿的公式。他說自己從未看過電影，直到讀了柏格森以電影攝影術比擬理智時，才去看了一次，事後他說那只是為了學術研究。柏格森強烈感到時間和運動，覺得萬物擁有生命衝動而存活，這卻絲毫未能影響羅素；在羅素眼裡，那只是一首優美的小詩，僅此而已；對他來說，除了數學之神，再無別的什麼上帝。

他不怎麼愛古典文學，卻為贊成教育更加科學化，而滿腔熱情地去爭辯。他認為世界的災難大部分應歸咎於神祕主義，歸咎於思維中該死的晦澀模糊；道德律的第一條，就該是明晰直接地思維。而這種對明晰的激情，無可避免地讓他趨向於數學，面對這門高貴的科學鎮靜自若的精確，他激動得幾乎渾身顫抖。羅素傾向數學的另一原因，是數學絕對的非人格性和客觀性。這裡，只有這裡才存在永恆真理和絕對知識。

西元 1920 年，羅素到中國講學。在中國講學的一年裡，他可能感到自在多了。那裡機器稀少，節奏緩慢；人們可以坐下來心平氣和地論理，生活即使在被解剖時也平平靜靜。在這茫茫的人海裡，我們這位哲學家又有了新的構思，他意識到：歐洲大陸只不過是一個更大的大陸和更古老的 —— 可能其意義也更深遠的 —— 文化所伸出的小小偽足；他

所有的理論，在這個龐大的民族面前都顯得相對了，平庸了。

他一如既往地透澈醒悟了以肉體為淵源的一切苦痛，但也成熟溫和了，懂得社會變革的極其艱難。總之，這是一位極可愛之人，他能從事極淵深的哲學，最精微的數學，講話總是純樸簡練，清晰明瞭 —— 這一品德只有誠摯的人才具有；他沉溺於思想的樂園，常涸乾了情感之清泉，卻仍抱著同情之心，發著光和熱，對人類充滿近乎神祕的寬容。他不是朝臣，只是一個學者，一位君子，一個比有些滿口基督教的人更好的基督徒。他一生經歷了兩次世界大戰，卻從未因世界的陰霾而喪失生活的勇氣。

就是這樣的一個人，由於他傑出的一生而獲得了應屬於他的榮譽。西元 1958 年，聯合國教科文組織為他頒發了卡林加獎，以表彰他對人類文化所做的巨大貢獻。同年，獲丹麥的索寧獎。

西元 1970 年 2 月 2 日晚，羅素平靜地與世長辭，享年 98 歲。

▌主要思想及著作▐

羅素哲學思想的代表作有：《我們關於外部世界的知識》（西元 1914年）、《心的分析》（西元 1921 年）、《物的分析》（西元 1927 年）、《哲學概念》（西元 1928 年）等，是西方哲學史上的重要著作。

（一）現代數學的創新也許大多淵源於否定功利。羅素喜歡那些向「不證自明的真理」挑戰，而堅持證實一望而知的東西的人們。他樂於聽人說，平行線可能在什麼地方相交，整體並不大於它的某一部分。他偏愛用這類讓人迷惑的問題，令天真的讀者驚得目瞪口呆：偶數只是全體整數的一半，然而它的數目與全體整數的數目一樣多 —— 因為每個數目都有它的偶數倍。的確，這就是對迄今無法確定的東西，那數學無窮

大問題的全部見解：整體包含部分，而部分所含的數目等同於整體的數目 —— 如果讀者為這種精神所打動，就會仿效離經叛道了。

（二）哲學的宗旨應該是：透過限定自身的陳述，能在一切經驗面前達到數學似的精確和真實，從而與數學的完善精緻相媲美。要將所有的哲學簡化成數學公式，剔除哲學的一切特有內容，把它壓縮為數學 —— 這就是這位新畢達哥拉斯的雄心壯志。

▌名人事典▌

1、羅素從小性格內向，感情藏而不露，喜好窮究底蘊地深思，並對傳統見解大膽質疑。有一次，別人告訴他地球是圓形球體，他不相信，就在花園裡偷偷地挖洞，要看能不能通到地球的另一面。他的保母告訴他，他睡覺時有天使在身旁守護，他於是假裝睡著，然後突然睜開雙眼，希望能看到天使。當然，這兩個試驗，他都得到了否定的答案。有一次，他讀一本名為《愛爾蘭歷史》的書，書中說在洪水來臨之前，就有人到了愛爾蘭，不過這些人後來全被洪水淹死了。羅素馬上想到，既然人已經全部死去，作者又是怎麼知道這段歷史的呢？他於是很討厭地放棄了這本書。

2、西元 1952 年年底，羅素與他的第三任妻子貝蒂離婚，並與一位美國傳記作家埃迪絲‧芬琪結婚，這是羅素的第四段婚姻，也是他最後一次的婚姻，晚年的婚姻使他寧靜而舒適。他的第三任妻子本名瑪佐麗‧史本斯，當她還是牛津大學學生時，羅素的第二任妻子朵拉，請她暑假到畢肯山小學幫忙，這讓她有了和羅素接觸的機會。至於羅素的第一任妻子愛麗絲，50 多年來一直對羅素保持著忠誠和關懷，當羅素接受榮譽勳章之後，她曾寫給羅素一封熱情洋溢的祝賀信，並準備籌辦羅素 78 歲

的生日宴。當她滿懷希望準備重見羅素時，不幸在樓梯上摔斷了腿，一星期後逝世，她與羅素見面的心願也未能實現。

▊歷史評說▊

羅素是二十世紀英國最著名的哲學家、數學家、社會活動家，是邏輯原子主義的創始人，是數理邏輯的建立者之一。在哲學方面，他早年傾向於新黑格爾主義，後來成為新實在論的創始人，西元 1994 年以後又建立了邏輯原子主義，從而成為邏輯實證主義思想的先驅。

羅素熱愛完善超過熱愛生活，這使他繪製了一幅幅絢麗的圖畫：寧肯賦予平凡的世界以詩意盎然，也不願現實地涉足生活問題。例如，冥想著一個崇敬藝術甚於財富的社會，這是何等愜意！然而自古以來，國家的興亡最終都取決於其經濟能力而非藝術能力，是經濟能力而不是藝術能力有更大的生存價值，其將贏得更多的喝采，更大的獎賞。藝術僅是開在財富大院外的一朵小花，它不能代替財富。

▊主要著作年譜▊

01. 西元 1895 年　《德國的社會民主》：羅素的第一部著作，研究馬克思的一些理論

02. 西元 1903 年　《數學原則》：科學哲學著作

03. 西元 1905 年　〈論指稱〉：在邏輯和哲學上具有獨創性貢獻的論文，代表著分析哲學的產生

04. 西元 1911 年　《哲學問題》：哲學著作

05. 西元 1913 年　《數學原理》（合著）：數學和邏輯學發展史上的里程碑

06. 西元 1914 年　《我們對於外部世界的知識》：邏輯和數學原理著作

07. 西元 1918 ～ 1919 年　《邏輯原子主義哲學》：分析哲學前期的
　　代表作
08. 西元 1919 年　《數理哲學導論》：邏輯學著作
09. 西元 1921 年　《心的分析》：哲學著作
10. 西元 1927 年　《物的分析》：哲學著作
11. 西元 1940 年　《對意義和真理的探究》：哲學著作
12. 西元 1945 年　《西方哲學史》：流傳很廣的著名哲學史著作
13. 西元 1948 年　《人類的知識 —— 其範圍和界限》：哲學著作
14. 西元 1959 年　《我的哲學發展》：羅素對自己哲學思想發展的綜述

▌德國▐

● 詩性語言中的沉思者 —— 海德格

> 「語言是存在的家，家裡住著人。」

—— 海德格

▌人生傳略▐

　　海德格（Martin Heidegger，西元 1889 ～ 1976 年）是德國著名哲學家，他的生平事蹟也像他的思想一樣，不容易為人們所了解。他本人很少對人談自己的身世、經歷，哪怕是對得意門生和至交好友。早在西元 1914 年他獲得博士學位時，按規定他應寫一份較為詳盡的自傳，然而，他只用寥寥數語寫下父母姓名和他讀過的學校名稱。

　　對己如此，對人也如此。他寫文章講課，鮮言他所涉及的那些哲學家的生平和軼聞趣事，他所感興趣的只是他們的思想。有一次，他講亞里斯多德哲學，關於其生平事蹟他只是淡淡地說：「世上曾經有過這麼個人，他活動過，後來死了。」

　　現在人們所知的海德格，早年的情況也就是他自傳中所說的而已。他的家庭出身沒有為他日後在哲學上的成名，提供什麼有利的條件。海德格上中學之初的期望，不過是想在今後謀得一個教士的職務。

　　西元 1907 年，海德格有幸得到一位名叫格婁貝爾的牧師送的一件禮

物，一本布倫坦諾寫的叫做《論亞里斯多德關於「是」的多種意義》的書。這本書對他走向哲學產生了決定性作用。這本書枯燥乏味，少有人問津，從書架上取下來時積滿了灰塵。就是這樣一本書，卻像一道閃電異常地震動了海德格，又像是一股神奇的魔力吸引了他，將他領向了哲學的王國。海德格終身珍藏著這本書，並在書上題了這樣的字句：「我在中學時代在希臘哲學方面的第一本入門書。」

西元 1909 年，海德格入弗萊堡大學。取得博士學位後，留校任教。西元 1916 年，胡塞爾（Edmund Husserl）來到弗萊堡大學，海德格因此得以結識胡塞爾，並跟隨他學習現象學。這對於海德格形成自己獨立的哲學思想具有重大意義。西元 1923 年，海德格轉到馬堡大學任教，在那裡他獲得了教授職稱。執教馬堡的 5 年，是海德格學術活動的起飛點，《存在與時間》（Being and Time）的出版，讓海德格一夜之間成為德國最偉大的哲學家之一。西元 1918 年，胡塞爾退休，推薦海德格接任自己的職位，這樣，海德格又回到了弗萊堡。

西元 1933 年 5 月至次年 2 月，海德格曾出任弗萊堡大學校長。由於他支持希特勒，這段經歷為他的一生蒙上了一層陰影。戰爭結束後，海德格因此受到了審查，儘管西元 1934 年他辭職以後，也受到了來自納粹的種種麻煩。

退休以後，海德格大部分的時間住在他於馬堡執教時，安置在託瑙堡深山裡的一幢小屋裡。他的生活簡樸，書案上只有不多的幾本書，其中有幾本賀德林的詩集。他將自己的餘年撲在一堆紙上，似乎他與整個世界的連繫只在這堆紙上了。除了需要在寧靜中以筆來填滿這些紙外，海德格再無他求了。

西元 1976 年 5 月 26 日，海德格死於弗萊堡家中。

▌主要思想及著作▐

　　西元 1927 年，在胡塞爾的幫助下，海德格把當時正在寫作尚未完稿的《存在與時間》交付出來，發表在《現象學年鑑》第八卷上，並作為單行本出版。他的主題是透過對人的生存狀態，分析探求「存在」的意義問題。據說這本書使海德格一夜之間成為德國最偉大的哲學家。實際上，當時不少人這樣說的時候，根本還沒來得及讀過這本書；就是直到今天，以這本書的晦澀艱深，生造術語，真正能讀下來的人也沒有很多。

　　（一）海德格把人的存在方式，分為非真正的存在方式與真正的存在方式。非真正的存在就是日常生活中的存在，其基本樣式是「沉淪」，這是一種異化狀態，個人消散於瑣碎事務和芸芸眾生之中，任何優越狀態都被不聲不響地壓住，彼此保持一種普遍的平均狀態。

　　真正的存在，則是個人真正地作為他自身而存在，即此在。海德格認為，虛無是一切存在物的本質，可是，唯有人這種存在物能領會此種本質，從而優越於一切存在物。反過來說，倘若人不去領會此種本質，那麼他實際上就喪失了自己的優越之處，把自己混同於其他存在物了，這就是沉淪。

　　（二）海德格將人的存在分為三種狀態：焦慮、畏懼、死亡。「焦慮」無確定的對象，當焦慮的情緒襲來時，人只是感到茫然失措。在焦慮中，周圍的一切都變得與己不相干了。這是一種突如其來的無家可歸之感。我們平時與萬物、與他人打交道，以為這紛紛擾擾的身外世界就是自己的家。可是這時突然升起一種隔閡感，意識到這並非自己的家。那麼，我們的家在哪裡呢？經過一番追問，我們發現，死是人生的必然歸宿，於是產生了對死亡的恐懼。然而人知道，他終究是要死的，對死的

認識使人返回孤獨的自我，孤獨的自我在絕對的虛無中尋找自己，這種為死而在是一種真正的存在。

▌名人事典▌

海德格講課非常有吸引力，除了他能把問題分析得深刻，還由於他講課時特有的那種風格。聽過海德格講課的美國哲學家 W·考夫曼，追述過海德格爾留給他的印象：

海德格短小精悍，充滿活力，具有神奇的吸引力，讓人不期然地想到拿破崙。在他身上彷彿有一股電流那樣的東西，令人感到興奮激動。無論是在與人對話中 —— 像德國諺語所說「四目相視之下」 —— 還是在講臺上向成千的人演講，他都喚起人們一種期待的心情：以為他就要講出最重要的事情，他已經到了發掘這些問題的邊緣。當他走進演講大廳時，氣氛就被控制住了。儘管他的大批聽眾不久就墮入了雲裡霧中，他還是能抓住他們的注意力，而且在最後的結論中總給人這樣的暗示：雖然現在一切問題都還晦而不明，當盼下一次會有重大啟示。

雖然大部分聽眾總是自怨未能理解他所說的東西，可是下一次又被吸引來了。這也算世上的奇事了，聽者並沒有很明白，而講者依然有吸引力。中國的熊偉先生也證明了這個情況，他說：「我曾親聽海德格講課三年，總覺得他不像一個教授在販賣哲學知識，而是一個詩人，滿堂吟詠。一股奇異的風格縈繫腦際，幾十年不得其解。而今逐漸體會到：海德格是一個哲學家。」

▌歷史評說▌

海德格是二十世紀歐洲最有影響力的哲學家之一，他帶給歐洲大陸的科學和文化的影響，就其作為真正哲學上的成就而言，都是無與倫比

的。隨著他的出現，新康德主義的認識理論和價值學說都已成陳跡，對體系的習慣分割和歷史方向再也站不住腳了；現象學本身也獲得了某種完全意想不到的重建；從柏拉圖到尼采的全部形而上學史澈底成了問題。另一方面，分析哲學一派則把海德格看成是當代最大的形而上學代表加以抨擊。

死是不可超越的可能性，是逃避不了的。可是，在此不可超越的可能性之前，卻延伸著種種可以實現的可能性。人就在這些可能性中尋找著人生的意義與價值，勇敢的人能正視人生的苦難與死亡，描繪最佳可能性的圖畫。

▌主要著作年譜▌

01. 西元 1912 年　〈現代哲學中的實在問題〉：哲學論文

02. 西元 1914 年　《心理主義的判斷理論》：博士論文，也是海德格發表的第一本著作

03. 西元 1916 年　《鄧‧司各脫的範疇和意義的理論》：哲學著作

04. 西元 1927 年　《存在與時間》：被認為是「二十世紀大陸哲學中富有創造性的著作」

05. 西元 1929 年　《論理由的本質》：哲學著作

06. 西元 1930 年　《什麼是形而上學》：哲學著作

07. 西元 1947 年　《論人道主義》：海德格的後期著作

08. 西元 1953 年　《關於技術的問題》：海德格的後期著作

09. 西元 1954 年　《什麼叫思想》：哲學著作

10. 西元 1955 年　《什麼是哲學》：哲學著作

11. 西元 1955 年　《是的問題》：對他的哲學的闡釋性著作

12. 西元 1957 年　《同一和差異》：闡述其哲學思想的著作
13. 西元 1959 年　《通向語言的途中》：語言學著作

● 超越有限的人生 —— 雅斯佩斯

「人總是越出對他自己所知或能知的範圍。」

—— 雅斯佩斯

▌人生傳略▌

　　卡爾·雅斯佩斯（Karl Jaspers，西元 1883 ～ 1969 年），現代德國哲學家、精神病學家，存在主義的主要代表。西元 1883 年 2 月 23 日，他出生於靠近北海海岸的德國城市奧登堡的一個富有家庭。父親是位法學家，當過警官並擔任一家銀行的董事。他反對盲從，主張具有自主和反抗的精神，並以這種精神來培養子女。這對雅斯佩斯的個性形成有不少影響。

　　雅斯佩斯早年曾在海德堡和慕尼黑大學學習法律，後來在柏林、哥丁根和海德堡大學學醫學。西元 1909 年獲海德堡大學醫學博士學位，畢業後任該校精神病院志願助理。西元 1913 年，由於精神病院人員已滿，雅斯佩斯無法成為正式工作人員。醫院負責人介紹他去別處，但為他所謝絕。他臨時去了文德爾班領導的海德堡大學哲學系任教，準備一旦醫院有空額就回醫院。可是他後來沒有再回醫院，卻由此正式走上了哲學道路。

　　第一次世界大戰爆發後，他的興趣轉向哲學，西元 1916 年任心理學教授。西元 1921 年，被聘為海德堡大學哲學教授。西元 1937 年，他因

妻子是猶太人而被納粹政府解職，第二次世界大戰後復職。西元 1946 年任海德堡大學榮譽評議員，西元 1948 年受聘為瑞士巴塞爾大學哲學教授。以後一直留居瑞士並取得瑞士國籍，於西元 1969 年 2 月 26 日逝世。

▌主要思想及著作▌

西元 1932 年，雅斯佩斯出版了三卷本的《哲學》，象徵著雅斯佩斯的存在主義哲學思想已趨於成熟，他的基本觀點在本書中得到了相當充分的闡述。雅斯佩斯認為，不應把哲學當作一種可以用來說明和推論一切的體系，而應當作為一種揭示人存在的活動；甚至不應一般地說「哲學」，而應當說「從事哲學」。哲學的任務既不是去說明客觀世界，也不是去說明一般的意識或精神的意義，而是要描述人存在的意義。

（一）人存在的四種形式：（1）此在，指具有生理、心理特色的具體個人存在。（2）一般意識或意識本身。（3）精神。（4）生存。只有第四種形式才是人的真正存在形式，或稱真正的我，是人的一切思想和行動的來源，也是世界上一切事物具有意義的原因。因此，「生存」的概念是哲學的核心概念。

（二）在他看來，人的生存並不是某種確定的東西，而是由朦朧的過去不斷走向不確定未來的種種可能性。其中存在著各種矛盾和悖謬，如自由與依賴、交往與孤寂、善與惡、真與偽、幸福與悲哀、生與死等等。所有這些都不可能透過一般的理智來確定，只能透過內心的體驗去掌握。因此顯示生存，實際上是人對其本身的一種超乎一般認識之上的神祕內心體驗活動。

（三）人生存的本質特徵，就是人的自由，而人的生存就是發現和選擇人面向未來的各種可能性，這種發現和選擇的行動就是人的自由。因

此他把生存和自由，看成兩個可以相互替換的概念。自由就是認識的隨意性、規律性。

（四）雅斯佩斯承認個人的生存和自由受到限制，而且總是處於煩惱、孤寂、苦難、死亡、罪孽、鬥爭等「邊緣狀態」中，總是存在各種悖謬和矛盾。但他又認為透過對「超越存在」的追求，可以達到無限和完滿。他強調生存和超越存在是不可分割的，生存本身就是不斷向超越存在的跳躍，生存活動就是超越一切有限性，以及各種矛盾與悖謬的活動。在他看來，超越存在是擺脫一切限制的「自生存在」，它是包容一切的大全，是人的生存以及其他一切存在的泉源和基礎。

▎名人事典▎

當雅斯佩斯上中學後，因反對學校的刻板制度和軍事化秩序，而與學校當局發生了衝突。當時這所中學在學校當局的支持下，建立了三個學生社團，雅斯佩斯以它們不是立足友誼而是立足於父母的社會地位和職業為理由，對它們採取了否定的態度，並拒絕參加。為此他受到了學校當局的責難，在學生中也受到孤立，被排除於學校的許多活動之外，他自己也甘於孤僻。為了支持他這種自主的個性，並使他得到精神上的補償，他的父親為他租了大片獵場，讓他在那裡孤獨地消遣時光。

▎歷史評說▎

雅斯佩斯是存在主義的主要代表。他將人，尤其是人的非理性存在，作為哲學研究的中心，力圖以此恢復人所失去的個性、自由，克服人的異化，從而使人創造他自己，確定自己的個性，造就自己的本質。其思想具有強烈的非理性主義、個人主義、和悲觀主義的色彩。

誠然，和歷史、宇宙相比，一個人的生命似乎等於零。但是，面對

無邊無際的人生之愛，那把人生對照得極其渺小的無限時空，反倒退避三舍，不足為慮了。人生就是一個人的疆界，最要緊的是負起自己的責任，管好這個疆界，而不是越過它無謂地悲嘆天地之悠悠。

▌主要著作年譜▌

01. 西元 1909 年　〈思念家鄉與犯罪行為〉：醫學博士論文

02. 西元 1913 年　《普通精神病理學》：蘊含哲學思想的醫學著作

03. 西元 1919 年　《世界觀的心理學》：雅斯佩斯思想發展的里程碑，包含他之後哲學論述的所有問題

04. 西元 1931 年　《哲學》：象徵雅斯佩斯存在主義哲學思想趨於成熟的著作

05. 西元 1931 年　《時代的精神狀況》：談論政治問題的小冊子

06. 西元 1935 年　《理性和生存》：初步闡述他生存哲學的著作

07. 西元 1938 年　《生存哲學》：全面闡述他的存在主義觀點的著作

08. 西元 1947 年　《論真理》：雅斯佩斯的主要哲學著作

09. 西元 1948 年　《哲學的信仰》：雅斯佩斯主要哲學著作

10. 西元 1948 年　《哲學和科學》：哲學著作

11. 西元 1949 年　《歷史的起源和目的》：社會歷史理論著作

12. 西元 1950 年　《哲學概論》：通俗介紹其哲學觀點的著作

13. 西元 1956 年　《哲學自傳》：對其生平活動和思想發表歷程的總結

● 謙遜為人，嚴謹治學 —— 石里克

> 「假如你內心充滿了愛，那麼你從心所欲做的事情，都是不會有錯的。」

—— 石里克

▌人生傳略▌

摩里茲·石里克（Moritz Schlick，西元 1882 ～ 1936 年），於西元 1882 年 4 月 14 日生於德國柏林的一個貴族兼工廠主家庭。他的父親由於自己的自由派思想而放棄了貴族封號。石里克從小就生活在無憂無慮的富有環境中，過著快樂而充實的生活，並且受到良好的家庭教育。

石里克在讀中學時，就對數學、物理學產生了濃厚的興趣，於是他在進大學時選擇了物理學作為主修科目。他先後在海德堡大學、洛桑大學和柏林大學學習。西元 1904 年，取得物理學博士學位。石里克之所以致力於物理學的研究，是因為他認為，對於自己的心靈來說，最重要的是追求明晰和嚴密，而物理學則是各門科學中最嚴密、清晰的學科，而且又提供關於實在世界最普遍原則的知識。

年輕的石里克興趣非常廣泛。他不僅酷愛精確嚴密的物理科學和其他自然科學，還對美學、倫理學和歷史學都有濃厚的興趣。在他身上不僅有科學家的氣質，也有詩人的氣質。他非常讚賞德國偉大詩人席勒（Friedrich Schiller）說過的話：「人只有在成為完全意義上的人時，他才進行遊戲，而他只有在進行遊戲時才是完全的人。」他曾寫過一本關於人生哲理的小書《生活的智慧》，書中充滿了對人性的讚美，和對理想樂觀主義的嚮往。

西元 1910 年，石里克任羅斯托克大學講師，從事哲學的教學和研究工作。同時，他也沒有忽視對科學理論的研究，並與物理學家普朗克（Max Planck）、愛因斯坦（Albert Einstein）、數學家希爾伯特（David Hilbert）等人保持著個人友誼。他是世界上最早理解並論述愛因斯坦相對論的兩位哲學家之一。

西元 1920 年，石里克任基爾大學教授。兩年後，他接受奧地利的維也納大學邀請，到該校擔任歸納科學的哲學和歷史講座教授。由於他在哲學、自然科學和人文科學方面的造詣，以及他在學術界的聲望和謙虛平易的作風，在他周圍形成了一個科學家和哲學家的小團體。這個小團體後來被稱為「維也納學派」而聞名於世。他還兩度赴美國當訪問教授。

自從納粹勢力在德國猖獗起來後，他對其日益蔓延的趨勢感到深深的憂慮，他在維也納大學的處境也越來越危險。就在這個時候，石里克經常受到一個叫做尼爾布克的精神病患者的恫嚇和威脅。尼爾布克曾經是石里克的學生，他推想石里克阻礙他的事業，揚言要謀殺石里克。警方因此曾拘留過他，但很快就釋放了。西元 1936 年 4 月 22 日上午，正當石里克像往常一樣登上維也納大學主樓的樓梯準備去上課時，突然被早有準備的尼爾布克在近處連擊四槍，當即倒在血泊中死去，終年54 歲。

▋主要思想及著作▋

西元 1918 年，石里克發表了他的重要哲學著作《普通認識論》。這本書的重要意義，用物理學家法蘭克（James Franck）的話來說，是「用新瓶裝新酒」的代表作之一。他拋棄了以往哲學將實在局限在意識範圍內的觀點，認為一切存在於時間中的東西都是實在的，實在遠遠超出意

識的範圍，因而應當承認有一個為科學所研究的「自在之物」存在。

（一）石里克嚴格區別知識和體驗，認為知識是可以表達和交流的，而體驗是私自的、不可表達和交流的。在他看來，形而上學問題就是由於混淆了知識與體驗的區別而產生的。

（二）石里克認為哲學不是科學，不是一種知識體系，而是尋找意義的活動。在他看來，唯物主義和唯心主義的整個爭論，是毫無意義的爭論。他強調，凡是在原則上不能證實的陳述，就是應當排除的形而上學陳述。一切科學知識的最終基礎，就是那些描述此時此地知覺，並與一定手勢相連繫的基本命題。

▌名人事典▌

石里克在維也納學派的討論會上，態度總是非常謙虛、友善和寬容。他的發言中沒有浮誇和空泛的言辭，也沒有咄咄逼人的語調。在對待年輕人和地位比較低的人時，他謙恭有禮的態度甚至顯得有點羞怯。而在與地位相當的人討論時，他則充滿自信，甚至帶有善意的嘲諷。他還常常告誡人們，摒棄那些言過其實的論題和過於做作的解釋。

石里克主持的維也納學派影響逐漸擴大，參加他們活動的，不僅有來自奧地利和德國的學者，還有來自英國、美國、斯堪地那維亞國家的學者。他們自願地結合在一起，並且進行了卓有成效的合作。石里克主持討論時，從來不討論政治問題。他力圖將這個小組的活動，嚴格地限制在學術的範圍之內。

▌歷史評說▌

石里克是德國著名的哲學家和科學家，邏輯經驗主義的維也納學派創始人。石里克的一生雖然只活了 54 歲，但他對當代分析哲學和科學哲

學所做的工作和產生的巨大影響，是不可抹煞的。

石里克的一生即便短暫，卻閃耀出耀眼的智慧之光。他也因從事了自己熱愛的事業，而體驗到了人生的幸福。只有一次的生命是人生最寶貴的財富，可是許多人寧願用它來獲取那些不甚寶貴的東西，把全部生命耗費在名聲、權力或金錢的累積上。他們臨終時當如此悔嘆：「我只是使用了生命，而不曾享受生命！」

▍主要著作年譜▍

01. 西元 1908 年　《生活的智慧》：關於人生哲理的小書

02. 西元 1915 年　《相對論原理的哲學意義》：從哲學角度闡述和分析相對論的著作

03. 西元 1917 年　《當代物理學的空間和時間》：從哲學角度分析相對論的著作

04. 西元 1918 年　《普通認識論》：石里克的重要哲學著作

西元 1930 年

▌奧地利▐

● 探索人性的未知領域 —— 佛洛伊德

「無意識的東西是真正的心理現實。」

—— 佛洛伊德

▌人生傳略▐

　　西格蒙德·佛洛伊德（Sigmund Freud，西元 1856 ～ 1939 年），西元 1856 年 5 月 6 日，出生在摩拉維亞的普日博爾一個猶太毛織品商人的家庭。父母都是自由主義者，因此家裡充滿了非宗教的氣氛。佛洛伊德在猶太小資產階級家庭教育薰陶下，很早就萌發了對書籍的熱愛和對知識的渴求。

　　佛洛伊德 17 歲時以優異的成績從中學畢業，並且已經精通好幾種語言，其中包括拉丁語、希臘語、英語和希伯來語。在中學時代，佛洛伊德在達爾文和歌德的自然哲學影響下，對自然科學產生了濃厚的興趣。在這個時期，他接觸到歐洲理性主義和自由主義學者的思想，大大影響了他的世界觀形成。他篤信人類理性萬能和科學世界觀必勝。相反地，在他的觀念中，宗教是人類謬誤的主要根源，是教育進步的最大障礙。

　　中學畢業後，佛洛伊德進入維也納醫學院。西元 1881 年，獲維也納大學醫學博士學位，他在學醫的同時，又從事生理學的研究工作，並且

把大部分時間應用在生理學實驗室中。

西元 1881 年，佛洛伊德在維也納公立醫院研究，從幼年到成年腦特別是延髓的個體發育；西元 1885 年，到巴黎隨精神病學家 J·M· 沙爾科進修神經病學；西元 1886 年，佛洛伊德回到維也納與生理學家 J· 布魯爾，合作研究歇斯底里症及其療法。從此，他逐漸走上了研究心理學的道路，創立了心理分析學說。從西元 1902 年起，佛洛伊德任維也納大學教授，由於他的研究工作而聲名漸起。

西元 1923 年，佛洛伊德發現自己得了口腔癌。在生命的最後階段 —— 在十六年的漫長歲月裡，他是在病痛的折磨中度過的。醫生替他動過三十二次手術，把口蓋和上顎部分都切除了。但是他一直頑強地堅持著自己的學術研究工作，表現出驚人的毅力。

西元 1938 年，納粹攻入奧地利。這時佛洛伊德住在猶太區，成為希特勒的俘虜。國際心理分析學會為他的自由斡旋。納粹黨索取贖金，並迫令他交出全部藏書。佛洛伊德獲釋後被驅逐出境，和他的家眷一起遷往倫敦。在那裡度過了他一生的最後一年，於西元 1939 年 9 月 26 日逝世。

▌主要思想及著作▌

西元 1899 年，佛洛伊德總結和概括關於夢的研究成果，寫成了《夢的解析》（*The Interpretation of Dreams*），全面、系統地分析夢。以後他陸續出版了《性學三論》（*Three Essays on the Theory of Sexuality*，西元 1905 年）、《心理分析導論》（西元 1910 年）、《自我與本我》（西元 1923 年）。在這些著作中，佛洛伊德系統地論述了關於無意識的本質，和它在人類生活活動中之作用的學說，成為心理分析理論的奠基之作。

1、佛洛伊德認為，在人格的組織內部有本我、自我和超我這三個子系統。一個人的精神狀態，就是這三部分相互矛盾、相互衝突的結果。本我，是人的無意識精神活動，是人的本能慾望的衝動，是原始的、與生俱來的。它絕不顧及任何現實條件，要求立即無條件地滿足本能的需求；自我，是人有意識、有理性的精神活動，是從本我中分化出來並得到發展的那一部分。它壓抑著人的本能慾望；超我，是服從社會生活的原則和社會道德原則的精神活動。人應有超越現實生活要求的更高理想，以其引導現實生活，從而使人有超脫世俗生活的、更高的精神境界。

2、精神分析學說首先是無意識論，而無意識的核心部分則是人的原始本能慾望。其中，性本能是無意識活動的基礎和核心，是人的生命力，是人的一切動機、願望、和活動的根據。

▌名人事典▌

西元 1905 年，佛洛伊德的《性學三論》一書發表，這才真正引起世人的重視。此前，人們只是把他的理論觀點當成駭人聽聞的怪談而已。這是他的第一部問世伊始就受到重視的著作，非但如此，它還在所謂的倫理學家中掀起了一場軒然大波。這些人對佛洛伊德的理論，表示出極大的憤慨和敵意。一時間，佛洛伊德成了德國科學界最不受歡迎的人。可是，這些並沒有使他氣餒和退縮，他依然潛心研究，並不急於反駁，而是不斷地提出新的證據。

▌歷史評說▌

佛洛伊德是奧地利著名精神病學家、心理學家，是心理分析學派的創始人。他所創立的精神分析學和精神分析方法，在西方世界得到了廣

泛傳播，它不僅對醫學和心理學產生了深遠的影響，而且對社會學、倫理學、文學、藝術、哲學等也有重大的影響。他打破了傳統的理性主義束縛，肯定了非理性、無意識在精神和行為中的作用，開闢了無意識心理研究的新領域，提出了對人類內驅力的解釋。

佛洛伊德的晚年是在病痛的折磨中度過的，不過他始終頑強地堅持自己的學術研究工作。當一個人真正確定了一個目標，並幾乎將其當做信仰時，他就會一往無前、百折不回，所謂衣帶漸寬終不悔，為伊消得人憔悴，有這樣的精神才能達到至善至美的人生境界。

▌主要著作年譜▌

01. 西元 1885 年　　《歇斯底里研究》：心理分析理論的出發點

02. 西元 1899 年　　《夢的解析》：研究夢的現象的學術名著

03. 西元 1904 年　　《日常生活的精神病學》（*The Psychopathology of Everyday Life*）：通俗心理病理學著作

04. 西元 1905 年　　《性學三論》：心理分析理論的重要著作

05. 西元 1910 年　　《心理分析導論》：心理分析理論的奠基之作

06. 西元 1910 年　　〈強迫行為和宗教儀式〉：以心理分析理論研究宗教的論文

07. 西元 1910 年　　《列奧納多》：倫理學和文藝心理學著作

08. 西元 1913 年　　《圖騰與禁忌》（*Totem and Taboo*）：探討文化心理問題的著作

09. 西元 1920 年　　《超越快樂原則》（*Beyond the Pleasure Principle*）：分析了本能、慾望的理論著作

10. 西元 1921 年　　《集體心理學和自我分析》：心理學著作

11. 西元 1923 年　《自我和本我》：心理學著作
12. 西元 1932 年　《心理分析新論》：對心理分析理論的概括和總結
　　的著作
13. 西元 1939 年　《摩西和一神教》（*Moses and Monotheism*）：佛洛伊
　　德最後一本著作，概括論述了他關於社會、道德和宗教的心理分析
　　學說的基本觀點

● 二十世紀的哲學怪傑 ── 維根斯坦

「一個人對於不能談的事情，就應該保持沉默。」

── 維根斯坦

▌人生傳略▐

　　路德維希·維根斯坦（Ludwig Wittgenstein，西元 1889～1951 年）
於西元 1889 年 4 月 26 日出生於維也納。他的父親是個意志堅強，極其
能幹的人，是一家大型鋼鐵公司的老闆，並成為奧地利鋼鐵工業的第一
個卡特爾。維根斯坦的母親是羅馬天主教徒，熱愛音樂，很有藝術修
養。維根斯坦的一個哥哥後來是傑出的鋼琴家，維根斯坦本人也極有音
樂天賦，他會演奏單簧管，後來一度考慮不搞哲學而去當樂隊指揮。

　　維根斯坦是家中最小的孩子，他有四個哥哥，三個姊姊。但四個兄
長有三人自殺，他本人一生中也不斷想到要自殺，似乎始終生活在神經
錯亂的邊緣。

　　維根斯坦十四歲之前一直是在家中受教育，他從小就在機械方面表
現出興趣和才能，幼時曾自己動手製作了一架縫紉機，因而得到大家

的讚賞。他這種愛好和習慣一直保持下來，並經常自己動手修理家用設施。

他於西元 1906 年進入柏林的卡洛騰堡攻讀大學，一開始對飛機發動機感興趣，後來又全心全意地研究推進器的設計，然後又轉向數學。開始研究數學時，他讀了羅素的《數學原理》一書，該書給他留下了深刻的印象，並對他以後的發展產生了重大影響。於是他在西元 1912 年秋進入劍橋大學三一學院學習，主要師從羅素。

第一次世界大戰爆發後，維根斯坦作為一名志願兵參加了奧國軍隊。西元 1918 年，奧匈軍隊崩潰，他成了義大利人的俘虜。在漫長的軍途中，維根斯坦一直思考著他的哲學問題，並將他的研究心得記在本子上，終於在西元 1918 完成《邏輯哲學論》（*Tractatus Logico-Philosophicus*）。

維根斯坦從戰爭中返回故鄉，立即採取了兩個異乎尋常的舉動，一是放棄他的全部財產，二是完全放棄哲學研究工作。維根斯坦的父親於西元 1913 年去世之後，他得到一份數目可觀的遺產，當時他就匿名捐贈了大筆錢財資助奧地利的詩人和藝術家。從戰爭中回來後，他又進一步把所有的財產給他的姊姊。維根斯坦歷來都過著簡樸的生活，他認為錢財對於他研究哲學毫無用處，而且不想因為自己有錢才成為別人的朋友。

他之所以放棄哲學，是因為他認為自己的《邏輯哲學論》一書，已經從根本上解決了哲學問題，因而進一步的研究是沒有必要的。於是，他選擇當一名鄉村教師，結果因處罰學生過嚴，引起家長不滿而辭職。西元 1929 年，他重返劍橋致力於哲學研究，並取得博士學位，後來接替穆爾的哲學教授職位。

西元 1944 年，他在劍橋上課時，精神上越來越不安寧，苦惱越來越多。首先，他感到人們對他的思想一知半解，不光可笑地模仿他，還以曲解的方式傳播他的觀點。其實，他十分擔心有人剽竊他的思想，因為確實有人未經他同意或不加宣告地，發表一些從他那裡聽來的見解。他甚至擔心到了這種地步：他買了一個輕便的鋼保險櫃，存放筆記本和手稿，因為他老是擔心這些東西會在一場火災中毀掉。

他的個性脾氣使人難於和他交往，雖然他對人坦率、真誠。但他對朋友十分多疑，常懷疑別人不是出於真誠接近他，而是把他當作哲學啟示的來源。有一件事更能說明維根斯坦為人的特點，那是穆爾中風恢復健康後，他妻子嚴遵醫囑，不讓任何人與穆爾的哲學討論超過一個半小時，以免他過於激動和勞累。維根斯坦對這種限制大為惱火，他認為想討論多久就應討論多久，即使因此而死去也是值得的，那是死得其所。他真誠地認為：一個人應該以全部精力去從事他力所能及的事，不能只是為了延長壽命而不全力以赴。

西元 1947 年底，維根斯坦又辭去了他的教授職務，又開始過隱居生活。只要身體情況良好，他就努力地從事研究。西元 1949 年，他被查出患有癌症。西元 1951 年 4 月 29 日，死於劍橋他的醫生家中。在他失去知覺之前曾說：「告訴他們，我度過了極為美好的一生！」這就是這個充滿悲劇的奇特哲學家最後的話。

▌主要思想及著作▌

西元 1921 年，維根斯坦發表他的《邏輯哲學論》，其基本思想是：語句是現實的影像，語句與現實有共同的東西，這就是兩者的邏輯形式，語句與現實之間存在著結構相同的關係。這本書是一本十分重要的

哲學著作，它對維也納學派的學者，對於從事邏輯分析的語言哲學家，都有十分重大的影響。

這部著作的形式和風格都相當奇特，全書由若干短小精悍的語錄式格言組成，共有七大基本命題，每個基本命題下面又分若干層次，對基本論斷加以解釋，並以阿拉伯數字加以編號。這本書一開始就提出了維根斯坦對世界的看法：「世界是事實的總和，而不是事物的總和。」

他在書中主張，命題可以描述現實世界，因為兩者有共同的東西，即邏輯形式，但命題卻不能描述這種形式本身，這就是語言的界限，也是思想的界限，想超出這條界限去言說不可說的東西，就產生了哲學的謬誤。哲學不是提出哲學理論，而是澄清命題，是一種分析活動。該書最後以十分耐人尋味的格言結束：「一個人對於不能談的事情，就應該保持沉默。」

西元 1953 年，他出版了《哲學研究》（*Philosophical Investigations*），拋棄了前期的思想，把注意力轉向了生動、活潑、多變的複雜語言現象，拋棄了那種靜態、嚴格的邏輯分析。他認為，一個詞的意義就在於它在語言中的用法，離開用法就不能談語言的意義。語言既沒有統一性，也沒有嚴格的界限。

▋名人事典▋

1、維根斯坦在劍橋主要師從羅素，有時也聽穆爾的課。他在一開始時讓他的老師非常頭疼，因為他好爭辯又頑固。不過他們很快就發現了維根斯坦具有不同尋常的才能，並對他十分器重。有一次，維根斯坦提出了一個古怪的觀點，「所有肯定或否定命題的存在，都是無意義的」。羅素立即提出一個反駁的例子：「我們現在這間房間裡沒有河馬。」然後

在房中四處尋找，當然找不到河馬。儘管如此，維根斯坦仍然認為沒有說服他。

穆爾對維根斯坦有較好的印象，因為當他上課時，要是有沒有講清楚或有維根斯坦不同意的地方，他就會皺眉頭表示出來，而別的學生是不會這麼做的。維根斯坦有強烈的研究慾望和理論熱情，不論是在論辯中還是在沉思中，他都全心全意，全神貫注，顧不到一般的禮節。

據羅素回憶，維根斯坦常常在他的房間待到深夜，有時是探討問題，有時他陷入沉思之中，一連幾個小時坐著一言不發，或者默不作聲地踱步。羅素不敢催他回去睡覺，因為維根斯坦去找羅素時，往往一開始就說：「當我離開你的房間時，我打算去自殺。」羅素還回憶說，經過一個學期之後，有一次維根斯坦要羅素老實告訴他，自己是不是沒有能力學哲學，因為他一直神經質地為自己的哲學能力擔心。他說，如果他很低能的話，就放棄哲學，回頭去研究航空學。羅素倒也是挺認真地對待這個問題，他沒有立即答覆，而是叫維根斯坦交一篇論文讓他評判。過幾天羅素收到維根斯坦的文章，一看馬上就說，他覺得維根斯坦很有哲學才能，定能超過其他學生。於是維根斯坦又繼續從事哲學研究。

2、維根斯坦以一種非常獨特的方式講授哲學，令人們留下了極為深刻的印象。他上課從不準備講稿，因為講稿對他的思想是一種束縛，他不願意，也不能系統地講授別的哲學家的思想。他願意和別人討論，他的每一堂課都是緊張的思索和探討，都是他自己哲學思想的創新。

他上課時表情嚴肅、思想緊張，實際上是自己在進行艱苦的探索，有時久久地陷入沉默之中。聽他上課需要高度的智力，並集中全副精力，不過他的每一堂課都有創新，都能把聽眾從一個深刻的問題引向另一個更深刻的問題。他自己每上一次課，也是感到筋疲力盡，下課之

後，需要迫不及待地跑到電影院去，以便盡快忘掉那折磨人的哲學思索。穆爾和其他著名哲學家都聽過他的課，穆爾曾說，維根斯坦的思想比他深刻，他讓自己知道，解決某些哲學問題需要另外的方法，而他自己還沒有掌握好這些方法。

▋歷史評說▋

維根斯坦是現代西方著名的哲學家，他與羅素一起創立了邏輯原子主義。他被西方學者稱為「既偉大又有獨創性的哲學天才」，被看作是和愛因斯坦、佛洛伊德一樣偉大的人物。他的思想對維也納學派產生了巨大影響。後期他完全拋棄了邏輯原子主義，成為語言分析學派的重要代表，並同樣產生了巨大影響。

喧鬧一時的吹噓和喝采，終是虛聲浮名。在喧囂的背後，在一切語言消失之處，隱藏著世界的祕密。世界無邊無際，有聲的世界只是其中很小的一部分。只聽見語言而不會傾聽沉默的人，是被聲音堵住了耳朵的聾子。懂得沉默價值的人，卻有一雙善於傾聽沉默的耳朵，一個聽懂了千古歷史和萬有存在的沉默話語的人，也一定是更懂得怎樣說話的人。

▋主要著作年譜▋

01. 西元 1918 年　《邏輯哲學論》：該書是十分重要的哲學著作，全書由若干短小精悍的語錄式格言組成

02. 西元 1953 年　《哲學研究》：闡述他的分析哲學的著作

03. 西元 1956 年　《關於數理基礎的意見》：哲學著作

04. 西元 1958 年　《藍皮書和褐皮書》：哲學著作

05. 西元 1961 年　《1914 ～ 1916 年的筆記》：哲學著作

06. 西元 1969 年　《論確定性》：哲學著作
07. 西元 1974 年　《哲學語法》：語言哲學的重要著作
08. 西元 1977 年　《關於顏色的意見》：哲學著作
09. 西元 1980 年　《心理哲學敘述》：哲學思想的概括性著作

● 猜想世界的偉大思想家 —— 波普爾

「理論是網，只有張開，才能捕獲。」

—— 波普爾

▌人生傳略▌

西元 1902 年 7 月 28 日，一個嬰兒在奧地利維也納一個名叫希梅爾霍夫的地方呱呱墜地，他就是後來英國諾貝爾獎得主、生物學家梅多沃所說的「有史以來無與倫比的最偉大哲學家」 —— 卡爾·波普爾（Karl Popper）。

波普爾的父親曾獲維也納大學法學博士學位，是一位出席高級法庭的律師和法務官，他擁有大量藏書。在其父的影響下，波普爾喜歡讀書，關心政治和社會，從小就有很強的思辨能力。波普爾的母親酷愛音樂，而且有相當高的音樂素養，鋼琴彈得非常好。波普爾在母親的薰陶下也熱愛音樂。有一段時間，波普爾曾十分認真地考慮過要成為一名音樂家，後因自我感覺太差而放棄，但音樂始終是他畢生的愛好。

西元 1919 年，波普爾曾一度信仰共產主義，不久因革命遭受挫折而改變。西元 1928 年，波普爾獲哲學博士學位。之後，他做了一名嚮往已久的中學教師，並從事哲學的研究。西元 1937 年，波普爾受聘到紐西

蘭克里斯特奇坎特伯雷大學任講師，與世隔絕的環境使他免遭納粹的迫害。直到西元 1945 年，二戰結束前不久，他接受英國倫敦經濟學院的邀請，偕同妻子告別了紐西蘭。他在英國勤奮工作，努力宣揚自己的觀點，在學術上聲望日高，曾赴美國哈佛大學講學。西元 1970 年，波普爾年邁退休後，深居簡出，很少參加社會活動，不過他仍沒有放棄哲學研究，以及捍衛自己的學說。

▌主要思想及著作▌

西元 1934 年，波普爾出版了他的《研究的邏輯》（西元 1959 年改名為《科學發現的邏輯》），立即引起知識界的廣泛興趣，使波普爾在哲學界名聲大振。他在書中闡述了自己的主要思想：科學哲學不研究知識的結構，而是研究科學知識的發展；建立方法論是最重要的任務，猜測與反駁的方法，或者說「假說演繹法」是正確的方法；科學知識的增長，是人們不斷運用「試錯法」的結果。這種方法後來被稱為「證偽主義」。

波普爾認為他的思想和方法不僅可用於自然科學，而且可用於社會、歷史領域。於是，他寫了《開放社會及其敵人》（*The Open Society and Its Enemies*，西元 1945 年）和《歷史決定論的貧困》（西元 1957 年）兩書，批判了歷史決定論，還討論了國家、民主、自由和平等問題。

波普爾認為：自然現象有重複性，而社會歷史現象卻沒有；既然社會歷史的變化沒有規律，社會科學也就不可能預測普遍規律，而只能猜測社會具體事件。波普爾還將社會形態劃分為兩類：封閉社會和開放社會。開放社會就是當時的資本主義社會，提倡理性，尊重個人自由；封閉社會是歷史決定論和烏托邦主義所追求和維護的目標，其特點是：狂熱的、有偏見的、迷信於不變的法規和習慣、迷信於權威和權力。

西元 1972 年出版的《客觀知識：進化論觀點》一書中，波普爾提出了「三個世界」的理論。「物理對象」的世界為第一世界，如森林、河流等；「主觀經驗」的世界是第二世界，指人的意識形態、心理素養和無意識等精神狀態；「自在陳述」的世界是第三世界，是人類精神產物即思想內容的世界。波普爾認為世界 3 是客觀存在的，它對世界 1 和世界 2 都產生影響，它又是自主的，人們可以研究、發現它，卻不能任意改變它。

▌名人事典▌

波普爾和維根斯坦本人曾有過一次直接的衝突。一天，波普爾從劍橋道德科學俱樂部祕書那裡收到一封邀請函，請他宣讀一篇有關「哲學疑難」的論文。維根斯坦是否認有任何哲學疑難的，有的只是語言上的疑難。波普爾在報告中指出，寫邀請函的人表面上否認有哲學問題，暗中卻承認了有哲學問題。維根斯坦用一把火鉗比劃著來反駁波普爾，波普爾開玩笑地說：「不要用火鉗威脅應邀訪問的講演人。」維根斯坦勃然大怒，扔下火鉗退出會場。這雖然不過是一件有趣的軼事，卻也反映出兩派觀點十分對立，到了彼此不能相容的地步。

▌歷史評說▌

波普爾是當代西方最著名的科學哲學家和社會哲學家之一。他的哲學理論之龐大，是自黑格爾之後在西方哲學中少有的。他創立的批判理性主義哲學，是一個影響廣泛的哲學流派。他的思想不僅對哲學的發展有重大意義，且對科學也有指導和啟發意義。

波普爾思想的根本之處就在於它的猜測性，猜測與想像是思想進步的前提，具有了這兩點才不至於故步自封，困守原處，才能不斷地進步。大膽猜測，小心求證就是成功的祕密。

▌主要著作年譜▌

01. 西元 1928 年　〈論思維心理學中的方法論問題〉：波普爾博士論文

02. 西元 1932 ～ 1933 年　《知識理論的兩個基本問題》（也就是《研究的邏輯》）：科學哲學著作

03. 西元 1945 年　《開放社會及其敵人》：社會學理論著作

04. 西元 1957 年　《歷史決定論的貧困》：社會學理論著作

05. 西元 1963 年　《猜想與反駁》：科學方法論著作，是波普爾的代表作，是其多年研究的成果

06. 西元 1972 年　《客觀知識：進化論的觀點》：哲學著作

07. 西元 1977 年　《自我及其腦》（合著）：哲學著作

▌ 法國 ▌

● 探究存在之謎 —— 沙特

> 「我的生命是從書開始的，它也必將以書告結束。」
>
> —— 沙特

▌人生傳略▌

　　尚‧保羅‧沙特（Jean Paul Sartre，西元 1905 ～ 1980 年），西元 1905 年 6 月 21 日出生於法國巴黎。這是個命運坎坷的孩子：剛滿一歲，他的父親 —— 一位軍官 —— 就因熱病不癒而去世。年幼的沙特於是隨母遷居巴黎郊區的外祖父家。三歲時，沙特右眼因角膜翳而導致斜視，繼而完全失明。

　　沙特的童年是在孤獨的氣氛中度過的，母親的改嫁使他的少年時代毫無樂趣可言，後來與外祖父一起生活也沒有感到快樂過。如此的童年使沙特早熟、孤獨、敏感，正因為如此，書成為沙特生活中最重要、最親近的朋友。沙特的外祖父是德文教授，家中藏書很多。沙特三歲就開始讀書，他智力超常，被家人視為神童。七歲時就讀了許多世界文學名著。中學時，他又讀了許多哲學著作，對哲學產生了濃厚的興趣，並決心走上哲學之路。

　　西元 1924 年，沙特進入巴黎高等師範學校學習哲學，他自信地宣

稱：「我要同時成為司湯達和史賓諾沙！」。四年後，他以第一名的考試成績獲得教授資格。西元 1933 ～ 1935 年，沙特去德國留學，學習胡塞爾的現象學和海德格的存在哲學，受他們的影響，開始形成自己的存在主義思想。

第二次世界大戰期間，沙特應徵入伍，未經戰鬥就被德軍俘虜，關押到德國戰俘集中營中。後來獲釋回到法國，參加了抵抗運動。這期間他還從事哲學著述活動，並寫了許多具有愛國思想的文學作品。戰後，他積極參加左翼政治活動，據說他曾參加法共，西元 1956 年匈牙利事件後退黨。

他自稱是無政府主義者，反對任何權力，積極支持學生運動。他公開宣稱應以暴力推翻資產階級政權，建立「有人性的社會主義」，他還積極參加反戰運動，反對美國侵略越南，出任民間審判戰爭罪行委員會副主席。他鄙視榮譽，拒絕一切來自官方的榮譽與獎勵，於西元 1964 年拒絕接受諾貝爾獎。他生活簡樸，不治產業，不愛惜金錢。西元 1955 年，沙特還曾訪問過中國，對中國懷有友好的感情。

西元 1980 年 4 月 25 日，沙特逝世，當時有六萬人自動參加他的葬禮，並護送他的遺體到墓地。靈車到達蒙巴納斯墓地時，裡外已是人山人海，如此壯觀的送葬場面，是作家雨果（Victor Hugo）逝世以來絕無僅有的。法國總統曾以個人名義親赴醫院向沙特的遺體告別，世界各國許多電視臺都轉播了他葬禮的實況。沙特逝世後，曾得到世界各國輿論的高度評價。

主要思想及著作

西元 1943 年，沙特最重要的哲學論著《存在與虛無》出版。這部長達七百多頁的鉅著只用不到兩年的時間就完成了。它代表著沙特存在主

義哲學體系的建立。這本書的副題為「現象學的本體論」，展現了沙特要把胡塞爾的現象學和海德格的存在主義結合起來的意圖。

在他看來，自在的存在是獨立於我們的意識之外的，它不生不滅，是無時間性的。而意識則是認識著的主體，也就是人，這種存在完全不同於自在的存在，它一方面自我超越，一方面又把自己作為異己的它物來認識，所以它永遠處於生成中，它的存在永遠先於它的本質，只要沒有死亡，就不能說本質的最後實現。

在這個基礎上，沙特指出，意識的最突出特徵就是把虛無引入世界，引向自身，意識把虛無視為自身內部的結構，這就是人類自由的根源。自由並不是人的屬性和本質，它就是人的存在本身，人命定是自由的，人有自由選擇的權利，選擇了就要對所選擇的負責任。

▌名人事典▐

西元 1940 年 6 月 21 日，沙特在 35 歲生日之際被德軍俘虜，關進了集中營。集中營的生活讓沙特一生留下了難以磨滅的記憶，他體驗到了個人在集團中的特殊感情。他一方面感到自己是屬於一群人的，在集中營裡，他人對「我」來講是不可缺少的，犯人之間的談話是平等的；另一方面，他又更多地體驗到了一種在別人目光威逼下的痛苦與群居中的孤獨，一種人與人之間的某種不可擺脫的對立與衝突。

在西元 1968 年的一次談話中，他這樣說過：「如果我總是把存在主義的某些面貌悲劇化，那是因為我忘不了在集中營中經歷過的感情，那時我經常地、赤裸裸地在別人的目光中生活，而地獄就自然地在那裡建立起來。」沙特後來在他的《禁閉》一劇中，更加明確地表述了這一思想 ── 「他人就是地獄！」

▌歷史評說▌

　　沙特是法國存在主義的重要代表，當代法國著名的哲學家、文學家、政論家和社會活動家。第二次世界大戰前後，沙特所代表的存在主義是法國最重要的哲學流派，它對戰後的一代青年影響極大，而且這種影響遠遠超出法國國界，擴散到西歐、美國、甚至東歐以及亞洲的一些國家。這與當時的歷史條件是分不開的。

　　兩次大戰的殘酷事實，讓人們對資本主義社會的現實及其合理性發生疑問，他們渴望擺脫荒謬的社會與人生，沙特的哲學恰好反映了這種時代悲劇的歷史心境。但另一方面，沙特對人生、社會的悲觀看法，以及極端強調個人存在、個人自由的思想，也產生過消極影響。

　　沙特一生留給後人近五十部著作，他的創作與實踐是與他的哲學主張一致的。無論是他的哲學論著，還是他的小說、戲劇或評論以及他的個人經歷，都實踐著他的人世哲學。他的聲望固然是源於他的作品，不過他本人強烈的歷史責任感，為人世的不平吶喊、奔波的精神，也是他受到如此多人尊敬的一個重要原因。

▌主要著作年譜▌

01. 西元 1936 年　《論想像》：沙特早期著作，以胡塞爾的現象學方法研究想像的問題

02. 西元 1937 年　《自我的超越性》：沙特早期哲學著作

03. 西元 1938 年　《噁心》：沙特最滿意的一部小說

04. 西元 1939 年　《情緒理論初探》：沙特早期哲學著作

05. 西元 1939 年　《胡塞爾現象學的一個基本觀念：「意向性」》：沙特早期哲學著作

06. 西元 1943 年　《存在與虛無》：沙特最重要的哲學論著，代表著他
　　哲學體系的基本完成，闡述了存在主義理論

07. 西元 1943 年　《蒼蠅》：沙特的第一部處境劇

08. 西元 1944 年　《禁閉》：展現沙特哲學觀念的戲劇

09. 西元 1945 年　《自由之路》：長篇小說

10. 西元 1945 年　《死無葬身之地》：劇本

11. 西元 1946 年　《存在主義是一種人道主義》：存在主義哲學著作

12. 西元 1946 年　〈唯物主義與革命〉：政治論文

13. 西元 1960 年　《辯證理性批判》：集中闡述沙特「存在主義的馬克
　　思主義」思想的著作，反映沙特哲學思想的變化

14. 西元 1964 年　《詞語》：沙特以隨筆形式寫成的童年自傳

15. 西元 1968 年　《家庭白痴 —— 居斯塔夫‧福樓拜》：沙特的最後一
　　部著作

東西方哲學對話錄，從孔子到尼采眾多哲學家的思想精髓：

由原始哲學探索至現代哲學發展，看哲學如何跨越文化與時代界限

作　　者：秦搏

發 行 人：黃振庭

出 版 者：崧燁文化事業有限公司

發 行 者：崧燁文化事業有限公司

E-mail：sonbookservice@gmail.com

粉 絲 頁：https://www.facebook.com/sonbookss/

網　　址：https://sonbook.net/

地　　址：台北市中正區重慶南路一段六十一號八樓 815
室

Rm. 815, 8F., No.61, Sec. 1, Chongqing S. Rd., Zhongzheng
Dist., Taipei City 100, Taiwan

電　　話：(02)2370-3310

傳　　真：(02)2388-1990

印　　刷：京峯數位服務有限公司

律師顧問：廣華律師事務所 張珮琦律師

定　　價：580 元

發行日期：2024 年 04 月第一版

◎本書以 POD 印製

國家圖書館出版品預行編目資料

東西方哲學對話錄，從孔子到尼采
眾多哲學家的思想精髓：由原始哲
學探索至現代哲學發展，看哲學如
何跨越文化與時代界限 / 秦搏 著.
-- 第一版 . -- 臺北市：崧燁文化事
業有限公司 , 2024.04
面；　公分
POD 版
ISBN 978-626-394-207-3(平裝)
1.CST: 哲 學 2.CST: 世 界 傳 記
3.CST: 學術思想
109.9　　113004369

電子書購買

臉書

爽讀 APP

獨家贈品

親愛的讀者歡迎您選購到您喜愛的書，為了感謝您，我們提供了一份禮品，爽讀 app 的電子書無償使用三個月，近萬本書免費提供您享受閱讀的樂趣。

ios 系統

安卓系統

讀者贈品

請先依照自己的手機型號掃描安裝 APP 註冊，再掃描「讀者贈品」，複製優惠碼至 APP 內兌換

優惠碼（兌換期限2025/12/30）
READERKUTRA86NWK

爽讀 APP

- 多元書種、萬卷書籍，電子書飽讀服務引領閱讀新浪潮！
- AI 語音助您閱讀，萬本好書任您挑選
- 領取限時優惠碼，三個月沉浸在書海中
- 固定月費無限暢讀，輕鬆打造專屬閱讀時光

不用留下個人資料，只需行動電話認證，不會有任何騷擾或詐騙電話。